NOCH EIN JAHR ZU LEBEN

Stephen Levine

NOCH EIN JAHR ZU LEBEN

*Wie wir dieses Jahr leben können,
als wäre es unser letztes*

*aus dem Amerikanischen
von Karin Petersen*

Für Ondrea, die mich bei jedem Schritt des Weges begleitete. Ihre Kraft und ihr Scharfblick prägen dieses Buch.

Inhalt

Einleitung

1. Dein Leben einholen 11
2. Sterben üben 17
3. Das Sterben vorbereiten 24
4. An einer ganz gewöhnlichen Erkältung sterben 29
5. Die Entwicklung erneuern 33
6. Berühmte letzte Worte 39
7. Angst vor der Angst 43
8. Wahrnehmen 50
9. Eine Verpflichtung zum Leben 55
10. Angst vor dem Sterben 62
11. Angst vor dem Tod 70
12. Der Augenblick des Todes 75
13. Der Akt des Sterbens 78
14. Eine Betrachtung des Sterbens 81
15. Jennifer 89
16. Lebensrückschau 91
17. Verzeihen 116
18. Dankbarkeit 122
19. Ein Tagebuch führen 129
20. Bauen Sie einen Altar für Ihr Leben 132
21. Im Körper leben 136
22. Der Tod schaut mir über die Schulter 140
23. Die Kontrolle aufgeben 142
24. Juli 144
25. Tom 146
26. Wer stirbt? 148

27. Das ursprüngliche Gesicht   152
28. Erfahrungen nach dem Tod   157
29. Jenseits des Hauses des Todes   163
30. Wiedererscheinungen   165
31. Reinkarnation   167
32. Peter und Tim   174
33. Die Entsorgung des Leichnams   176
34. Den Lotus vor dem Winter finden   183
35. Armando und die schwebende Welt   189
36. Ein guter Tag, um zu sterben   192
37. Gib dieser Melodie einen Namen   194
38. Alt werden   198
39. Dezember   200

Epilog   206
Anhang: Gruppenpraxis   208

Bedenket Freunde, die ihr vorübergeht:
So wie Ihr jetzt seid, war ich einst.
Und wie ich jetzt bin, werdet Ihr einst sein.
Macht Euch bereit, mir zu folgen.

Verbreitete Grabinschrift aus dem 18. Jahrhundert

Einleitung

Dies ist ein Buch der Erneuerung. Es handelt nicht einfach vom Sterben, sondern von der Wiederbelebung des Herzens. Sie geschieht, wenn wir uns unserem Leben und unserem Tod mit Güte und Gewahrsein stellen. Es ist eine Gelegenheit, unser Verleugnen des Todes wie auch des Lebens gleichermaßen in einem einjährigen Experiment voller Heilung, Freude und neuer Lebendigkeit aufzugeben.

Das Programm, das in diesem Buch beschrieben wird, muss nicht in der vorgegebenen Reihenfolge eingehalten werden. Vielmehr möchte ich die Leserinnen und Leser ermutigen, zu experimentieren und sich ihren eigenen zeitlichen Ablauf zu schaffen. So muss zum Beispiel das Finden des eigenen Liedes und Heilungsgesangs nicht bis zum Ende des Jahres aufgeschoben werden, auch wenn ich mich im Buch erst zu dieser Zeit damit beschäftige, sondern kann, wie sämtliche anderen Praktiken auch, in einen ganz persönlichen Heilungs- und Erneuerungsprozess integriert werden.

Kapitel 1

Dein Leben einholen

Bei meiner Arbeit mit Sterbenden, die ich in den letzten zwanzig Jahren an die Schwelle begleitet habe, ist schmerzlich deutlich geworden, wie häufig der Tod Menschen völlig unerwartet ereilt. Selbst jene, die Monate oder Jahre krank waren und entsprechend Zeit gehabt hatten, sich auf das Sterben einzustellen, beklagten sich oft darüber, auf den Tod überhaupt nicht vorbereitet zu sein.

In ihrem letzten Jahr haben viele Menschen das Gefühl, eine zweite Chance für ihr Wachstum und ihre innere Heilung zu erhalten. Viele sprechen davon, ihr Leben »gerade noch zur richtigen Zeit« einzuholen. Und nachdem ich eine solche Erneuerung bei zahlreichen Menschen, die eine tödliche Diagnose gestellt bekamen oder sich dem Leben aufgrund ihrer natürlichen Weisheit öffneten, immer wieder beobachten konnte, biete ich Ihnen ein Experiment an: Leben Sie das nächste Jahr so, als sei es Ihr letztes, und Ihr Heilungspotential wird wachsen.

Manche Menschen, die auf dem Totenbett auf ihr Leben zurückschauen, sind überwältigt von einem Gefühl des Versagens. Sie habe ganze Schubladen voll von Dingen, die sie bedauern. Sie sind völlig entmutigt, wenn sie darüber nachdenken, nicht bemerkt zu haben, wie kostbar ihre Beziehungen waren, vergessen zu haben, wie wichtig das Entdecken ihrer »wahren Arbeit« war, und auf später verschoben zu haben, was manche »mein eigenes Leben leben« nennen. Weil sie so vieles in ihrem Leben auf »später« hinausgeschoben hatten, standen sie jetzt auf einmal vor den Bruchstücken einer unbefriedigenden Arbeit, unerledigter Geschäfte in Beziehungen und eines Lebens, das aus lauter Kompromissen bestand. Aber das »Später« kam viel früher, als sie erwartet hatten, und als es sie traf, empfanden sie ihre unerfüllten Träume als Last und hatten das Gefühl, dass ihr Leben unvollständig sei.

Viele Menschen, die sonst wenig zu beklagen haben, empfinden doch ein gewisses Bedauern darüber, ihr spirituelles Wachstum vernachlässigt zu haben; und noch mehr sind bestürzt darüber, wie wenig echte Freude es in ihrem Leben gab. Alle außer denjenigen, die sich voll für das Leben geöffnet hatten, versichern, dass sie anders leben würden, wenn sie noch ein weiteres Jahr vor sich hätten.

Wir müssen nicht in dem Gefühl sterben, versagt zu haben, voller Scham und Angst, unfähig, uns vom klaren Licht unseres wahren Herzens leiten zu lassen. Gerade das hat dieses Buch anzubieten: ein Jahr so bewusst wie möglich zu leben, ein Jahr, um Unerledigtes abzuschließen, unser Leben einzuholen, unsere Angst vor dem Tod zu erforschen und uns damit auseinanderzusetzen. Ein Jahr, um zu unserem wahren Herz, unserer grundlegenden Weisheit und Freude zu finden. Ein Jahr so zu leben, als bliebe nur dieses.

Viele Leute sagen, sie würden ihre Arbeitssituation ändern, wenn sie nur noch ein Jahr zu leben hätten. Manche würden kündigen. Die meisten würden zumindest weniger arbeiten, ihren Beruf wechseln, sich vielleicht mit dem Studium eines

Gebietes einen Wunschtraum erfüllen, auch wenn es am Ende des Regenbogens keine Stelle für sie gäbe. Mehr als ein Akademiker wäre gerne Tischler oder Steinmetz. Viele Menschen berichten von früheren Interessen, die sie für die Familie, das Land und soziale Anerkennung opfern mussten. Einige kauften sich, als ihnen ihre Wünsche bewusst wurden, ein Cello oder eine Töpferscheibe, eine Staffelei oder einen neuen, mit kunstvollen Programmen vollgestopften Computer. Viele finden ihre Liebe zur Natur wieder, die sie haben einschlafen lassen, und sehnen sich nach langen Spaziergängen im Wald und stillen Stunden am Meer. Einige sind wieder in die Kirche eingetreten, andere fingen an zu meditieren, wandten sich dem Mysterium zu und erforschten rückhaltlos ihre eigene unsterbliche Natur.

Ein befreundeter Zahnarzt aus San Francisco vertraute mir eines Tages beim Behandeln meiner Zähne an, dass heute sein fünfzigster Geburtstag sei. »Na, dann hast du ja noch zehn Jahre, um zu leben - wirklich zu leben!« witzelte ich mit betäubtem Zahn und Wattetupfern im Mund. Da ich wusste, mit welcher Freude er Sport trieb, setzte ich ihm den Floh ins Ohr, er könne körperlich vielleicht nur noch zehn Jahre genügend Kraft und Energie für die Aktivitäten haben, die ihm am meisten Spaß machten, wie Rucksacktouren und Wildwasserfahrten. Auch wenn ich meine Worte nur halb ernst meinte und selbst zu der Zeit 55 Jahre alt war, war er offensichtlich reif für das, was ich ihm sagte, denn wenige Monate später hatte er seine Praxiszeiten auf vier Tage die Woche verkürzt, seine Scheidung zu Ende gebracht und sich ein Paar neue Ski gekauft. Ich habe ihn noch nie so fröhlich erlebt, als er darüber sprach, dass er jetzt mehr Zeit zum Leben hat, weil er sich jede Woche einen Tag extra gönnt. Jetzt muss er daran erinnert werden, sich die vier Arbeitstage nicht zu voll zu packen. Keine Frage, wir erobern uns unser Leben immer nur Schritt für Schritt zurück.

Dann sind da jene, die in verwickelten, unbefriedigenden Beziehungen lebten, aber in ihrem letzten Jahr vieles heilten, indem sie sich mit ganzem Herzen dem zuwandten, was entmutigend gewesen war und Angst vor Veränderung auslöste. Für einige führte das zu einer neuen, lebendigen Beziehung, andere ließen sich scheiden und schlugen einen völlig neuen Kurs im Leben ein. Andere wiederum schienen sich darauf zu konzentrieren, ihren Horizont zu erweitern, um von Menschen, die sie schon lange bewunderten, noch wohlwollender betrachtet zu werden; für manche war das ein Geliebter oder eine Lebensgefährtin, für andere Gott. Alle jedoch, die imstande waren, aus ihrer endgültigen Diagnose das Beste zu machen, begannen ihre Einstellungen zu Beziehungen selbst zu verändern. Sie haben einen Ausverkauf unerledigter Geschäfte veranstaltet.

Viele gaben an, ihr Leben ruhiger gestaltet, ihre Umgebung verändert zu haben, nachdem sie nicht mehr auf soziale und materielle Ziele aus waren. Einige berichteten, sie wären aufs Land gezogen, andere waren lieber in der Stadt geblieben. Manche würden sich ein neues Haus bauen, andere ihr altes abreißen. Aber fast alle stimmen darin überein, dass sie ihr Tempo drosseln und sich am Duft der Rosen erfreuen, wenn nicht gar selbst welche pflanzen würden.

Ich glaube, viele der Menschen, mit denen ich gearbeitet habe, hätten sehr davon profitiert und leichter sterben können, wenn sie ein Jahr vor ihrem Tod ein Buch wie dieses in die Hand bekommen hätten. Dieses Buch beruht auf einem einjährigen Experiment zur Bewusstseinserneuerung und wurde mit dem Ziel geschrieben, dem Leben schärfere Kontur zu verleihen und den Tod freundlicher zu gestalten, »solange wir noch Gelegenheit dazu haben«. Wie und wo die Antworten auf diese ganz grundlegenden Fragen zu finden sind, ist Thema und Inhalt dieses Buches.

Ich nehme an, manche Menschen werden nach diesem Buch greifen, weil sie Angst vor dem Unbekannten haben, andere hingegen, weil sie eben dieses Unbekannte achten. Einige Leserinnen und Leser ahnen sicherlich, welch außerordentliches Potential ein bewusstes Sterben birgt, während andere ein unbewusstes Dahinscheiden befürchten. Genauer müsste es vielleicht heißen, dass ein Teil von uns eine Befreiung von der Beklommenheit angesichts des Todes sucht, während ein anderer sich intensiver auf das Leben konzentrieren und erkunden will, wer oder was es ist, das geboren wird, und wer es letztlich in Wirklichkeit ist, der eines Tages stirbt.

Wie immer unsere Ausgangssituation aussehen mag, der Ablauf - ob plötzlich oder allmählich - ist immer gleich: sich erinnern, loslassen und dem Prozess vertrauen.

Für manche mag das ein romantisches, vielleicht sogar beiläufiges Unterfangen sein, ein Spielen mit dem Tod. Für andere kann es den schweißtreibenden Kampf mit einem Leben bedeuten, das versucht, sich einzuholen und sich zu sammeln, bevor es mit dem letzten Atemzug vergeht.

Für Menschen, die an AIDS, Krebs in fortgeschrittenem Stadium oder Alzheimer erkrankt sind, oder bei einem sterbenden Kind geht es hier nicht um theoretische Forschungsfragen. Es ist eine Arbeit, die sie von einer möglichst tiefen Ebene her angehen müssen. Und die, welche glauben, sie stürben nicht, erhalten Zugang zu einer tieferen Wahrheit. Die Vorbereitung auf den Tod ist einer der tiefsten Heilungsakte, die im Leben möglich sind.

Wir alle können dem scheinbar Unerreichbaren näher kommen. Hier geht es darum, die lebensbejahende Arbeit zu lernen, selbst unter schwierigsten Umständen präsent zu bleiben, uns für mentales, körperliches und spirituelles Leid zu öffnen und dabei dem jeweiligen Schmerzensgrad entsprechende Techniken anzuwenden.

Dieses Buch möchte Ihnen einen heilsamen Prozess vorstellen, mit dessen Hilfe Sie Schritt für Schritt zum Abschluss bringen können, was hinter Ihnen liegt, und mit klarem Blick auf das zugehen können, was vor Ihnen liegt, was auch immer es sein mag. Es geht um einen Prozess der Klarheit, Einsicht und Beendigung.

Kapitel 2

Sterben üben

Sokrates empfahl, dass wir »uns ständig im Sterben üben« sollten. Ähnlich äußerte sich der Dalai Lama, als jemand ihn kürzlich fragte, was er als nächstes zu tun gedenke. Er antwortete, er sei 58 Jahre alt und habe das Gefühl, es sei an der Zeit, seine Vorbereitungen auf den Tod abzuschließen.

Auch ich bin 58 Jahre alt, zwei Drittel eines gedachten Lebens habe ich hinter mir (ein Drittel Lebenszeit bin ich entfernt von einem imaginären Tod). Wenn uns eine Reise bevorsteht, ist es nie zu früh, Reiseführer und Sitten zu studieren sowie die Sprache jener Welt zu lernen, der wir uns nähern. Und es ist nie zu spät, unsere Geburt zum Abschluss zu bringen. Wie Buddha sagte: »Wichtig ist nicht, wie lange du vergessen hast, sondern nur, wie bald du dich erinnerst.«

In vielen Kulturen und spirituellen Traditionen gilt es als weise, sich sein Leben lang auf den Tod vorzubereiten. Das tat auch Gandhi, der, als er von drei Schüssen in die Brust getroffen zu Boden stürzte, mehrmals den Namen Ramas, des Herrn, flüsterte. Gandhi hatte nicht einfach einen guten Tag; er hatte jahrelang praktiziert, um jederzeit und unter allen Umständen völlig wach und lebendig zu sein. Gott war gestern in seinem Herzen und darum auch an diesem Tag anwesend.

Der christliche Glaube bereitet seine Anhänger schon kurz

nach der körperlichen Geburt auf den Tod vor, denn die Taufe ist ein rituelles Wasserbegräbnis, eine feierliche Begrüßung des neugeborenen Geistes. Aber für die meisten von uns reicht es nicht aus, eine »zweite Chance« zu bekommen. Wir laufen mit dem Tod um die Wette, nur um unsere Geburt zu vollenden, unsere Herzensbestimmung zu erfüllen. Die meisten von uns leben nur halb geboren. Vielleicht ist das der Grund dafür, warum so viele Menschen gesagt haben, dass sie bei der Prognose »noch ein Jahr« spürten, wie sich etwas in ihnen zusammenzog, um sich dann zu entspannen. Anders als alles, was sie sich angesichts einer solchen Situation vorgestellt hatten, empfanden sie nach der anfänglichen Angst ein unerwartetes Gefühl von Weite und Raum. Einer sagte: »Als die Worte des Arztes mich wirklich erreichten, konnte ich spüren, wie etwas Schweres aufzusteigen begann. Ich fühlte mich, als sei ich jetzt endlich frei, mein Leben zu leben. Merkwürdigerweise war mir das Leben noch nie so sicher vorgekommen. Vielleicht bin ich ja verrückt, aber ich hatte schon lange nicht mehr so viel Freiheit und Liebe empfunden. Tatsächlich fühlte ich mich gar nicht so, als ob mir mein Leben genommen würde, sondern als bekäme ich es zurück. Ich würde sterben, und mein Leben gehörte völlig mir selbst.«

Ich wüsste gern, wie es zu dieser neuen Lebendigkeit kommt, die wir so oft bei Menschen beobachten können, welche nur noch wenige Monate zu leben haben. Was für Grenzen wurden so sichtbar aufgehoben, dass die Barrieren für Freude und eine gütige Haltung sich selbst gegenüber wegfielen und zu einem ständig wachsenden Gewahrsein und einem Bejahen der Gegenwart verschmolzen?

Als ich kurz vor Jahreswechsel die oben erwähnte Äußerung

des Dalai Lamas las, kam mir in den Sinn, dass es ein völlig ungewöhnliches Neujahrsvorhaben sein müsste, das kommende Jahr so zu leben, als wäre es mein letztes.

Im Islam wie im Judaismus, im Hinduismus und im Christentum werden die Gläubigen ein Leben lang darauf vorbereitet, ihrem Schöpfer, dem Großen Einen, gegenüberzutreten. Selbst im Buddhismus, der seine Anhänger lehrt, sich eher auf ein höchstes Sein als auf ein höchstes Wesen zu verlassen, wird die Begegnung mit dem eigenen Schöpfer, dem eigenen Selbst praktiziert, um jenes gewaltige Leuchten zu entdecken, welches über den Schöpfer und das Erschaffene hinausgeht. Auch wenn ich mich in den letzten vierzig Jahren auf vielerlei Weise auf den Tod vorbereitet habe, indem ich mich in Offenheit dem Leben gegenüber geübt und dieses erforscht habe, war mir ein solches Ein-Jahres-Experiment niemals zuvor so passend erschienen.

In den zahlreichen Büchern verschiedenster Traditionen über ein mögliches Leben nach dem Tod wie dem christlichen *Stundenbuch* oder dem *Tibetanischen Totenbuch*, die unserem Zurückweichen vor einem Schwerter schwingenden und abgeschlagene Köpfe haltenden dreiköpfigen Dämonen abzuhelfen versuchen oder uns gegen einen wütenden Tiger beistehen wollen, ist eine Lehre immer völlig klar: Selbst das Sterben hilft uns nicht, unsere Angst vor dem Tod zu überwinden, sondern die Arbeit muss getan werden, bevor wir den Körper hinter uns lassen. Wie der gotttrunkene Dichter Kabir sagt: »Was wir Erlösung nennen, gehört in die Zeit vor dem Tod./Glaubst du, wenn du deine Ketten im Leben nicht sprengst,/dass die Geister es nach deinem Tode tun? ... / Was jetzt ist, wird auch dann sein.«

Also beschloss ich, ein Jahr lang so zu leben, als wäre es mein letztes. Sterben zu üben. Durch und durch lebendig zu sein. Die Angst vor Leben und Tod zu erforschen und den Widerstand gegen beides. Meine Geburt zu vollenden, bevor mein Leben zu Ende war. Den Teil in mir anzuschauen, der sich weigert, ganz geboren zu werden und herumhüpft, als stünde er noch mit einem Fuß im Mutterleib. Mit der Heilung zu beginnen, die wir als wundersames Wachsen so oft bei Todkranken beobachten können. Endlich doch mit beiden Füßen auf den Boden zu kommen. Mit Güte und Gewahrsein inmitten von Liebe oder des Mangels an dieser zu leben. Diesen Boden zu erforschen, den Boden des Seins, aus dem dieser vergängliche Körper und dieser pausenlos wechselnde Geist ihren Ursprung nehmen. Der Verwirrung und Vergesslichkeit im Leben ein Ende zu setzen. Voller Dankbarkeit und Verzeihen Rückschau zu halten. Zu erforschen, was uns am Leiden festhalten lässt, und ein Herz zu entwickeln, das selbst im Tode unerschütterlich bleibt.

Wenn in Indien ein Mensch stirbt, wird sein Körper von den singenden Angehörigen auf einer Tragbahre vom Haus des Verstorbenen zur heiligen Verbrennungsstätte gebracht. Die Trage trägt den Körper, wie das Lied die Seele. Auf halbem Wege zum Verbrennungsplatz hält die Prozession an, und die Bahre wird gedreht, so dass der Kopf des Verblichenen nicht länger dem Haus zugewandt ist, das er gerade verlassen hat, sondern auf das Zuhause weist, welchem er sich nähert. So spürte auch ich die Bahre unter meinem Körper und hörte das Lied, das meinen Geist emporhob. Es war an der Zeit, dass die Beerdigungsprozession anhielt und mein Leichnam der zeitlosen Gegenwart zugewendet wurde, die sowohl meine Geburt als auch meinen Tod in sich schließt. Es war Zeit, bei meinem in Flammen gehüllten Leichnam zu sitzen und das Lied anzustimmen, welches das große Herz eines so kleinen Lebens befreit. Und ich hatte gerade noch Zeit genug, ein Jahr lang völlig lebendig zu sein.

Wenn wir vor unserem Tode völlig lebendig sind, so heißt es, werden wir es wahrscheinlich auch danach sein. Es heißt auch, dass das Ego derjenigen, die sich als »spirituelle« Wesen betrachten, bei der eigenen Beerdigung anwesend sein will. Wir müssen uns während des einjährigen Lebens- bzw. Todesexperimentes vor romantischen Vorstellungen hüten, um der Fallgrube einer solch selbstbemitleidenden Verherrlichung der eigenen Person zu entgehen. Wir müssen uns daran erinnern, dass das, was in diesem einen Jahr stirbt, nicht die Essenz unseres Seins ist, sondern nur unsere Fähigkeit, uns mit den Menschen auszutauschen, die wir lieben und schätzen.

Vielleicht glauben Sie, dass mich meine Arbeit mit Sterbenden vollständig auf den Tod vorbereitet hat, zumal ich auch buddhistische Meditation lehre. Aber im Verlauf des einjährigen Experimentes wurde mir klar, dass alles, was ich über den Tod begriffen hatte, auf einer noch tieferen Ebene erfahren werden kann. Obwohl ich die Angst vor dem Tode erforschte, wurde deutlich, dass ich zuerst einmal die Angst vor dem Leben ergründen musste. An einem guten Tag wäre ich sicher imstande gewesen, mich ohne viel Kampf und mit offenem Herzen in den Tod hineinzuentspannen. Aber dann wäre ich in dem Gefühl gestorben, bestimmte Aspekte meines Lebens nicht geheilt und abgeschlossen zu haben, auf die ich zwar durch die spirituelle Praxis einen gewissen Einfluss nehmen konnte, die aber nicht gänzlich gelöst waren: Ehrgeiz, nicht vergebene Gemeinheiten, Posen eines unsicheren Selbstbildes, grundlegende Verhaftungen an und Identifizierungen mit meinem

Leiden.

Obwohl ich also wahrscheinlich imstande gewesen wäre, ohne großen Aufstand aus dem Leben zu gehen, hätte ich einige unerledigte Geschäfte hinterlassen. (Hier muss erwähnt werden, dass auch Menschen, die in großem Frieden sterben, Unabgeschlossenes hinterlassen können, das Herz aber trägt sie trotzdem über diese Hindernisse. Auf solche Größe würde ich allerdings mein Leben nicht verwetten). Ich wäre vielleicht gestorben, ohne dass ich all die Heilung und Einsicht aus den Lektionen, die das Leben für mich bereitstellte, hätte ziehen können. Das wäre dem Pflanzen und Pflegen eines Baumes vergleichbar, den wir vor Stürmen und Trockenheit schützen und dessen Früchte wir reifen sehen, um dann einfach wegzugehen. Wir nehmen nur das Wenige, was zu Boden gefallen ist, und greifen niemals höher, um von den oberen Ästen zu ernten. Wir hinterlassen nicht genutzte Vorräte, die den möglichen Kurs des wandernden Geistes steuern helfen könnten. Wenn wir sterben, lassen wir unser Leben hinter uns. Im Tode beleuchtet all die Weisheit, die wir in dem hinter uns liegenden Leben erworben haben mögen, den Weg für den nächsten angemessenen Schritt.

Da wir unser Leben gewöhnlich ziemlich oberflächlich leben, völlig von körperlichen Empfindungen und sich wild bekämpfenden Gedanken in Anspruch genommen sowie durch äußere Reize verführt, wenden wir uns oft eher vom Leben ab als darauf zuzugehen. Kaum erhaschen wir einen Blick auf die sich subtil ausweitenden konzentrischen Kreise, die jeder Augenblick der Erfahrung in unserem Geist zieht.

Aber wenn das Herz schließlich anerkennt, wieviel Schmerz im Geist vorhanden ist, wendet es sich ihm zu wie eine Mutter dem ängstlichen Kind. Alles unvollständig Gebliebene scheint zu bewältigen zu sein, und eine unverkennbare Freude kommt angesichts der Möglichkeit auf, schließlich doch ganz zu werden.

Da wir niemals wissen, ob unser nächster Atemzug nicht unser letzter ist, wird die Vorbereitung auf das unmittelbare Unbekannte zu einer ebenso praktischen Angelegenheit wie die Beantragung eines Reisepasses, ohne jedoch Zeitpunkt und Ziel unseres Aufbruchs bereits zu wissen. Ohne diese ersten Schritte können die letzten Schritte misslingen.

Und so beginnt das Jahresexperiment. Es ist mein letzter Sylvesterabend. Ich habe nur noch 364 Tage, um in Ondreas erstaunlich tiefe Augen zu blicken, unsere Kinder in meinen Armen zu halten, zu tun, was ich tun muss, um der zu werden, der ich wirklich bin, - um meine Geburt zu vollenden.

Kapitel 3

Das Sterben vorbereiten

Was würden Sie tun, wenn Sie nur noch ein Jahr zu leben hätten?

Unzählige Möglichkeiten tun sich auf, wenn wir uns diese Frage stellen. Wir malen uns das ganze Spektrum unserer Phantasien aus - von Orgien zu einem Klosterleben und wieder zurück.

Bereits bei unseren ersten Überlegungen wird schmerzlich deutlich, dass die psychologische Wucht unseres nahenden Hinscheidens einen heftigen Sturm vor sich hertreibt. In ihm wirbeln die zu Boden gefallenen Blätter unserer durchkreuzten Träume und aufgegebenen Lebensmelodien durcheinander. Er macht uns bis ins Mark frösteln.

Die Frage bringt uns zu Bewusstsein, wie viel wir vergessen haben. Ein Teil in uns gerät in Panik bei dem Gedanken, dass uns nicht mehr genügend Zeit bleibt, etwas Wertvolles zu hinterlassen. Es gab nur so wenige Augenblicke, in denen das Leben alles war, was es zu sein versprochen hatte. So vieles hätte anders ablaufen können, hätte das Herz sich nicht aus Furcht zurückgehalten. Während wir anfangen zu erkennen, wo wir in unserem Leben nicht präsent waren, wachsen immer mehr Möglichkeiten, wo wir unsere Zustimmung hätten äußern sollen. Das Herz sagt uns, dass wir präsenter und wacher für das werden sollen, was ist.

Wenn der Tod, dieser große Sturm, unsere Geburtstagskerzen auslöscht, bleibt uns nur der Wunsch, und nur diese Sehnsucht, welche unsere Weisheit und unser Mitgefühl vertieft, wird dann noch von Nutzen sein. Wie können wir Tag für Tag ganz lebendig bleiben, wenn die Zukunft rasch zur Gegenwart und die Gegenwart zur Vergangenheit wird? Etwas in uns schaudert davor, dass wir uns so unvorbereitet fühlen. Wir fürchten, der Prüfung nicht gewachsen zu sein und beginnen uns zu fragen, wie wir für das Sterben »büffeln« können. Wir beten, dass Gott alle Fünfe gerade sein lässt, aber der Tod ist keine Prüfung, sondern lediglich eine weitere Gelegenheit, unser Leben von ganzem Herzen zu leben. Wenn wir über dieses Rätsel von Leben und Tod nachdenken, könnten wir erstaunt feststellen, wie viele Möglichkeiten es uns eröffnet. Statt unsere Freiheit beschnitten zu sehen, weil uns nur noch ein Jahr bleibt, stoßen wir auf etwas Überraschendes und Befriedigendes. Wir entdecken, wie viel mehr Raum wir für das Leben haben und wie viele Chancen es gibt, vollkommen lebendig zu sein.

Wenn uns nur noch ein Jahr bleibt, erweitern sich unsere Wahlmöglichkeiten beträchtlich. Sollen wir Urlaub nehmen: uns drei Puppen, einen Freund und eine Flasche Tequila schnappen und nach Acapulco jetten? (In Wirklichkeit ist mir kaum jemand begegnet, der sich für diese Spielart entschieden hätte.) Sollen wir uns in die Arbeit stürzen oder unseren Job kündigen? Und was hieße es denn tatsächlich, sich in die Arbeit zu stürzen? Sollen wir heiraten oder uns scheiden lassen? Sollen wir anfangen, Teppiche zu knüpfen? Unsere Religion wechseln? Katholik, Buddhist, Jude, Hindu, Sufi oder schwanger werden? Unser

Geschlecht wechseln? Uns tätowieren lassen oder eine Tätowierung entfernen? (Lenny Bruce sann darüber nach, was nach seinem Tod mit seinem Körper geschehen würde, weil die Tätowierung auf seinem Arm seine Beerdigung auf einem orthodoxen jüdischen Friedhof verbot. Er schlug vor, man solle den größten Teil seines Körpers in orthodoxer Erde begraben und seinen Arm an einer nichtjüdischen Stätte.) Sollen wir schließlich doch noch all die Bücher lesen, wie wir es immer vorhatten? Nach einem Guru suchen oder uns von einem trennen? Unser Gesicht liften lassen, anfangen, uns zu schminken, aufhören, uns zu schminken oder in Betracht ziehen, uns einfrieren zu lassen? Soviel Geld wie möglich für unsere Erben sparen oder auch den letzten Pfennig für einen ausgedehnten Urlaub ausgeben? Oder allen Widrigkeiten zuvorkommen, indem wir uns umbringen?

Der andere Weg - unsere Geburt vollenden, bevor wir sterben, wirklich ganz werden statt einfach so zu tun, als hätten wir »alles auf der Reihe« - ist schwieriger. Ich habe oft gesehen, dass diejenigen, die behaupten, ihren »ganzen Mist auf der Reihe zu haben«, meistens mittendrin stecken. Unserer Erfahrung nach gibt es auf eine endgültige Diagnose ebenso viele verschiedene Reaktionsmöglichkeiten wie Persönlichkeiten und Standpunkte existieren, aber viel weniger Philosophien über den Tod.

Manchmal müssen wir uns auf Reisen begeben, um nach Hause zu kommen. Vielleicht müssen wir dazu sogar unser gemütliches (wenn auch stets nur gemietetes und nie eigenes) Domizil verlassen. So ist das Leben nun einmal, und so ist auch der Tod.

Deswegen sollten wir während des Jahresexperimentes bei

unserer Arbeit, unseren Partnern und unseren Kindern bleiben und sie nicht gegen noch unerledigtere Geschäfte eintauschen, sondern uns statt dessen auf das Herz konzentrieren, das so liebt, wie es nun einmal liebt. Das heißt, ein Leben abzuschließen, bevor wir ein anderes beginnen, und einen Entwicklungsschritt nach dem anderen zu tun.

Der Vorschlag, sich darüber Gedanken zu machen, welche Arbeiten abgeschlossen und welche Herzen berührt werden sollen, ist keine müßige Tagträumerei. Viele Leserinnen und Leser dieses Buches haben vielleicht kein weiteres Jahr vor sich. *Sie* haben vielleicht nicht einmal mehr ein Jahr zu leben. Nur unser ständiges Verleugnen und unser Wunschdenken reden uns etwas anderes ein. Nach meiner Erfahrung glauben selbst Menschen mit Krebs im fortgeschrittenen Stadium und AIDS (sowie ihre Ärzte) ein Jahr vor ihrem Tod nicht, dass sie nur noch ein Jahr zu leben hätten. Selbst die Männer, mit denen ich den siebziger Jahren im Todestrakt von San Quentin gearbeitet habe, denen man ihr Hinrichtungsdatum verkündet hatte und die also besser als fast sämtliche anderen Menschen über den Zeitpunkt ihres Todes informiert waren, legten eine ebenso starke Verleugnung des Todes an den Tag, wie sie einem an der Wall Street begegnet. Ein Bursche, der in der Wartezelle neben der Gaskammer dreimal seine Henkersmahlzeit zu sich genommen hatte, bevor er einen Hinrichtungsaufschub erhielt, berichtete, wie sein Verstand zu seinem Erstaunen ständig phantasierte, was er in den kommenden Tagen alles tun und sagen würde.

Der Grund dafür, dass ein Teil von uns leugnet, sterben zu müssen, ist natürlich der, dass er tatsächlich niemals stirbt. Selbst Freud, der glaubte, das Gefühl der Unsterblichkeit sei lediglich eine Täuschung des Un- oder Unterbewussten, welches seiner Beobachtung nach keine Vorstellung von seinem eigenen Tod habe, ging an dem wahren Grund vorbei, der wahrscheinlich darin besteht, dass etwas in unserem Inneren sich deswegen unsterblich fühlt, weil das der Wahrheit entspricht. Aber welche Form der Verleugnung das-was-in-uns-niemals-stirbt auch vorbringt, wir müssen sie sorgfältig untersuchen, damit daraus Vertrauen und keine Verdummung entsteht.

Nur wenige Menschen, denen ich begegnet bin, hatten tatsächlich ein ganzes »letztes Jahr«. Den meisten waren nur ein oder zwei »letzte« Monate, ein paar Wochen oder Tage oder nur ein paar Sekunden beschieden. Ein ganzes Jahr zu haben, um unser Leben im Rahmen des nahenden Todes bewusst erforschen zu können, ist menschlicher Erfahrung nach fast etwas Einzigartiges. Und es verleiht einem Menschen die Kraft, zu heilen, was bislang ungeliebt blieb und nicht geliebt hat. Aber warum auf eine tödliche Diagnose warten, bevor wir uns der potentiellen Gnade und dem Wunder dieses lebenden Augenblicks öffnen? Niemand von uns kann es sich leisten, diese Arbeit länger aufzuschieben, denn kaum einer weiß, an welchem Tag sein letztes Jahr beginnt.

Kapitel 4

An einer ganz gewöhnlichen Erkältung sterben

Eine interessante Möglichkeit, sich auf das Sterben vorzubereiten, ist, sich für Krankheiten zu öffnen. Jedes Mal, wenn Sie eine Erkältung oder eine Grippe haben, sollten Sie die Gelegenheit nutzen, den unangenehmen Empfindungen gegenüber weich zu werden und zu erforschen, wie der Widerstand Schmerz in Leid verwandelt und Unangenehmes ins Unerträgliche steigert. Registrieren Sie, wie Unwohlsein Kummer geradezu anzieht. Beobachten Sie, wie die Schatten sich im schmerzenden Körper zusammenballen. Hören Sie ihr klagendes und sich selbst bemitleidendes Gemurre.

<u>Mitleid entsteht, wenn man Schmerz mit Angst begegnet. Mitgefühl erwächst, wenn wir ihm mit Liebe begegnen.</u> Versuchen wir, unserem Schmerz zu entfliehen, empfinden wir ein Gefühl der Hilflosigkeit. Öffnen wir uns aber den Empfindungen genau am Punkt ihres Entstehens und entspannen uns in ein Gewahrsein, das sein augenblickliches Erbe umarmt statt es von sich zu weisen, erfahren wir Mitgefühl und sogar Dankbarkeit (wahrscheinlich mehr für unser Weichwerden als für die Notwendigkeit, zu reagieren.)

Jedes Mal, wenn Sie krank sind oder Kopfschmerzen haben, sollten Sie versuchen, sich dem Augenblick, so wie er ist, hinzugeben und gegen die unangenehmen Empfindungen weich zu werden, statt alles im Haus anzuschalten, was Sie ablenkt. Man hat uns beigebracht, allem Unangenehmen unsere Aufmerksamkeit zu entziehen. Brechen Sie mit dieser Angewohnheit! Was immer das Gewahrsein hindert, behindert auch die Heilung. Lassen Sie das Gewahrsein sich dem zuwenden, was es zuvor nie beachtet hat. Erlauben Sie ihm, sich direkt in das Empfindungsfeld zu begeben, welches die Unpässlichkeit ausstrahlt. Werden Sie weich und erforschen Sie den ständigen Wechsel der Empfindungen. Bewegen sie sich oder bleiben sie auf eine Stelle begrenzt? Haben sie eine Form? Bleibt diese konstant oder verändert auch sie sich ständig? Beobachten Sie das Entstehen von Empfindungen als Prozess. Registrieren Sie, wenn Sie sich den Ellbogen stoßen, wie der Schmerz anfangs wie eine Rakete hochschießt, dann verpufft und als ein paar verlöschende Funken zu Boden sinkt. Lassen Sie ihn fließen. Schicken Sie Ihrem Ellenbogen liebende Güte. Schämen Sie sich nicht, für einen Teil von sich so viel Liebe zu empfinden.

Wenn wir anfangen, auf unangenehme Empfindungen einzugehen statt darauf zu reagieren, geschieht ein enormer Wandel. Wir beginnen sie als »den« Schmerz statt lediglich als »unseren« Schmerz zu erfahren. Und wir können uns ihnen mit einem bislang vielleicht unbekannten Mitgefühl zuwenden. Wenn es nicht »mein«, sondern »der« Krebs ist, kann ich zu all den anderen Wesen mit den gleichen Schwierigkeiten Beziehung aufnehmen und mein Mitgefühl dem Krebs zuwenden, statt hilflos vor ihnen zu fliehen und meinen Schmerz in Leid zu verwandeln.

Wenn sich dieses Erleben des Persönlichen in seinem universellen Aspekt entfaltet, fühlen wir in dem, was wir jetzt als »den« Geist betrachten können, eine große Last weichen. Solange es

»meine« Depression, »mein« Krebs, »mein« AIDS ist, bin ich von der Quelle meines größten Trostes abgeschnitten. Ich bin eingesperrt in mein Leid und nicht imstande, ihm beizustehen. Aber wenn es »die« Depression ist, nehme ich sie weniger persönlich und fühle mich nicht so bedroht, dass ich sie nicht untersuchen kann. Wenn es »meine« Wertlosigkeit ist, fühle ich mich nicht wert, sie zu erkunden. Aber wenn es »die« Wertlosigkeit ist - »der« Schmerz, mit dem so viele zu kämpfen haben -, fließt ihr auf natürlichem Wege Mitgefühl zu. Es heißt, dass wir erst einmal uns selbst lieben müssen, bevor wir jemand anderen lieben können, und das ist wahr. Aber das Gegenteil ist genauso wahr: Wir müssen erst einmal andere lieben, bevor wir uns selbst zu lieben oder überhaupt nur zu erkennen imstande sind. Unseren gemeinsamen Zustand als universell zu erkennen, erschafft vor uns einen breiten Pfad zur Heilung, den wir weitergehen können.

Der Tag, an dem ich erkannte, dass es nicht mein Geist oder mein Schmerz war, sondern einfach das Wesen des Geistes und des Schmerzes selbst, war ein Wendepunkt, an dem sich meine Beziehung zum Schmerz für immer veränderte. »Der« Schmerz kann sich im gesamten Universum bewegen. Ist es aber »mein« Schmerz, stehe ich allein mit ihm da.

Öffnen Sie sich also unangenehmen Empfindungen. Begegnen Sie ihnen mit Güte, nicht mit Furcht. Erkennen Sie, dass wir oft genau dann am wenigsten präsent sind, wenn unser Schmerz am meisten danach verlangt, umarmt zu werden. Werden Sie weicher, begeben Sie sich in den Schmerz hinein und erforschen Sie ihn. Entspannen Sie sich noch mehr, um Raum für Ihr Leben zu schaffen.

Üben Sie das Sterben, wenn Sie das nächste Mal erkältet

sind. Und beobachten Sie in der Weiträumigkeit der Hingabe die Angst vor dem Tod und die damit verbundenen Szenarien. Tun Sie jeden Atemzug, als wäre es der letzte. Sehen Sie das Leben vor Ihren Augen vorbeiziehen. Fällt Ihnen etwas auf, das nicht getan wurde? Tun Sie es an Ihrem nächsten klaren Tag. Praktizieren Sie das Leben.

Kapitel 5

Die Entwicklung erneuern

Zwei grundlegende Hauptelemente bilden die Basis für diese Lebenserneuerung. Wenn sie nicht im Gleichgewicht sind und nicht an beiden parallel gearbeitet wird, ist die Entwicklung viel schwieriger als nötig.

Das erste Element ist die Erforschung des schon Vergangenen, um den Weg für das Bevorstehende zu ebnen. Die wichtigste Technik dafür ist die Lebensrückschau, die Monate eines schrittweisen Reflektierens von Triumphen und Enttäuschungen der eigenen Vergangenheit erfordern kann und bei der wir uns zum Verzeihen und zur Dankbarkeit verpflichten. Diese Rückschau auf unser Leben führt uns durch die Oberfläche früheren Handelns bis zu jenen Geisteszuständen, denen dieses Handeln entsprang. So wird die emotionale Verhaftung an die Schatten geprüft, welche dies frühere Verhalten bis in die Gegenwart wirft. Dieser Prozess des Zurückschauens verlangt sanfte Augen und ein akzeptierendes Herz. Wenn wir mit strengen Augen zurückblicken, voller Beurteilungen und ohne Verzeihen, kann fast niemand von uns diese Rückschau bestehen. Ein verehrter Lehrer sagte einmal, wenn seine Schüler ihm für ihre glücklichen Umstände danken wollten, müssten sie ihm auch für ihr Unglück dankbar sein. Das erinnerte mich daran, welch langen Atem wir für die anstehende Arbeit brauchen. Diese Worte wurden mir zur Mitternachtssonne; sie wies mir den Weg, wenn der Geist vergaß, das Herz aber weiter gehen wollte.

Wie später noch genauer erklärt wird, sollten wir ein Tagebuch zu führen beginnen (und nach unserem Tode anderen zugänglich machen), in dem wir die klaren Tage des Forschens und der Einsicht ebenso verzeichnen wie die dunklen Nächte der Seele, um so die Rückschau zu unterstützen und vollständiger in die Gegenwart zu gelangen. Wir führen Tagebuch über Geisteszustände und Ebenen des Seins. Das ist eine gute Lektüre, wenn harte Zeiten kommen. Das Tagebuch zeigt uns, wie jeder Augenblick des Ärgers, der Angst und des Posierens ein Augenblick des Kummers ist - eher eine Reaktion auf den Verlust als ein Eingehen auf diesen - und dass keiner dieser Zustände, wie dunkel oder bedrückend er auch sein mag, neu ist. Auch wenn jeder quälende emotionale Zustand scheinbar niemals vorbeigehen oder nur noch schlimmer werden will, ist das nicht der Fall. Diese Zustände erzeugen in schweren Fällen Wahnsvorstellungen, die uns an unseren Fähigkeiten und Kräften zweifeln lassen. Für Geist und Herz ist solch ein Zweifel gleichermaßen wertvolles Forschungsobjekt. Man braucht Zuversicht, Zweifel zu beobachten, ohne zu meinen, etwas dagegen unternehmen zu müssen, und auf seine natürliche Unbeständigkeit zu vertrauen, die ihn davontragen wird, solange wir nicht vor ihm zurückschrecken oder zwanghaft reagieren. Es ist wichtig, mit dem Zweifel so vertraut zu werden, dass wir uns ihm zuwenden können statt uns von ihm abzuwenden.

Der zweite Aspekt des Jahresexperimentes besteht darin, präsenter zu werden, achtsamer für den Prozess, den wir unser Leben nennen, sich um einen weichen Bauch zu bemühen, um sich dem Augenblick öffnen zu können, ohne festzuhalten oder Widerstand zu leisten. Wenn dies gemeinsam mit Achtsamkeit und Einsicht praktiziert wird, erfahren wir in der täglichen Erkundung von Herz und Geist allmählich eine tiefe Bewusstseinsöffnung.

So wie der erste Aspekt dieser Arbeit unser Leben in die Gegenwart bringt, erforscht der zweite Aspekt diese »Gegenwart« als ein sich von Augenblick zu Augenblick entfaltendes, »vorbeiziehendes Spiel« des Bewusstseins. Wir lernen unsere geistigen Zustände sehr genau kennen und beobachten unsere auf langer Konditionierung beruhenden Verhaltensmuster mit einem offenen, mitfühlenden Gewahrsein, das sich an den sich entwickelnden Prozess weder klammert noch ihn verdammt.

Diese Übungen zu einem vertieften Gewahrsein, zu wachsendem Verzeihen und zunehmender Dankbarkeit lassen auch den gewöhnlichsten Alltag lebendiger werden und schärfen unsere Empfindsamkeit. Und das Gefühl zunehmender Lebendigkeit unterstützt uns beim Erforschen unserer Einstellung zum Tod und bei der Betrachtung unserer irgendwie untergetauchten und sich oft widersprechenden Glaubenssysteme. Es schenkt uns tiefen Frieden und beim Reflektieren über das Potential eines bewussten Todes eine besondere Zuversicht. Wenn die Lebensrückschau einmal abläuft und wir täglich eine wenn auch noch so geringe Vertiefung unseres Gewahrseins feststellen können, beginnen die beiden Grundelemente unserer Entwicklung sich zu potenzieren und gegenseitig zu verstärken. Die »psychologische Arbeit« der Lebensrückschau und die »spirituelle Arbeit« eines gesammelten Gewahrseins erzeugen, so kombiniert, ein größeres Gefühl der Ausgeglichenheit und des Wohlbehagens. Ohne diese Offenheit des »Psychologischen« und die Tiefe des »Spirituellen« sind wir nicht imstande, unsere Einsichten und Erleuchtungen wirklich zu integrieren, seien sie auch noch so wohltuend. Sie bleiben bloßes Wissen und werden nur selten zu dem, was wir sind.

Jede Ebene erfordert zugleich ein gründliches Erforschen und Beobachten. Überwiegt eine Ebene zu Lasten der anderen, schwächt uns das psychisch oder führt dazu, dass wir uns spirituell aufblähen.

So einfach wie dies alles klingen mag, ist es jedoch nicht. Viel Arbeit ist erforderlich, um mit beiden Beinen wirklich auf den Boden zu kommen und ein tatsächlich ganzes menschliches Wesen zu werden.

Als ich vor dreißig Jahren mit einem Zen-Freund aus Japan in der Sonora-Wüste in Süd-Arizona wanderte, kam ich vom Weg ab. Obwohl wir nur wenige Meilen von dem Wildreservat entfernt waren, das ich für den Naturschutzverband hütete, wurde mir, als Sonne im nahenden Abend unterging, klar, dass wir wahrscheinlich die Nacht draußen in der Wüste verbringen mussten. Um meinen Freund nicht zu ängstigen oder aufzuregen, erklärte ich ihm, wir würden für den Rückweg wahrscheinlich etwas länger brauchen, als ursprünglich gedacht. Da er erkannte, dass mein Versuch, ihn zu beruhigen, selbst ein Produkt von Angst war, lächelte er und meinte: »Das ist schon in Ordnung. Dem Überleben wird sowieso viel zu viel Wert beigemessen.« Ich weiß noch, dass mir damals durch den Sinn ging: »Wie viele Tode, wie viele frühere Inkarnationen muss man erinnern, bevor man ernsthaft diese Einstellung zum Tod erreicht?«

Bei meiner Arbeit mit Todkranken im Lauf der letzten Jahrzehnte, bei der ich ein wenig mehr über den Tod und die

Angst vor dem Sterben als in einem Jahresexperiment gelernt habe, erwuchs das Gefühl, dass immer nur dieser Augenblick wirklich und alles andere, auch der gerade vergangene Moment, ein Traum ist, der, wird er nicht achtsam geträumt, unsere wahre Natur verdunkelt.

Und damit wird die Antwort auf die dreißig Jahre alte Frage offensichtlich: Wir müssen nur *ein* Leben erinnern - dieses! Und nur *einen* Tod - diesen! Um uns voll in den Tag, die Stunde, den Moment hineinzugeben, ob er nun als Leben oder als Tod erscheint und uns beim Einatmen oder Ausatmen trifft, braucht es nur *einen* Augenblick - diesen! Und dazu all die Achtsamkeit, die wir aufbringen können, jedes Stadium unserer sich vollendenden Geburt und die zuversichtliche Freude über das uns eigene Leuchten.

Als unser Sohn Noah als medizinischer Assistent an einer Klinik in Santa Cruz arbeitete, überwachte er eine Weile die AIDS-Tests, deren Ergebnisse er zwei Wochen später mitteilte. Er betrachtete es als Teil seiner Aufgabe, die Patienten daran zu erinnern, dass die zwei Wochen, die sie warten mussten, um zu erfahren, ob sie eine tödliche Krankheit des Immunsystems hatten, ein beträchtlicher Stress, aber auch eine Gelegenheit für das Herz, für Einsicht und das Überdenken von Prioritäten, Zielen und Wünschen sein konnte. Er schlug ihnen eine Miniübung im Leben von Augenblick zu Augenblick vor. Jedem empfahl er, während der manchmal endlos scheinenden Wartezeit genau zu beobachten, wie sein Geist auf die beiden möglichen Untersuchungsergebnisse reagierte. Er riet ihnen, auf das ganze Spektrum ihrer emotionalen Achterbahnfahrt zu achten und zu bedenken, dass sie nicht die Einzigen waren, welche diese schwere Prüfung zu dieser Zeit durchmachten. Er forderte sie auf, ein Gespür für die Gemeinschaft von Wesen zu entwikkeln, die angesichts der Möglichkeit, jeder Atemzug könne der letzte sein, den Atem anhielten. Er bat sie, zu begreifen, dass nicht nur *ihr* Geist manchmal durchzudrehen schien, sondern *der* Geist schlechthin. Große Überraschung! Der Überlebenstechniker hat den Panikknopf gedrückt! Er empfahl ihnen, sich vorab zwei Fragen zu stellen: »Wenn Ihre Diagnose positiv ist: Was werden Sie als nächstes tun? Wem werden Sie diese aufwühlende Nachricht anvertrauen und welche Veränderungen könnten Sie in Ihrem Leben vornehmen?« Die zweite Frage: »Sollte sich herausstellen, dass Sie keinen AIDS-Virus haben und sozusagen eine zweite Chance bekommen: Was werden Sie dann mit Ihrem Leben anfangen?«

Was ist, wenn ihr Vertrag keine Ausweichklausel enthält? Wenn sie weiterleben müssen? Welche Veränderungen in ihrem Leben würden es leichter machen, wenn sie das noch einmal durchmachen müssten? Oder wenn es tatsächlich Zeit wäre, sich auf das Sterben vorzubereiten? Nach jeder der mehr als dreihundert negativen »Du hast es nicht«-Diagnosen (niemandem habe er mitteilen müssen, dass er die Krankheit hätte, sagte er), pflegte er sie ins Gebet zu nehmen: Worauf sie noch warteten, wenn sie sich während der zwei Wochen im Falle einer Todesprognose vorgenommen hatten, »ernsthaft zu werden«, oder es etwas gelöster angehen zu lassen, wenn man ihnen Gesundheit bescheinigt hätte (oder auch umgekehrt).

Bevor er vor wenigen Monaten nach Asien aufbrach, wandte sich Noah an Ondrea und mich und sagte: »Wenn du erst einmal weißt, was das Herz wirklich braucht, ist es egal, ob du leben oder sterben wirst - die Arbeit bleibt dieselbe.«

Kapitel 6

Berühmte letzte Worte

Weil wir zu viele schlechte Filme gesehen haben, neigen wir dazu, uns unsere eigenen berühmten letzten Worte lebhaft auszumalen. Der Geist strebt nach dieser Art Phantasien ebenso wie Narziss nach dem Swimmingpool. In der Heimlichkeit des privaten Melodramas, wo wir uns so viele Welten wieder und wieder vorspielen, haben wir bereits hunderte von heroischen Abgängen erlebt. Wir haben im Flüsterton zauberhafte Anreden gehalten, witzige Entgegnungen vorgebracht und poetische Aussprüche ersonnen, gerade laut genug für die, die unser Bett umstehen. Nur: Welche Worte würden Sie tatsächlich äußern, wenn Sie Ihren letzten Atemzug tun?

Ich habe viele Menschen sterben sehen, die von ihren Lieben umgeben waren, und ihre letzten Worte lauteten: »Ich liebe dich.« Einige konnten nicht mehr sprechen und haben mit ihrem Blick und durch ein sanftes Lächeln doch die gleiche heilsame Botschaft hinterlassen. Ich habe mich in Zimmern aufgehalten, wo man sich durch den Sterbenden wie auf heiligem Boden fühlte.

Ich habe auch Menschen begleitet, die nicht in Frieden sterben konnten oder die erst zu einer tieferen Wahrheit gelangten, als das Licht im Körper erlosch, und die viel Unausgesprochenes und Unerledigtes hinterließen. Ich habe erlebt, wie einige im Sterben alle Umstehenden segneten, während andere jeden Anwesenden einzeln um Verzeihung baten. Auch wenn letzteres für die Menschen, die sich unerledigten Geschäften nicht schon früher zuwenden konnten, kein »wünschenswerter Tod« sein mag, war es doch ein wichtiger Entwicklungsschritt, ein Durchbruch zum Herzen. Es war, wie eine Witwe es einmal formulierte, »ein sehr später Anfang«. Einige holen ihr Leben erst wenige Tage, Stunden oder Sekunden vor ihrem Tode ein. Andere beschließen, die »Hetze in letzter Minute« zu vermeiden und fangen jetzt an. Wer mehr Zeit hat, entdeckt, dass dieses »Sich-Einholen« der erste unbeholfene Schritt auf dem Weg zur wirklichen Vollendung ist. Menschen mit weniger Zeit empfinden dieses Stadium als schmerzlich wankenden Boden, von dem sie scheiden müssen. Diese Wachstumsphase, in der wir uns direkt in die Augen schauen und begreifen, wie viel Arbeit noch getan werden muss, wie viele Herzen angerührt, wie vieles richtig gestellt und wie viele Dankeskarten verschickt werden müssen, damit wir ganz werden, ist für jeden Menschen schmerzlich, doch zugleich lebenserweiternd. Nur haben einige mehr Zeit und Gelegenheit, sich diese Einsichten zu eigen zu machen und entsprechend zu handeln.

Die Lehre ist wieder einmal unmissverständlich: Bereite dich jetzt auf den Tod vor, damit dein Leben intensiver und erfüllender wird. Glaube nicht, deine Endorphine würden das für dich erledigen, »wenn deine Zeit gekommen ist«. Wenn die Zeit wirklich kommt, findet sich nur das vor, was jetzt ist.

Wir können nicht vorhersagen, was auf unserem Totenbett geschieht, aber erkennen, dass der Geist dazu neigt, seinen üblichen Mustern zu folgen. Wie Ondrea sagt: »Wir sterben so, wie wir leben.«

Ein einziger mildernder Faktor scheint es sein, dass Menschen, die Zeit hatten, sich auf den Tod vorzubereiten - sei es durch eine lange Krankheit, durch das Zusammensein mit Sterbenden oder aufrichtige spirituelle Praxis - sich eher um Klarheit und Mitgefühl bemühen als um Heldentaten. Sie brauchen kein Orchester, kein Leitmotiv, während sie davongehen, auch wenn viele von ihnen fast ekstatisch behaupten, zu hören, wie es sich einstimmt.

Ich erinnere mich noch an einen Mann, der während einer medizinischen Routineuntersuchung entdecken musste, dass er Krebs in einem sehr fortgeschrittenen Stadium hatte. Er sagte, die Hauptursache für seinen Ärger wäre, in seinem Leben in keiner Weise auf das Sterben vorbereitet worden zu sein. Er habe 35 Jahre gebraucht, um leben zu lernen, und habe jetzt nur wenige Monate, um sterben zu lernen. Er war stinkwütend. Aber er fasste sich und konzentrierte sich auf sein Leben. Indem er sich im Laufe der nächsten Monate für sein sich schnell änderndes Dasein öffnete, fand er einen gewissen Frieden. Seine letzte Worte, die er wie zu einem unsichtbar im Raum Gegenwärtigen sprach, waren: »In Ordnung, in Ordnung.«

Aber was, wenn der Tod plötzlich eintritt? Wenn wir ihn noch nicht einmal kommen sehen? Können wir dann trotzdem in Frieden sterben? Haben wir unsere Enttäuschungen überwunden? Sind wir unserem Schmerz mit Liebe und Gewahrsein begegnet oder haben wir ihn weiter zu verbannen getrachtet, ihn mit Abneigung und sogar Hass überschüttet? Haben wir, indem wir unseren Schmerz gütig angenommen statt voll Angst abgewehrt haben, gelernt, unser Herz trotz widriger Umstände offen zu halten?

Wenn Sie morgen auf einer Schnellstrasse nach Hause unterwegs sind, in Ihre hin und her eilenden Gedanken vertieft, und der Wagen neben Ihnen plötzlich ausschert, Ihr Fahrzeug rammt und Sie spüren, wie Ihr Auto zusammengedrückt wird, welche berühmten letzten Worte könnten Sie dann von sich geben? Ich vermute, das große amerikanische Todesmantra: »Oh, Shit!« Und das sind wahrscheinlich die am häufigsten geäußerten letzten Worte von Menschen, die bei Unfällen sterben. Auf der Autobahn heißt es: »Scheiße!«, in Paris: »Merde!«.

Letzte Worte sind ebenso spontan wie das Leben, dem sie entstammen. Wählen wir heute unsere Worte sorgsam, mit Bedacht, und drücken mit ihnen aus, was unser Herz bewegt, dann ist das auch die Stimme, die für uns sprechen wird, wenn unser Gewahrsein sich sammelt, um zu gehen.

Kapitel 7

Angst vor der Angst

Wir sagen, dass wir Angst vor dem Tod haben, aber was heißt das genau? Nun, erstens und vor allem scheint diese Angst für sämtliche Ängste zu stehen. Sie ist der Anführer der Bande. Sie sagt: »Tu mir nichts.«

Jede Angst birgt stets ein Element des Widerstands sowie die Tendenz, sich vom Augenblick abzuwenden. Ihre Dynamik ähnelt der einer heftigen Begierde, nur dass die Angst sich nach hinten in den letzten sicheren Augenblick zurückzieht, während die Begierde zur nächsten Möglichkeit der Befriedigung vorwärts strebt. Beiden aber fehlt es an Präsenz. Beide sind eine Form der Verhaftung, ob »positiv« im Sinne von zugreifen oder »negativ« im Sinne von wegschieben. Ob wir nun festhalten oder verdammen, beides lässt uns keine andere Wahl, als auf das Objekt des Gewahrseins, das diesen Bewusstseinszustand produziert, mit Flucht oder Angriff zu reagieren. Handelt es sich bei dem, was in unser Bewusstsein tritt, um Eis mit heißer Schokoladensauce, wendet unsere Aufmerksamkeit sich ihm voll Begierde zu und wir versuchen, das Begehrte in der Eisdiele am Ort Wirklichkeit werden zu lassen. Schwebt uns die Vorstellung vom Tod vor, entziehen wir ihr unsere Aufmerksamkeit und wenden uns ab, damit diese Gedanken uns nicht einholen können. Und vielleicht versuchen wir auch, ihre bedrohliche

Wirklichkeit in unserer Gemeindekirche, Synagoge, im Bordell oder bei MacDonalds - je nachdem, wo wir uns am realsten und unsterblichsten fühlen - zu zerstreuen.

Wir meinen, dass der Tod die Ursache all dieser Ängste sei, in Wirklichkeit jedoch beruhen sie auf unserer Verhaftung (positiv oder negativ, als Aufregung oder Bedrohung) an früheren Ängsten. Vor allem in schweren Zeiten neigen wir dazu, vertrauten Wegen und Verhaltensweisen zu folgen. Unser Unwille, uns voll in jeden Augenblick hineinzubegeben, ohne Urteil oder das Bedürfnis, ihn zu kontrollieren, ruft einfach noch mehr Angst und Widerstand gegen diese Angst hervor. Wir müssen diesen Augenblick in seiner Entfaltung erforschen und sowohl seine Vorteile als auch seine eingefahrenen Muster, seinen Prozess und seine Dynamik registrieren. Wir müssen beobachten, wie vereitelte Begierde zunächst zur Frustation, dann zum Widerstand, zu einer Art von entehrtem Stolz (verletzte Gefühle) und zu würgender Hilflosigkeit wird. Bald darauf zeigen sich Aggression, Misstrauen und ein zitterndes Vermeidenwollen dieses Gefühls der Unstimmigkeit und Disharmonie. Je mehr wir uns angesichts unseres Angstobjektes verspannen, desto kleiner und unsicherer fühlen wir uns. Die Suche nach einem Fluchtort vor solch bedrückenden Geisteszuständen lässt uns manchmal den Tod sogar noch besser erscheinen als die Angst vor ihm.

Im Fitnessraum des Lebens gleichen die Gedanken um den Tod einem 150-Kilo-Gewicht. Selbst wenn Sie und ich mit aller Kraft versuchten, auch nur ein paar hundert Pfund gemeinsam zu stemmen, würden wir wahrscheinlich dabei versagen und ein weiteres Gewichtheben ablehnen. Aber Sie und ich könnten den ganzen Tag über mit den zwei, fünf und selbst zehn Kilo-

Gewichten trainieren und so allmählich unsere Kräfte steigern. Wir versäumen die tägliche Gelegenheit, unsere Kondition zu verbessern, weil wir nicht auf die kleinen Aufgaben achten, die das Leben uns ständig stellt - kleine Ängste und Zweifel, ein geringfügiger Ärger, jene zwei und fünf Kilo schweren Gewichte unseres Alltags, die wir zu ignorieren bemüht sind und damit vergraben, was uns befreien könnte. Diese schwächeren Vorboten bedrückender Zustände können wir leichter handhaben, uns in sie hineinbegeben und sie erforschen, ohne dass ihre Intensität unser Gewahrsein vernebelt. Mit der Erforschung dieser oft unterdrückten Gefühle, von denen wir stolz verkünden, damit »klarzukommen«, beginnt unser Verstehen und unser Loslassen. Es gibt nichts an der Angst zu befürchten. Angst vor Angst ist die Ignoranz der Angst.

Natürlich ruft Angst Missklänge in Körper und Geist hervor, aber entziehen Sie ihr Ihre Aufmerksamkeit nicht. Bleiben Sie da, beobachten Sie diesen scheinbar so persönlichen Geisteszustand in seiner ganz unpersönlichen Dynamik. Selbst die Angst, die den urteilenden Geist aufrechterhält, kann Sie nicht von der Person neben Ihnen unterscheiden. Als Jesus forderte, wir sollten über andere nicht urteilen, wusste er, dass der urteilende Geist dadurch auch von der Selbstverdammnis befreit wird. Er wusste, dass der Moloch der Verurteilung, einmal ins Rollen gebracht, auch uns plattwalzt.

In unserer Angst vor dem Tod müssen wir zuerst die Angst als solche und nicht den Tod erforschen. Wir müssen uns diese Verhärtung im Bauch anschauen, welche ein so großer Teil der Panzerung ist, die das Herz umgibt. Es gibt eine vorzügliche Technik für diese Arbeit mit Angst und Loslassen: die Meditation auf den weichen Bauch, eine »Praxis zur Öffnung«, die uns hilft, Widerstände aufzulösen und die Weiträumigkeit fördert, in der man weiter forschen kann. Lassen Sie sich durch die Einfachheit dieser Methode nicht davon abhalten, ihre Tiefen auszuloten. Wenn die Meditation auf den weichen Bauch zur Praxis des weichen Bauches wird, eröffnet sie uns noch tieferen Zugang zu subtilen Blockaden und möglichen Durchbrüchen in unsere ursprüngliche Weiträumigkeit.

Mit dieser grundlegenden Öffnungspraxis des weichen Bauches beginnt das Loslassen einer lebenslangen Anspannung. Sie schafft für unser ganzes Leben Raum in Körper und Geist. Wenn wir uns auf die weicher werdenden Muskeln sowie auf das Gewebe und Fleisch des Bauches konzentrieren, beginnt sich der Atem in einer neuen Offenheit von selbst zu atmen. Im wachsenden Raum des weichen Bauches treiben die Gedanken wie Blasen dahin. Gefühle kommen und gehen in einer Weichheit, die sich um nichts verspannt, was vorbeizieht. Dieses weite Gewahrsein beobachtet urteilende Gedanken einfach als das Nächstkommende, um das Leid auszudrücken, an das wir uns so gewöhnt haben, dass wir gar nicht mehr merken, wie sehr unser Bauch sich verhärtet hat.

Ein Mann, der mit dieser Praxis gerade begann, fragte einen anderen, der kurz vor ihrem Abschluss stand: »Wenn ich nur ein Jahr hätte, um meinen Bauch weich werden zu lassen, wo fänge ich dann am besten an?« »In deinem Herzen«, entgegnete der andere.

Meditation auf den weichen Bauch

Nimm ein paar tiefe Atemzüge und spüre den Körper, in den du atmest.
Spüre, wie der Körper sich mit jedem Atemzug ausdehnt und wieder zusammenzieht.
Lenke deine Aufmerksamkeit auf das Heben und Senken des Bauches.
Lass das Gewahrsein Anfang, Mitte und Ende
jedes Einatmens, jedes Ausatmens, jedes Ausdehnens und Zusammenziehens des Körpers empfangen.
Achte auf den ständig wechselnden Fluss der Empfindungen bei jedem Einatmen und jedem Ausatmen.
Und fange an, um all diese Empfindungen weicher zu werden.
Lass den Atem sich selbst in einem weicher werdenden Bauch atmen.
Lass den Bauch weich werden, um den Atem zu empfangen,
um das Gefühl zu empfangen, um das Leben im Körper zu erfahren.
Lass die Muskeln weicher werden, die die Angst so lange festgehalten haben.
Lass das Gewebe, die Blutgefäße, das Fleisch weicher werden.
Lass die Anspannung eines ganzen Lebens los.
Lass los in einen weichen, einen gütigen Bauch.
Lass Kummer, Misstrauen und Ärger weicher werden, die im Bauch so fest eingeschlossen waren.
Stufe um Stufe weicher werden, Stufe um Stufe loslassen.

Erlaube jedem Atemzug, sich von Augenblick zu Augenblick im weichen Bauch voll auszuleben.
Lass die Härte los. Lass sie in etwas hineinfließen, das weicher und freundlicher ist.
Lass die Gedanken kommen und gehen,
sie treiben wie Blasen im weiten Raum des weichen Bauches.
Halte nichts fest, werde weicher und weicher.
Lass die Heilung ein.
Lass den Schmerz gehen. Sei gütig mit dir, lasse den Bauch weich werden,
öffne den Durchgang zum Herzen.
Im weichen Bauch ist Raum, um endlich geboren zu werden, und Raum zu sterben, wenn der Augenblick kommt.
Im weichen Bauch ist der weite Raum, in dem wir heilen können, in der wir unser grenzenloses Wesen erkennen.
Lass los in die Weichheit,
Angst treibt in der sanften Weite, die wir das Herz nennen.
Der weiche Bauch ist die Übung, die uns den ganzen Tag lang begleitet, so dass wir am Ende des Tages immer noch wohlauf und lebendig sind.

Der weiche Bauch hilft uns loszulassen. Im Weichwerden schmilzt der Panzer um unser Herz, den wir als Härte im Bauch erleben. Jedes Mal, wenn wir aufgerufen sind, präsent und achtsam zu sein, öffnen wir uns weich in den Augenblick. Das Weichwerden wird zum Zeichen für das Herz, dass es sicher ist, im Körper wieder lebendig zu sein. Der weiche Bauch lässt unsere Angst vor der Angst enden.

Kapitel 8

Wahrnehmen

Ein wesentliches Element der Achtsamkeit wie auch der Lebenserfüllung ist die Technik des Wahrnehmens, des Erkennens und Definierens unserer geistigen Zustände. Wahrnehmen steht am Anfang der Entwicklung durch die fortlaufenden Schritte der Lebensrückschau und des Tagebuchschreibens, es ist ein Standbein dieser Übung. Gleichzeitig ist es auch eine Basistechnik, um präsenter zu werden.

Unser Leben besteht aus Ereignissen und Geisteszuständen. Wie wir unser Leben auf dem Sterbebett einschätzen, hängt nicht nur davon ab, was im Laufe der Zeit auf uns zugekommen ist, sondern auch, wie wir damit umgegangen sind. Nicht Krankheit oder Gesundheit, Reichtum oder Armut, Glück oder Pech allein sind letzten Endes ausschlaggebend dafür, ob wir meinen, ein gutes oder ein schlechtes Leben geführt zu haben, sondern die Art und Weise unserer Beziehung zu diesen Geschehnissen und damit unsere geistigen Einstellungen.

Was wir als »unser Leben« beschreiben, ist nicht die Summe dessen, was durch unsere Hände geglitten, sondern was durch unseren Geist gezogen ist. Unser Leben ist nicht nur eine Ansammlung von Menschen und Orten, sondern ein Fluss ständig wechselnder Gefühle, die durch all das erzeugt wurden. Wie ein Praktizierender sagte: »Selbst unsere Vergangenheit führt ein Eigenleben. Sie umfasst nicht nur das, was du berührt hast, sondern auch, was du beim Berühren gefühlt hast.«

Unser Leben kennen heißt genau zu wissen, was wir fühlen. Oder anders ausgedrückt: gewahr zu sein, welcher geistige Zustand im Bewusstsein vorherrscht. Dieses Wahrnehmen geistiger Verfassungen verhilft uns zu einer tieferen Erkenntnis des inneren Geschehens, während es abläuft. So können wir in der Gegenwart lebendiger sein, statt unserem Leben ständig geistig hinterherzuhinken. Wir können voller Güte, wenn nicht sogar mit Humor den ungeladenen Strudel »gemischter Emotionen« als einen ständig fortlaufenden Prozess beobachten und nicht als etwas, das dauernder Beurteilung bedarf.

Der Geist befindet sich in ständiger Bewegung. Kein Gedanke, kein Gefühl, keine Empfindung dauert länger an als ein flüchtiger Moment, bevor er in den nächsten Zustand, den nächsten Gedanken oder die nächste Empfindung übergeht. Unser Leben dauert nur einen Augenblick. Schenken Sie diesem Augenblick Beachtung. Bekennen Sie sich zu den verschiedenen wechselnden Zustände still im Herzen. Nennen Sie sie beim Namen. Sagen Sie »Angst«, »Zweifel«, »Mitgefühl«, während diese Zustände vorüberziehen. Lassen Sie diese Anreden zu einem sanften Flüstern im Herzen werden, statt zum Festklammern an begrifflichen Strohhalmen im Geist.

Registrieren Sie Vorfreude, auch Zweifel oder Erwartungen. Beobachten Sie, wie solch ein geistiger Prozess sich von Augenblick zu Augenblick entfaltet, von Gedanke zu Gedanke, von Gefühl zu Gefühl. Registrieren Sie Zustände wie Zuversicht, Bestürzung, Angestrengtheit, Vertrauen, Misstrauen, Lust, Unbehagen, Langeweile, Hingabe, Neugier, Stolz, Ärger, Begehren, Begehren, Begehren, während sie vorüberziehen.

Diese Technik wird mit zunehmender Praxis immer subtiler. Beginnen Sie damit, indem Sie die Augen schließen, die Aufmerksamkeit nach innen richten und zählen, wie viele geistige Zustände in nur fünf Minuten kommen und gehen. Anfangs nehmen wir vielleicht nur etwa ein Dutzend wahr. Aber wenn wir die Methode, uns auf diese Zustände zu beziehen statt aus ihnen heraus zwanghaft zu reagieren, weiterentwickeln, lenken diese Verfassungen uns nicht mehr vom Beobachten ab, sondern werden allmählich zum Gegenstand unserer Erkundung und gesellen sich zu all den anderen Fragwürdigkeiten.

Schließlich werden wir in diesen fünf Minuten hunderte von subtilen Gefühlsveränderungen registrieren können: Anziehung oder Abgestoßensein von jedem einzelnen Sinnesreiz. Nur selten werden wir ohne ein wenn auch noch so subtiles Gefühl von Zuneigung oder Abneigung sein. Wir öffnen und verschließen uns von Geräusch zu Geräusch, Geschmack zu Geschmack, Geruch zu Geruch, Empfindung zu Empfindung, Gedanke zu Gedanke und von Gefühl zu Gefühl. Es gefällt uns, wie das Licht eine Seite des Balles trifft, aber wir mögen den Schatten nicht, den er wirft.

Durch dieses kontinuierliche Einschätzen entstehen zahlreiche Geisteszustände - von Aversion (die von Angst, Ärger und Enttäuschung bis zu Schuld, Scham und Hass reicht), bis zum Angezogenwerden (was jede Art von Wertschätzung, Dankbarkeit, tiefe Liebe, Lust und Gier einschließt). Achten Sie darauf, welche Geisteszustände jeden Augenblick der Zuneigung oder Abneigung begleiten. Welche Zustände begründen das Gefühl von Sicherheit? Welche rufen Unsicherheit hervor? Welche Zustände veranlassen uns zu sagen, dass wir glücklich sind? Und welche rufen das Gefühl hervor, unglücklich oder aufgewühlt zu sein? Als Sokrates forderte: »Erkenne dich selbst«, ging er von dieser Ebene aus. Und wenn es heißt: »Arzt, heile dich selbst«, beginnt die Heilung genau hier.

Besonders wichtig ist, auf diese ständigen Vorlieben und Abneigungen zu achten, von denen wir am Ende des Tages ganz erschöpft sind. Denn unser Handeln und damit unser Karma entsteht aus diesen mechanischen Reaktionen/Antworten.

Weil uns das Beachten der Geisteszustände während ihres Aufkommens wach hält, ermöglicht es uns, Schwierigkeiten schon im Entstehen zu begegnen - bevor sie realer werden als wir selbst. Wir registrieren »Angst«, wenn die Gedärme sich abwehrend zusammenziehen. Wir registrieren »Güte«, wenn dieser Geisteszustand alle anderen umarmt. Wir registrieren »Widerstand« oder »Misstrauen«, wenn wir zustimmend nikken, aber unser Herz zum Selbstschutz verschlossen halten.

Dies bewusste Erkennen von Geisteszuständen gleicht der Vorbereitung und den Erkenntnissen, die das *Tibetanische Totenbuch* oder andere nachweltliche Odysseen uns eröffnen. In solchen Büchern sind geistige Zustände als Engel oder Dämonen personifiziert, *Bodhisattvas* oder *Asuras*. Aber ein kontinuierliches Praktizieren, ein Präsentsein für wechselnde Zustände erübrigt den gedanklich fabrizierten Mittelsmann oder die Mittelsfrau, je nachdem. Wir benennen die Dinge, wie sie sind, ohne sie beschönigen oder abstrahieren zu müssen. Wir können uns den quälenden Emotionen und bedrückenden Zuständen nähern, die das Herz unseres ursprünglichen Gesichts verdunkeln. Wenn wir erst einmal wissen, nichts loslassen zu können, was wir nicht akzeptieren, bringt die Achtsamkeit uns in die Gegenwart dessen, was uns so oft davon ablenkt. Es erlaubt, darin zu heilen. Und wenn wir auf das Auftauchen von Dingen achten, können wir auch ihr anschließendes Verschwinden zulassen und lernen auf diesem Wege die Vergänglichkeit schätzen.

Diese Praxis der Selbstwahrnehmung, die damit beginnt, dass wir einfach fünf Minuten lang vorbeiziehende Zustände registrieren, ist ein Anstoß dafür, den ganzen Tag über so fortzufahren. Anfangs nehmen wir nicht so sehr wahr, wie so ein Zustand beschaffen ist, wir bemerken lediglich, dass sich etwas verändert hat. Wenn wir erst einmal die Hauptübergänge von Offenheit zu Verschlossenheit, von Zuneigung zu Abneigung erkennen können, sind wir imstande, uns diese Verfassungen einzugestehen, bevor sie Wirkungskraft erlangen. In diesem Stadium registrieren wir Angst wahrscheinlich schneller als Freundlichkeit. Und so, wie der Achtsamkeitsprozess subtiler wird, werden wir immer feinere Phänome immer schneller erkennen können. Schließlich erkennen wir Zustände, noch bevor sie sich räuspern können, um sich in jenem einzigartigen Muster, das jeder von ihnen im Körper erzeugt, auszudrücken.

Wenn wir so oft vergessen, dass wir lebendig sind, kann es schwer werden zu sterben. Achtsam sein heißt die Gegenwart bedenken. Und dadurch entsteht ein lebendiges Vertrauen.

Wie viele Geisteszustände in fünf Minuten, fünf Stunden, fünf Tagen, fünf Leben? Wie oft ist unser Leben unbemerkt an uns vorbeigezogen? Wann werden wir die Gelegenheit ergreifen, ganz lebendig zu sein, bevor wir sterben?

Kapitel 9

Eine Verpflichtung zum Leben

Welch ein Luxus, noch ein Jahr zu leben! Bei täglich 250.000 Sterbenden und dem Wissen, dass auch wir irgendwann an der Reihe sind, wer hätte da noch Zeit, das Leben auf die lange Bank zu schieben? Wir bereiten uns auf den Tod vor, indem wir jede Sekunde unseres Daseins bis ins Kleinste erleben und unseren Körper und unseren Geist mit gütigem Gewahrsein erkunden. Um dem Augenblick nahe zu sein, indem unser Leben sich entfaltet, müssen wir für ein tieferes Gewahrsein sorgen und dazu die Praxis der Meditation entwickeln.

Gewahrsein ist schon als solches heilsam. Wo das Gewahrsein sich konzentriert, tritt das grundlegende Potential für Klarheit und Ausgeglichenheit von selbst zutage. Auch wenn das, dessen wir uns gewahr sind, sich ständig wandelt, bleibt das Gewahrsein selbst eine beständige, leuchtende Weiträumigkeit ohne Anfang und Ende, ohne Geburt oder Tod. Es ist die Essenz des Lebens an sich. Es ist das, was bleibt, wenn alles Endliche wegfällt. Es ist das, was niemals stirbt.

Mein Vorschlag lautet, ein Jahr so völlig achtsam und lebendig zu leben, dass wir den Prozess unseres Lebens von Augenblick zu Augenblick wirklich zutiefst erfahren. Wir übernehmen die Verantwortung dafür, lebendig zu sein, in der Erkenntnis, dass Verantwortlichkeit die Fähigkeit ist, auf das Leben einzugehen statt zwanghaft zu reagieren. Wir erforschen alles: sowohl jenes in uns, das manchmal tot sein möchte, als auch das, was niemals stirbt. Sowohl das, was das Herz blockiert und den Geist verwirrt, als auch das, was die Verwirrung klärt und die Blockade auflöst.

Wir gehen nicht davon aus, dass »der Tod alles erledigt« und fangen deshalb an zu begreifen, dass unser »Wissen«, ja selbst unser »Verstehen« nicht ausreicht. Wir müssen uns unsere Einsichten zu eigen machen und den schwachen Geist ermutigen, sich in der Weite des Herzens niederzulassen. So beginnen wir, unser Leben aus erster Hand zu leben, unsere Nahrung zu kosten statt sie uns vorzustellen, der Musik zu lauschen statt nur mitzusummen, ein neues Gesicht zu betrachten, ohne es zu bewerten. Wir durchbrechen die traumähnliche Art eines Lebens, in dem wir nur halb anwesend sind. So wie das Erforschen der Achtsamkeit damit beginnt, uns daran zu erinnern, bewusst zu sein, so fängt die Erforschung dieses einen Lebensjahres damit an, uns zu besinnen, dass wir doch das Leben selbst sind, welches sich als Gedanke, als Gefühl und als Evolution entfaltet.

Feiern Sie jeden Geburtstag (sowohl Ihren eigenen als auch den Ihrer Lieben), als wäre es der letzte, und denken Sie daran, dass Liebe das einzig wertvolle Geschenk ist, was man geben kann. Tauchen Sie in jedes Liebesspiel ein, als wäre es das erste Mal, und halten Sie sich vor Augen, dass Ihre Partnerin oder Ihr Partner ebenso verängstigt und voller Liebe ist wie Sie.

Seien Sie sich, wenn Sie sprechen oder zuhören, bewusst, dass die Angst vor größerer Offenheit auch die Selbstwahrnehmung beschränkt und dem Abschluss unserer unerledigten Geschäfte im Wege steht. Halten Sie diesen »anderen« immer für ein Gegenüber Ihres Herzens statt für ein Objekt Ihres Denkens.

Und seien Sie sich in Augenblicken, Tagen und Wochen, wo der Geist von seinen eigenen Disputen, Urteilen und Verwirrungen so vernebelt ist, dass er wirklich nicht klar sehen kann, auch dessen voller Mitgefühl gewahr und lassen Sie all das freundlich und urteilslos in die Weite einer gütigen Achtsamkeit fließen. Lassen Sie all das kommen und gehen, das heißt, lassen Sie es ohne einzugreifen in einem freundlichen Gewahrsein einfach sein. Beachten Sie es, aber verurteilen Sie es nicht. Gestehen Sie sich zu, dass Sie festhalten, und erforschen Sie jede auftauchende Spannung oder ein Unbehagen, indem Sie Ablauf und Art dieser Zustände untersuchen.

Bedenken Sie, dass das immer gegenwärtige Leuchten, in das unsere ewig unvergängliche Dichte sich auflöst, das Licht des Gewahrseins ist, durch welches das Bewusstsein sich zeigt - unsere wahre Natur, die niemals stirbt.

Dieses Experiment »des einen/letzten Lebensjahres« ist nicht etwa ein morbides Unterfangen, ganz im Gegenteil. Es lädt den Tod nicht ein, sondern ermutigt zur Vollendung vor der Auflösung. Auch wenn irgendein Geisteswinkel von Selbstmordgedanken fasziniert sein mag und die Aussicht zu sterben und das Hinscheiden am Ende des Jahres begrüßt, müssen solch überholte Tendenzen sorgfältig untersucht werden. Das ist jener Teil von uns, der lieber sterben möchte, als unseren Schmerz ins Auge zu fassen, geschweige denn, ihn zu heilen. Das sind die nur allzu vertrauten Gefühle der Ohnmacht und Unzulänglichkeit, die, näher betrachtet, deutlich werden lassen, warum wir so viele Bereiche unseres Lebens nicht leben. Das Ein-Jahres-Experiment ist kein Schwelgen in solch lebensverleugnenden

Tendenzen, sondern ein Mittel gegen sie. Wenn wir täglich experimentieren, wird das Leben pulsierender und schätzenswerter. Es kann zur einer höchst wirksamen Medizin für die vielen unserer Aspekte werden, die taub und atemlos geworden sind.

Unser tägliches Üben, lebendiger zu werden, das damit begonnen hat, unsere geistigen Zustände zu beachten (und anfangs auch zu zählen), wird allmählich zur kontinuierlichen Praxis, die Inhalte des Geistes, so wie sie den Augenblick durchqueren, zu registrieren. Ein Praktizierender formulierte es so: »Wir werden um so präsenter, je präsenter wir werden.«

Wenn sich diese Achtsamkeitspraxis mit der Pflege von Dankbarkeit und Verzeihen verbindet, zeigen sich oft ganz gewöhnliche Wunder als plötzliches Verstehen, Einsichten in das Wesen von Geist und Körper und spontane Einblicke in unsere enorme Weite.

Durch die Praxis der Meditation des weichen Bauches schaffen wir Raum in unserem Körper, Geist und Herzen für eine notwendige Heilung. Sobald die Meditation des weichen Bauches etwa einen Monat lang täglich fünfzehn Minuten praktiziert wurde, sind wir bereit für die Achtsamkeits/Einsichts-Praxis, mit der man sich unsere Weiträumigkeit geschickt zu Nutzen machen kann. Praktizieren Sie den weichen Bauch vor der Achtsamkeits-Atemübung. Indem Sie sich exakt auf den Atem konzentrieren, sollten Sie jedes Mal zum weichen Bauch zurückkehren, wenn Sie sich ins Denken verlieren. Anschließend richten Sie sich wieder auf die Empfindungen beim Atmen aus, indem Sie den Raum in sich öffnen und weich werden lassen, um sie beobachten zu können. Wenn wir den Atem beobachten, wird alles, was im Geist aufsteigt, von Beginn an als Gedanke, Empfindung, Erinnerung und Emotion registriert, die das klare Empfangen des lebendigen Atems kurzzeitig trüben und deutlich machen kann, wie schwierig es ist, präsent zu bleiben, und wie leicht wir den Kontakt zu unserem Leben verlieren - schon lange, bevor wir sterben.

Da ich über die Achtsamkeits-Praxis in *Schritte zum Erwachen* (Context Verlag) bereits ausführlich gesprochen habe, schlage ich vor, anhand dieses Buches wie auch Jack Kornfields ausgezeichnetem Werk *Frag den Buddha, und geh den Weg des Herzens* (Kösel Verlag 1995) Ihre Praxis zu verfeinern.

Praktizieren Sie zunächst einmal täglich zwanzig Minuten lang und steigern Sie sich dann innerhalb einiger Wochen oder Monate auf vierzig Minuten, und später, wie Ihr Herz es Ihnen eingibt, auf eine Stunde jeden Morgen. Sie können nach und nach auch abends noch zwanzig Minuten anschließen, um die Ereignisse des Tages zu entwirren, bevor Sie in die beträchtlichen Möglichkeiten eines klaren Traumlebens einsteigen.

Jeden Morgen sollten wir beim Erwachen darauf achten, ob wir ein- oder ausatmen. Es geht nicht darum, was besser ist, Ziel ist das Vertiefen des Gewahrseins. Um dieses bewusste Aufwachen noch intensiver zu gestalten, können wir zusätzlich die Haltung, in der wir aufwachen, solange beibehalten, bis uns ein Unbehagen veranlasst, sie zu ändern. So lässt sich erforschen, wie viele unserer Handlungen durch negative Verhaftungen herbeigeführt werden. Selbst wenn wir unsere Kissen aufschütteln und versuchen, eine möglichst bequeme Haltung zu finden, werden wir schon bald feststellen, dass körperliche und damit auch geistige Unruhe aufkommt. Wir haben das Gefühl, es erst wirklich bequem zu haben, wenn wir unser Bein nur ein paar Zentimeter bewegen könnten. Doch sobald wir das getan haben, merken wir, dass diese neue Position ebenso unbequem ist, und so suchen wir weiter nach einer Haltung, die irgendeiner gedanklichen Vorstellung des Wohlbehagens entspricht. Finden wir dann tatsächlich eine »wohlige Lage« und sind überzeugt, dass nichts uns aus ihr weglocken könnte, entdecken wir, dass wir zur Toilette müssen. Wenn wir mit dieser Praxis weitermachen, werden wir beobachten, dass irgendein Unbehagen uns anstachelt, auf der Toilette zu sitzen, das uns schon im nächsten Augenblick wieder zwingt, aufzustehen. Wir werden bemerken, wie Hunger uns zu essen treibt und soziale Ängste und Bedenken uns bewegen, zur Arbeit zu gehen - bis wir eines Tages erkennen, wie sehr unser Leben ein einziger zwanghafter Versuch ist, unangenehmen Zuständen und Situationen zu entfliehen. Wir sind stärker durch Aversionen gegen Unangenehmes motiviert als durch den Willen, uns auf Wahrheit, Freiheit oder Heilung zuzubewegen. Wir versuchen ständig, unserem Leben zu entkommen, unseren Schmerz zu vermeiden statt uns ihm zuzuwenden. Und dann fragen wir uns verwundert, warum es so schwer ist, ganz lebendig zu sein. Jack Kornfield sagt: »Für das Leben wie für jede andere Lotterie gilt: Um zu gewinnen, musst du präsent sein!«

Wenn wir dieses Erforschen unserer Beweggründe fortführen, frühstücken wir achtsam, spüren die Gabel in unserer Hand, beobachten die Kraft der Begierde, kosten jeden Mundvoll Nahrung, legen die Gabel zwischen den einzelnen Bissen hin und wenden uns dieser meist automatischen, unbewussten Handlung so aufmerksam zu, dass eine subtilere, tiefere Ebene des Bewusstseins all diese Zwanghaftigkeiten in ein klareres Gewahrsein holt.

Nachdem Sie sich ein Jahr lang bemüht haben, Ihr Leben

einzuholen, sollten Sie mit einer täglichen Praxis des Erwachens beginnen. Es gibt viele bemerkenswerte psychologische Methoden und Therapien, doch nichts kann für Sie so viel in Gang bringen wie die Meditationspraxis. Keine andere Heilung wird so tief gehen. Wenn der Geist seinen Bauch hat weicher werden lassen und die Verhärtungen loslässt, die uns ureigene Klarheit trüben, öffnen sich unsere Sinne auf eine zutiefst befriedigende Weise. Wir können feiner hören, sehen mehr Details, das Denken wird klarer und bestimmter, wenn unsere Gefühle in einem wachsenden Gewahrsein fließen. Wir wachsen in eine Achtsamkeit, die Augenblick für Augenblick die wechselnden Empfindungen in jedem einzelnen Atemzug wahrnimmt; wir beobachten, wie die Gedanken kommen und gehen und lassen alles los, was sich der unbegrenzten Weite unseres Geburtsrechts widersetzt. Auf unsere wahre Natur zugehend, ruhen wir im Sein wie ein Pilger, der, von langen Reisen erschöpft, seine Last endlich abstellen kann.

Uns ein Jahr lang auf unser eigenes Wohlergehen verpflichtend, leben wir achtsam: beim Essen, Arbeiten, Atmen und selbst beim Denken sind wir uns unserer inneren Prozesse stärker bewusst. Wir versuchen, jeden Morgen zu meditieren, um voll präsent zu sein, ganz gleich, wie schwierig es erscheinen mag, wenn diese Ruhelosigkeit, die wir solange zu ergründen vernachlässigt haben, sich zu regen beginnt. Meditation ruft alle Seiten von uns zurück in das Herz.

Kapitel 10

Angst vor dem Sterben

Wir sagen, wir hätten Angst vor dem Tod, meinen damit aber wahrscheinlich den mühevollen Weg, der am Ende zum Tod führt: die Angst vor dem Sterben. Sicherlich ist das unsere Angst davor, uns in einer Situation zu befinden, über die wir keine Kontrolle haben, in der unsere Kräfte nachlassen und unser Körper qualvoll dahinsiecht. Diese Angst jedoch ist eine der wenigen, denen wir konkret beikommen können. Die Wissenschaft der Schmerzbehandlung hat in den letzten Jahren radikale Fortschritte gemacht. Heute kann die äußerst wirkungsvolle Anwendung eines Morphiumtropfs (einer Dauerinfusion von Morphiumsulfat, perfekt den individuellen Bedürfnisse des Patienten angepasst und auf sie abgestimmt; in Canada heißt das »Voluntary Pain Management«, freiwillige Schmerzbewältigung, Anm.d.Ü.) in den meisten Fällen dazu verhelfen, dass das Ende schmerzlos verläuft. Ein guter Arzt kann solch eine Schmerzbehandlung innerhalb weniger Tage auf die ganz individuellen Erfordernisse des Patienten abstimmen, indem er Dosis und Zeitpunkt der Schmerzblockergaben den Schmerzwellen des Patienten anpasst. Dadurch wird es Menschen möglich, in diesen kostbaren letzten Wochen offen und wach zu bleiben, nicht aufgrund einer Überdosierung dahindämmern zu müssen, von Alpträumen gequält zu werden oder sich durch zu geringe medikamentöse Unterstützung völlig am Boden, erschöpft oder voller Angst zu fühlen. Heute müssen Patienten sich nicht mehr in schweißgetränken Laken wälzen und die vier Stunden zwischen den Schmerzspritzen irgendwie überstehen. In fortschrittlichen medizinischen Einrichtungen werden Medikamente auf Wunsch verabreicht. Oder besser noch, ein so gründliches Schmerzprotokoll erarbeitet, dass das Behandlungsteam noch vor dem Patienten weiß, wann die nächsten schmerzstillenden Mittel fällig werden. Selbst für diejenigen, die weise beschließen, zu Hause zu sterben, gibt es ein Gerät neben dem Bett, welches die Verabreichung von Morphium per Tropf automatisch überwacht, so dass sie ihre letzten Tage in Liebe und erfüllt verbringen können.

Außer in seltenen Fällen, wo die Nerven betroffen sind und der Versuch, die Medikation auf die Schmerzspritzen beim Bewegen einzustellen, den Patienten unweigerlich bewusstlos machen würde, hat der Morphiumtropf unseren Sterbeprozess verändert. Sterben und Schmerz sind nicht mehr unbedingt dasselbe.

Andererseits wäre es nicht weise, einen schmerzlosen Tod einzuplanen, denn wenn der emporsteigende Geist den Körper abschüttelt, ist das oft von Unwohlsein begleitet.

Glücklicherweise müssen wir uns nicht nur auf äußere Behandlungsweisen verlassen, um den Körper zu beruhigen. Wir besitzen auch enorme Fähigkeiten, unangenehmen Zuständen mit inneren Mitteln zu begegnen. Wenn wir in dem betroffenen Bereich weicher werden und unser Gewahrsein darauf richten, stärkt das allmählich unsere Fähigkeit, zu vertrauen und unser eigenes beträchtliches Heilungstalent praktisch anzuwenden. Das öffnet uns für eine subtile und einsichtsvolle Intuition, wie sie der Schmerz erfordert. Sie gemahnt uns, gütig zu sein und genau zu prüfen, wovor wir so lange wegzulaufen versuchten. Wir verbannen den Körperteil nicht, in dem Beschwerden auftreten, sondern laden ihn statt dessen ins Herz ein, um von dem Widerstand frei zu werden, der unseren Schmerz verstärkt.

Auch wenn ich Menschen erlebt habe, die sich scheinbar ohne große Vorbereitungen auf ihrem Totenbett wie exotische Blüten öffneten, kann man sich darauf nicht verlassen. Untersucht man diese spontanen Öffnungen näher, wird man feststellen, dass viele dieser Menschen ihr Leben mit einem gewissen Gewahrsein und zumindest einem Funken allgemeiner Liebenswürdigkeit gelebt haben. Ich habe selbst Menschen, die Gott schon lange abgeschworen hatten, in Anmut sterben sehen. Tatsächlich gibt es nichts Schöneres als einen Atheisten mit einem offenen Herzen. Atheisten benutzen ihr Sterben nicht, um einen besseren Platz am Tisch auszuhandeln; vielleicht glauben sie noch nicht einmal daran, dass eine Mahlzeit serviert wird. Sie sammeln keine »Verdienste« an. Sie lächeln einfach, weil ihr Herz gereift ist. Sie sind ohne besonderen Grund freundlich: sie lieben einfach.

Solche Fähigkeiten entwickeln wir, indem wir uns immer wieder einem achtsamen Herzen zuwenden und lernen, an den nagenden Unstimmigkeiten unseres schwerfälligen Widerstandes zu arbeiten. Wir hören auf, unseren Schmerz um jeden (und jedermanns) Preis vermeiden zu wollen. Wir wenden uns dem zu, für das wir, wie Buddha sagte, geboren wurden und wissen, dass das Loslassen unseres Leidens die härteste Arbeit ist, die wir jemals verrichten werden.

Wenn wir unsere Reaktionen auf physischen Schmerz verstehen, verhilft uns das zu beträchtlichen Einsichten in unsere

Haltung zum Leben im Allgemeinen. Schmerz löst Kummer aus. Er bringt lange unterdrückte Besorgnisse und unerledigte Geschäfte an die Oberfläche. Aber das Leiden unter Schmerzen loszulassen ist leichter gesagt als getan. Schmerz ist eine feste Größe im Leben. Wenn Sie einen Körper und einen Geist haben, werden Sie auch Schmerz erleben. Das Leiden jedoch ist eine Reaktion, aber keine Antwort auf geistige und körperliche Beschwerden.

Wie würden Sie spontan reagieren, wenn Sie sich beim Bilderaufhängen in Ihrem Wohnzimmer zufällig mit dem Hammer auf den Daumen schlagen? Würden Sie sich einen Augenblick lang mit dem Schmerz hinsetzen, sich ihm öffnen und ihn mit gütigem Gewahrsein umgeben? Oder würden Sie das tun, was Sie so geschickt beherrschen: Ärger und sogar Hass auf Ihren Schmerz laden, sich in dem entsprechenden Bereich verspannen und damit die Beschwerden und das Gefühl der Hilflosigkeit noch verstärken, ohne sie sich jemals zu Herzen zu nehmen?

Wenn es eine einzige Definition von Heilung gibt, dann die, dass wir uns dem Schmerz, ob geistig oder körperlich, von dem wir uns stets voller Urteile und Abscheu abgewendet haben, mit Güte und Gewahrsein zuwenden. Nichts bereitetet uns so vollständig auf den Tod vor, als uns in die Lebensbereiche, die bislang ungelebt geblieben sind, hineinzubegeben.

Wir müssen nicht sterben, indem wir uns vom Tod geschlagen geben und uns als Versager fühlen, voller Enttäuschung, vor Reue überfließend. Es ist sehr wohl möglich, in Frieden, weitgehend schmerzfrei, bis zuletzt lernend und voller Dankbarkeit dahinzuscheiden.

Gelegentlich stellen wir uns unseren Tod als völlig unerwartet, vielleicht sogar plötzlich und gewaltsam vor. Oder wir schaudern vor Bildern, die uns ungebeten zeigen, wie unser Körper in monatelangem Leiden dahinsiecht und zum Gefängnis wird, dem wir sehnsüchtig entkommen möchten, während unser Geist einem Mahlstrom voller Verwirrung und Widerstand gleicht. Die Angst sagt, dass wir nicht zum Sterben, geschweige denn für unseren Tod bereit sind. Sie redet uns beharrlich ein, dass wir nicht fähig seien, in Würde in den Tod loszulassen, sondern dass wir ihn verpfuschen werden. Aber die uns eigene Weisheit weiß es besser. Sie wartet nicht. Sie lässt jetzt in das Leben los. Sie praktiziert ihr Sterben, indem sie den Luxus ihres Leidens aufgibt. Sie geht über sich hinaus, um sie selbst zu werden.

Wir sehen also, dass unsere Angst vor dem Tod durch unsere Angst vor einem schwierigen Sterben verstärkt wird. Aber unsere Angst vor dem Sterben ist in Wirklichkeit mehr eine Angst vor dem Fallen, während unsere Angst vor dem Tod der Beklommenheit bei der Landung gleicht. In den Tod »fallen« wir nach oben. Oder, wie Walt Whitman es formulierte: »Wir schreiten aufwärts und vorwärts, und der Tod ist anders, als sich je einer vorgestellt hat - und beglückender!«

Sterben ist eine Domäne des Körpers. Der Tod ist die Domäne des Herzens. Lassen wir also das Sterben an seinem Platz - dem Körper. Lassen wir nicht zu, dass es dem Tod schadet. Sterben verhält sich zum Tod wie die Geburt zum Leben. Beiden geht voraus, was die einzig mögliche Wirklichkeit zu sein schien, und auf beides folgt das nächste eindrucksvolle Szenario. Wie ein Lehrer sagte: »Wir fallen von einer Gnade in die nächste.« Unser nächster Augenblick des Festhaltens - die Hölle; unser nächster Moment des Loslassens - der

Himmel. Wie die Geburt beginnt auch das Sterben mit dem Körper und wird vom Herzen vollendet.

Angst betrachten

Auch wenn nur ein Fünkchen Angst hochkommt, gestehe sie dir ein. Registriere sie als »Angst«. Bemerkst du, wie der Geist dabei verweilt und seine teuflischen Fäden spinnt, registriere das als »sich ängstigen«.

Der Unterschied zwischen Angst und sich ängstigen gleicht dem Unterschied zwischen Freiheit und Gefangenschaft. Die Angst taucht ungebeten auf. Manchmal meint sie, dich zu schützen, und gelegentlich tut sie das auch. Aber viel häufiger beruht sie auf Raubtier-Phantasien oder bildet sich ein, unser Selbst würde verschlungen werden. Angst ist eine zutiefst konditionierte, automatische Reaktion auf jedes Unsicherheitsgefühl, sei es körperlich oder emotional.

Je mehr wir uns ihr zuwenden, desto vertrauter werden wir mit ihrer körperlichen Erscheinung und ihrem geistigen Muster, und desto rascher können wir selbst ihre leisesten Regungen registrieren - vielleicht ein leichtes Pulsieren unmittelbar hinter dem Nabel, noch ehe sich ihr Zauberspruch unter der Zunge formen kann.

Wir begegnen ihr, während sie entsteht, und scheinen dann die Möglichkeit der Wahl zu haben. Wir beobachten sie in ihrer Kleinkindphase, während wir sie an die Oberfläche kommen lassen, wo sie sich nach ihrem letzten stolzen Atemzug, wie es ihrer natürlichen Vergänglichkeit entspricht, unweigerlich auflöst.

Die folgenden Worte sind ein Nachsinnen über Eigenschaften und Auswirkungen der Angst. Immer, wenn wir wahrnehmen, dass Angst aufsteigt, sollten wir sie in dieser Form erkunden. Dabei soll die Angst nicht unterdrückt werden - im Gegenteil. Um die Angst in ihrer natürlichen Umgebung erforschen zu können, müssen wir zulassen, dass sie sich uneingeschränkt zeigt.

> *Ziehe dich nicht vor der Angst zurück.*
> *Lass den Bauch weicher werden und begib dich behutsam in sie hinein.*
> *Nimm Beziehung zu ihr auf, statt dir von ihr diktieren zu lassen, wie du dich verhältst.*
> *Erkunde die körperlichen und geistigen Muster, die diesen Zustand begleiten.*
> *Woher weißt du, dass dieser Geisteszustand Angst ist?*
> *Welche Eigenschaften besitzt sie?*
> *Finde die körperlichen Muster der Angst heraus.*
> *Was geschieht im Bauch, im Schließmuskel des Anus, in der Wirbelsäule, den Händen und Zehen?*
> *Wie liegt die Zunge im Mund?*
> *Rollt sie sich nach oben gegen den Gaumen?*
> *Nach vorne gegen die Zähne? Wird sie nach unten gedrückt?*
> *Lasse es zu, dass die Muster, welche die Angst dem Körper einprägt, langsam deutlich werden wie ein Foto, das in der Dunkelkammer entwickelt wird.*
> *Lasse es zu, dass die Spannungszustände im Körper und das Betäubtsein da und dort sich abzeichnen, um näher erkundet werden zu können.*
> *Richte das Gewahrsein auf die Veränderungen aus, welche sich im Geist entfalten.*

Angst ist ein ständig wechselnder Prozess des sich Sorgens.
Registriere, aus wie vielen Geisteszuständen sich dieser verwickelte Prozess zusammensetzt.
Beobachte, wie ein Augenblick zitternder Erforschung sich in Beklommenheit, dann in Misstrauen, dann in Vermeidung und Zweifel verwandelt.
In Hilflosigkeit und das Gefühl von Unzulänglichkeit.
In Wut und Stolz und wieder in Beklommenheit.
Lass die Angst dahintreiben und beginne sie in der Weiträumigkeit des weichen Bauches aufzulösen.
Lass sie kommen und gehen.
An der Angst gibt es nichts, was dich ängstigen müsste.
Das aufrichtige Erforschen der Angst führt zu einer Angstlosigkeit, welche die Angst nicht einmal weghaben, sondern offen und frei werden möchte.

Kapitel 11

Angst vor dem Tod

Unsere Angst vor dem Tod ist unsere Angst vor dem Unbekannten, das wir nicht kontrollieren können. Sie ist immer die gleiche altbekannte Angst. Jeden Morgen, wenn wir aufwachen, liegt sie hinter unseren Augenlidern auf der Lauer. Sie ist die Angst aller Ängste, und sie braucht Raum zum Atmen.

Der Zen-Meister Suzuki Roshi sagte einmal, wenn wir ein wildes Pferd in einen kleinen Stall sperrten, könne es außer sich geraten und sämtliche Bretter entzweitreten. Wenn wir aber denselben wilden Hengst auf eine offene Weidefläche brächten und freiließen, würde er eine Weile rennen und dann zur Ruhe kommen, sich im Gras wälzen und einschlafen. Und genauso geht es mit den wilden Gerüchten, deren Echo in der winzigen Hirnschale widerhallt und die den Körper zu Stein erstarren lassen. Die Angst in einem Gewahrsein fließen lassend, das sich *auf* sie bezieht statt *aus ihr heraus* zu handeln, erkunden wir die Wendungen und Windungen ihres Treibens im Körper und im Geist, als widerführe sie unserem einzigen Kind.

Wenn das Gewahrsein die Angst umarmt, verliert das Thema Kontrolle an Wichtigkeit, und der Geist senkt sich in das Herz. Ein Raum tut sich auf, in dem wir sogar die Verwirrung loslassen können, die sich in unseren Vorstellungen vom Tod widerspiegelt. Eine Weichheit ohne Urteile, in der die Angst treiben kann, entsteht. Nicht dass die Angst völlig verschwände, aber sie bewirkt in ihrer eigenen Gegenwart weniger Panik. Wenn unsere Kontrollversuche zum Gefängnis werden, führt nur das Aufgeben der Kontrolle zur Freiheit. Wenn wir uns unserer Angst vor Kontrollverlust bewusst zuwenden und nicht versuchen, daran etwas zu ändern, verlieren unsere Konturen an Schärfe, und wir haben nicht mehr so viel zu schützen.

Stellen Sie sich einmal vor, wieviel Hilflosigkeit und Hoffnungslosigkeit über uns kommen würden, gäbe es tatsächlich keinen Tod. Wir sollten die Tatsache nicht außer Acht lassen, dass wir den Tod, obwohl wir ihn so fürchten, auch unendlich schätzen. Der Tod macht das Leben sicher. Wer würde seinen Tod verkaufen, wenn er dazu Gelegenheit bekäme? Wenn man Ihnen eine Million für Ihren Tod böte und Sie *unter allen Umständen* 500 Jahre leben könnten, würden Sie diese Chance ergreifen? Wer würde sich für 350 Jahre in einer eisernen Lunge, für 200 Jahre im Koma oder 400 Jahre Alzheimer Krankheit kaufen lassen? Wir rechnen mit unserem Tod. Gäbe es ihn nicht, würden wir kaum jemals unser Haus verlassen, mit dem Auto allenfalls dreißig fahren, möglichst kleine Angriffsflächen bieten, jedes Abenteuer vermeiden, geliebte Menschen grenzenlos leiden sehen und schließlich um Erlösung beten. Ich frage mich manchmal, ob wir überhaupt die Geburt auf uns nehmen würden, wenn man uns zuvor nicht versichert hätte, dass wir aussteigen können, falls es unerträglich wird. Nicht der Tod ist der Feind, sondern das Festhalten an der Angst.

Unsere Angst vor dem Unbekannten ist jedoch nicht so gestaltlos, wie wir gern beteuern möchten. Sie ist auch die Angst vor dem Tag des Jüngsten Gerichts. Wir befürchten, für unser Handeln zahlen zu müssen, durch unsere unerledigten Geschäfte bei der Karma Kredit-und Sparbank unser Konto überzogen zu haben oder sogar bankrott zu sein. Aber wie sich herausstellt, gibt es keinen Tag des Jüngsten Gerichts, sondern nur Urteile. Und diese hallen im flüchtigen Himmel oder der flüchtigen Hölle des Geistes wider und strampeln sich ab, um in den Augen Gottes akzeptiert zu werden. Da wir so umbarmherzig mit uns verfahren, erwarten wir von ihm das Gleiche.

Natürlich wissen wir nicht, was der Tod bringen wird. Die meisten Menschen sind so wenig auf ihn vorbereitet, dass ihnen sein Potential entgeht. Von wie vielen Menschen haben Sie gehört, die aus dem, was als »Nahtoderfahrung« bezeichnet wird, zurückkehrten und berichteten, dass sie auf ein unglaubliches Licht zugegangen seien, das sie für Jesus, Buddha oder die zwölf Himmelspforten hielten, ohne jedoch zu erkennen, dass sie selbst dieses reine Licht waren? Wir sind so wenig auf unsere ungeheure Größe vorbereitet, dass wir sie kleiner machen als wir sind - oder größer als wir uns selbst einschätzen. Das Licht einfach zu würdigen, ohne mit ihm zu verschmelzen, nicht in unser wahres Selbst loszulassen, wenn uns die einzigartige Gelegenheit des Sterbeprozesses geschenkt wird, heißt an einer so tiefen Gnade vorbeizugehen, dass wir eine weitere Geburt auf uns nehmen müssen, nur um beim nächsten Mal alles richtig zu machen.

Eine dieser Gelegenheiten, die der Tod uns bietet, besteht darin, dass unsere Konzentration sich um das Zehn- oder Zwanzigfache verstärkt, wenn das Gewahrsein sich sammelt, um den Körper zu verlassen. Dieses intensive Gewahrsein könnte erklären, warum so viele Menschen, die eine Nahtoderfahrung beschreiben, berichten, es käme dabei ein enormer Friede auf. Konzentration geht mit einer Ruhe einher, die zu dem

Gefühl außergewöhnlichen Wohlbefindens beitragen kann, von dem viele zum Zeitpunkt des Todes sprechen. Darüber hinaus hat Konzentration die Eigenschaft, die Inhalte des Bewusstseins deutlicher zu machen. Während sie alles, was vorbeizieht, klarer und detaillierter werden lässt, kann sie das durchziehende Spiel des Bewusstseins zudem mehr als dramatisches Theater statt als den Zirkus erscheinen lassen, der es tatsächlich ist. Das könnte erklären, warum sowohl Heilige als auch kurzfristige Umsiedler das Jenseits oft als viel »realer und lebendiger« beschreiben als diese Welt. Das mag deswegen so sein, weil solche Menschen sehr viel präsenter und gesammelter sind.

Vielleicht ist es diese außergewöhnliche Konzentration, die in den frühen Phasen des Todes Tiger aus unserer Angst erschafft, Buddhas aus unserem Mitleid, Engel und andere Lichtwesen aus unserem Vertrauen, hungrige Geister aus unserer Gier, Lustgärten aus der Sehnsucht unserer Sinne, Bodhisattvas aus unserem Mitgefühl, Christus- und heilige Mariengestalten aus unserer hingebungsvollen Liebe - und ein schrilles Pfeifen, das unserem Mangel an Humor entweicht. Gott und der Teufel, vom Rasen des ängstlichen Herzens projiziert. Oder, wie Krishnamurti einmal sagte: »Das Beobachtete ist der Beobachter.« Das ist in dieser Welt ebenso wahr wie in jeder anderen.

Himmel und Hölle sind keine Orte auf einer metaphysischen Landkarte, sondern Ebenen des Bewusstseins, die wir immer mit uns tragen, wo wir auch hingehen. Wir erschaffen sie nach unserem Ebenbild. Der Himmel strahlt vom Zentrum unseres Herzens aus. Die Hölle ist die Hitze, welche aus der Reibung gegensätzlicher Begierden entsteht, eine Dissonanz zwischen dem, was wir sein zu müssen glaubten, und dem, was wir glaubten zu sein. Durch Urteile und selbstgerechte Entrüstung wird sie aufrechterhalten. Lassen Sie Ihren Bauch weicher werden und atmen Sie eine Weile bewusst.

Wenn uns am Leben so viel liegt, dass wir uns hineinbegeben, um es zu erforschen und zu heilen, werden selbst die harten persönlichen, brennenden Wahrheiten schön, weil sie die Wahrheit sind. Wie Chögyam Trungpa einmal sagte: »Meditation ist nichts als eine Beleidigung nach der anderen.« Auch wenn wir fürchten, dieses Eingestehen unseres Festhaltens könne uns vernichten, macht es uns in Wirklichkeit unverletzlich, indem es uns den Weg in die Freiheit zeigt. Genau diese Bereitschaft, unserem Leiden ins Auge zu schauen und darüber hinauszugehen, verwandelt die Hölle in den Himmel.

Jede Religion und Kultur erschafft sich ihren eigenen Himmel. Für die Buddhisten ist er gestuft wie ein Hochzeitskuchen, für die Buschleute schimmert er weit und grün wie die Serengeti, drapiert mit Engeln in weiten Gewändern, die vor Seinem Thron sitzen und den seligen Chor anstimmen, zu dem sowohl Christus als auch Lazarus gen Himmel stiegen. Die Hölle ist uns bereits ganz vertraut, sieht aber für jeden Menschen anders aus. Für Sartre bedeutete die Hölle »Kein Ausgang«. Meister Eckhart wäre eine Hölle mit Jesus lieber gewesen als ein Himmel ohne ihn.

Wenn aber nur die Vertiefung von Weisheit und Mitgefühl zählt, weil dadurch Licht und Wärme in jenen ewigen Augenblick strömen, den wir mit allem, was ist, teilen, müssen wir für die Reise noch nicht einmal packen. Alles wird sich mit unerwarteter Gnade von selbst erledigen.

Der Tod ist vollkommen sicher.

Kapitel 12

Der Augenblick des Todes

Es besteht keine Einigkeit darüber, wann der Tod tatsächlich eintritt. Die Ärzte bestehen darauf, es sei dann der Fall, wenn ihre blinkenden Instrumente kein vorhandenes Leben mehr ausmachen können. Sie stellen sich vor, das Leben scheide mit dem letzten Atemzug dahin. Sie wissen jedoch nicht, was hinter den Augen des Sterbenden geschieht. Sie begreifen den inneren Prozess nicht, der sich kontinuierlich entfaltet. Da sie kein Vertrauen in das haben, was sie nicht messen können, tun sie den Tod beiseite und damit ihre eigene unsterbliche Essenz.

Andere sagen, der Tod beginne mit der Empfängnis und ende erst dann, wenn das, was sich lärmend in die Geburt stürzte, das erkannt hat, was in Stille ungeboren bleibt.

Manche sagen, der Augenblick des Todes trete ein, wenn das Herz zu schlagen aufhört. Aber das Herz steht niemals still. Wenn es nicht mehr in zwei gegenüberliegenden Kammern enthalten ist, dehnt es sich langsam in die ihm eigene Weite aus und bringt die Wahrheit zum Ausdruck, die es ein Leben lang umfasst hat, ohne auch nur einen Schlag auszusetzen.

Andere glauben, der Moment des Todes sei gekommen, wenn wir die himmlischen Pforten sehen oder Buddha begegnen, der am Wegrand auf uns wartet. Das sind jedoch nur ein paar weitere der Lebenserfahrungen, die wir im oder außerhalb des Körpers machen.

Ebenso wie die Geburt ist auch der Tod kein Notfall, sondern ein Hervorkommen. Wie bei einer sich öffnenden Blume ist es auch hier fast unmöglich, genau vorauszusagen, wann die Knospe zur Blüte wird oder wann die samengefüllte Blüte aufzubrechen beginnt und ihre Gaben verschenkt.

Menschen, die mit dem Prozess direkt vertraut sind, weil sie Sterbende begleitet haben, seit Jahrzehnten meditieren oder Augenblicke spontaner Gnade erfahren haben, beschreiben den Tod nicht als einen einzigen Moment, vor dem wir lebendig waren und nach dem wir es nicht mehr sind. *Statt dessen sprechen sie von einem »Punkt des Erinnerns«, in dem das Festhalten am Leben sich in ein Loslassen in den Tod wandelt.* Ähnlich also als wenn wir uns plötzlich an etwas erinnern, das wir eigentlich unmöglich haben vergessen können. Wir »erinnern« uns daran, wie sicher der Tod ist, wir wissen wieder, wie wohltuend es ist, von den Begrenzungen des Körpers frei zu sein und fragen uns fast erstaunt: »Wie habe ich etwas so Wichtiges vergessen können? Und was hat mich denn an dem Wunsch festhalten lassen, in einem Körper zu bleiben?« Der Tod erscheint in einem völlig neuen Kontext.

In diesem Augenblick, unmittelbar bevor wir spüren, wie die Leichtigkeit uns aus unserem Körper hebt, während wir immer noch versuchen, jedes Fünkchen Sauerstoff einzufangen, nur um einen weiteren kurzen Moment lebendig zu bleiben, erinnern wir uns plötzlich: »Wir sind nicht der Körper! Wir waren niemals der Körper und werden es niemals sein!« Sämtliche Widerstände lösen sich auf, und wir erhaschen einen kurzen Einblick in die lange Wanderschaft unserer Seele. Wir kappen die Taue und tauchen in den Ozean des Seins, dehnen uns über unseren Körpers hinaus aus und lassen den Geist frei schweben.

Ich weiß nicht, ob dies »der Augenblick des Todes« ist, aber ich weiß, diese Einsicht verändert alles.

Und was beim Verlassen des Körper als Punkt des Erinnerns erfahren wird, mag auf dem Weg zurück in den Körper als Punkt des Vergessens erlebt werden. Fast ist es so, als müssten wir, um einen Körper zu bekommen, den Zugang zu einigen Bereichen unserer grundlegenden Weisheit als Pfand hinterlassen, welches bei Rückkehr in die Leere wieder eingelöst werden kann. Vielleicht berichten Menschen deswegen so oft, sie hätten sich niemals zuvor so lebendig gefühlt wie im Augenblick ihres Todes. Oder so tot wie mitten im Leben.

Aus dieser grenzenlosen Perspektive können wir über alle weltliche Vernunft hinaus schätzen, welch vollkommene Lehre selbst der Tod sein kann, und wie zutiefst und unlösbar er mit dem wundersamen Prozess unserer Evolution verwoben ist.

Kapitel 13

Der Akt des Sterbens

So ist es zu sterben:

Ein Gefühl, leichter zu werden, weit zu werden, frei zu fließen.
Für manche dauert es nur einen einzigen, ununterbrochenen Seufzer, andere steigen allmählich auf.
Beide Wege sind möglich, beide versetzen das Herz in unerwartete Freude und bringen uns, wohin wir gehen.
Doch eine große Ironie trennt Sterbende von Lebenden - ein Spiegeleffekt im Raum.
Die Dinge sind nicht, was sie zu sein scheinen.
Jede Phase des Endens eines Körpers setzt innerlich etwas frei.
Jede äußere Erscheinungsform des Todes geht einher mit ständig wachsender innerer Lebendigkeit.
Im Sterben wie beim Meditieren gilt: Je tiefer wir gehen, desto weniger definierbar sind wir, und desto realer fühlen wir uns.
Bewegungslosigkeit ist das erste äußere Zeichen des Todes, aber während sich das Element Festigkeit

auflöst, entsteht ein Gefühl der Grenzenlosigkeit, und der Schmerz verschwindet in eine neue Bewegungsfreiheit.
Es ist, als zögen wir einen Schuh aus, der zu eng war.
Dann steht der Kreislauf still, während das Element Flüssigkeit sich in die schwindende Lebenskraft zurückzieht, sich in einem Empfinden wachsenden Fließens öffnend.
Das Gefühl, eher Ozean als Fels zu sein.
Der Körper kühlt ab, während das Element Feuer sich von überallher im Herzen sammelt und durch die Krone des Kopfes entweicht.
Wir spüren ein Aufsteigen, wie Hitze, die von einer sonnenbeschienenen Straße ausstrahlt.
Am Ende wird der Körper starr und sieht eher aus wie Marmor, dann verschwindet das Fleisch als Element Luft im Raum, während die Leichtigkeit sich in etwas noch Leichteres ausdehnt.
Über das Sterben in den Tod hinweg setzt sich der innere Prozess in einem Gefühl grenzenloser Ausdehnung und unbeschränkter Möglichkeiten fort.

Unseren Körper ablegen ist, als sähen wir einen Eiswürfel schmelzen.
Wir verlieren unsere fest umrissene Form, während wir in unsere fließende Mitte zurückkehren und in dünne Luft verdunsten.
Uns ausdehnend, um den Raum zu füllen, unsichtbar und allgegenwärtig.

Wie der Eiswürfel machen wir gewaltige äußere Veränderungen durch, doch unsere Essenz bleibt davon unberührt.
Was einmal ein Eiswürfel war, ist immer noch eindeutig H_2O.
Und wir sind immer noch das enorme Unbenennbare.
So ist es, in den Tod hineinzusterben.
Der Tod ist etwas völlig anderes.
Und sowieso ist, wie Ondrea sagt,
Leben die gröbste Form des Seins.

Kapitel 14

Eine Betrachtung des Sterbens

Wenn Sie sterben üben möchten, ist die Betrachtung des Sterbens von entscheidender Bedeutung.

Im Folgenden gebe ich die Anleitung für eine Meditation wieder, die zehntausende von Menschen praktizieren, um sich auf den Tod vorzubereiten. Sie beginnen mit dieser Meditation am besten, nachdem Sie sich zunächst mit der Beschreibung des Sterbeprozesses im letzten Kapitel vertraut gemacht und die Bemerkungen über den Punkt des Erinnerns im Kapitel davor durchgelesen haben.

Unsere Geschichte beginnt mit dem letzten Atemzug und endet mit dem ersten. Sie gleicht der flüchtigen Skizze eines alten Meisterwerks. Ähnlich wie der Künstler, der in seiner Abbildung des Taj Mahal Grundzüge des Gebäudes wiedergibt, zeigt auch sie einige Aspekte des Sterbeprozesses. Sie ist nicht identisch mit dem realen Geschehen, reicht aber so dicht an dieses heran, wie wir ohne Reisepass gelangen können.

Viele Menschen, die einmal eine Nahtoderfahrung gemacht haben, behaupten, diese Meditation löse ähnliche Gefühle aus; und viele berichten, sie wirke sich ähnlich aus. Sie rufe zum Beispiel ein wachsendes Vertrauen in den Prozess hervor und verringere die Angst vor dem Unbekannten. Ein Praktizierender sagte ganz erleichtert: »Wenn das Sterben auch nur im

Geringsten dieser Meditation ähnelt, muss ich es nicht üben, sondern nur regelmäßig meditieren.«

Wie jeder weiß, der sich lange Zeit über in die Meditationshalle setzt, ist Meditation das Praktizieren der Kunst des Sterbens, des Loslassens in das große Unbekannte. Sterbemeditationen vertiefen diese Praxis.

Wenn wir diese Meditation langsam einem Freund oder still uns selbst vorlesen oder zum öfteren Abspielen auf Kassette aufnehmen, kann sie uns in einem Gefühl des Loslassns unterstützen. Sie kann uns für die Möglichkeit öffnen, unseren letzten Atemzug in Frieden und den nächsten in einem Universum der Möglichkeiten und des Wachsens zu tun. Sie kann uns bis zum Punkt des Erinnerns öffnen.

Vorbereitung auf das Sterben oder auf das Meditieren - je nachdem, was zuerst kommt

Schaue dich bei dir zu Hause nach einem sicheren Platz zum Sterben um.
Gehe von Zimmer zu Zimmer und betrachte deine Umgebung, um herauszufinden, wo du dich, wenn du zum Sterben nach Hause kommen solltest, am besten aufgehoben fühlen würdest. Suche diesen Platz auf und setze dich wie im Spiel/zur Arbeit für diese Meditation dort hin. Wenn die Meditation sich dann später vom Geist ins Herz senkt und du sie dir immer mehr aneignest, wirst du imstande sein, überall zu sterben.

»Nichts als die simple Tatsache des Sterbens und des klaren Lichtes.«   Aldous Huxley

Sitze still und spüre die Schwere, das Substantielle des Körpers. Spüre, wie die Schwerkraft diesen dichten Körper zu Boden zieht. Nimm das Gewicht deines lebenden Leichnams wahr. Oft möchte er sich hinlegen. Er kann sein eigenes Gewicht nicht lange tragen. Es zieht ihn zum Mittelpunkt der Erde.
Achte auf den Bereich flimmernder Empfindungen in diesem schweren Körper. Ein vibrierendes Strömen, das deine Beziehung zur äußeren Welt ausmacht. Empfindungen von heiß und kalt, von hart oder weich, ja sogar von auf und ab, die uns seit langem in der falschen Wahrnehmung bestärken, wir seien der Körper. Aber wir sind lediglich im Körper. Wir glauben, diesen Körper zu besitzen, aber wir haben ihn nur in Kommission. Registriere, dass die Empfindungen im schweren Körper von etwas im Inneren empfangen werden, das leichter ist. Beobachte, wie das Gewahrsein jede ankommende Empfindung beleuchtet und von ihrem Vorhandensein berichtet.
Im Inneren des schweren Körpers existiert ein Körper des Gewahrseins, ein leichterer Körper, der ein Bewusstsein von dem äußeren Gefäß und der Welt, die es umgibt, erzeugt - von dem, was das Leben in oder außerhalb des Körpers erfährt.
Spüre den leichteren inneren Körper. Erfahre seine Präsenz als Präsenz an sich. Nimm wahr, wie das

Gefühl, präsent zu sein, in einem zeitlosen Gewahrsein treibt, das niemals definiert, aber immer erfahren werden kann. Nur das stirbt, was man benennen kann, während die Wahrheit, in der es fließt, weder Anfang noch Ende hat.
Beobachte, wie jeder Atemzug, der durch die Nasenlöcher des schweren Körpers einströmt, von dem leichteren inneren Körper als Empfindung erfahren wird. Registriere, wie jeder Atemzug den schweren Körper mit dem leichten Körper verbindet. Nimm wahr, wie jeder Atemzug diese Verbindung bewahrt und dem Leben ermöglicht, einen Augenblick länger im Körper zu verweilen.
Spüre den Kontakt zwischen dem leichten und dem dichten Körper, den jeder Atemzug herstellt. Spüre, wie jeder Atemzug den inneren leichten Körper, der sich vollkommen im Gleichgewicht befindet, nährt.
Tue jeden Atemzug, als sei es der letzte. Erlebe jedes Einatmen, als würde kein weiteres folgen. Versuche nicht, am Atem festzuhalten, um im Körper zu bleiben. Lass ihn kommen und gehen.
Jeder Atemzug ist der letzte. Lass dieses letzte Ausatmen gehen. Und mache einfach damit weiter.
Der letzte Atemzug des Lebens, das den Körper hinter sich lässt. Die Verbindung zwischen dem leichten und dem schweren Körper ist durchtrennt. Das Ende dieses Lebens. Der letzte Atemzug.
Versuche nicht, ihn festzuhalten - lass ihn gehen. Lass deinen letzten Atemzug gehen, lass den leichten Körper frei schweben.

Lass dich sterben. Lass jetzt los. Halte an nichts fest. Vertraue dem Prozess.

Lass dich in den Raum hineinsterben. Lass deinen Körper hinter dir, folge dem Licht.

Der letzte Atemzug löst sich im Raum auf. Lass deinen Körper dort zurück, wo er liegt, und gehe weiter. Der bist du nie gewesen. Du bist das Leuchten dort vor dir. Begib dich in dieses Licht hinein. Es ist deine eigene großartige Natur. Habe keine Angst vor deiner Größe. Lass alles los, was dich an deiner letzten Erfüllung hindert. Lass dein Herz in das große Herz schmelzen. Lass den, der du immer warst, zu dem werden, der du bist.

Mache dich sanft schwebend vom Körper frei. Dich ständig nach außen ausdehnend, durch Schichten schwindender Dichte in wachsende Tiefen der Gnade. Betritt die Weite des Seins. Ruhe dort in deinem Geburtsrecht, deinem Todesrecht. Nimm dein Erbe an.

Löse dich auf in die Weite. Kanten schmelzen, Grenzen verschwinden. Auflösend, sich auflösend in Raum. Eins werdend mit der höchsten Freude deiner höchsten Natur. Raum löst sich in Raum auf. Licht zerschmilzt in Licht.

Lass dein Wissen und dein Unwissen los. Sei einfach die Präsenz, die sich in das Leuchten ihres eigenen großen Herzens ausdehnt. Lass, was Licht ist, seinem eigenen hell erleuchteten Pfad folgen.

Frage deinen Geist nicht um Rat, folge einfach deinem Licht. Es kennt den Weg selbst.

Lass deinen Namen los. Lass dein Gesicht los. Lass deinen Ruf los und treibe frei in der Weite.
Lass deinen Körper mit dem Leben, das du einmal geträumt hast, in Dankbarkeit und mit einem einzigen Seufzer hinter dir.
Registriere, dass durch dein Ausdehnen hinein in dieses Gefühl der Sicherheit ein Wohlbehagen aufkommt - so tief und natürlich, dass du dich fragst, wo es dein Leben lang gewesen ist.
Lass dein Verstehen los und fließe frei in deiner Intuition.
Betritt den Raum, in dem deine Gedanken treiben. Lass los in das Licht. Licht löst sich auf in Licht. Raum löst sich auf in Raum. Bewusstsein treibt frei in reinem Gewahrsein.
Sei gütig mit dir. Lass dich gehen, im Raum strahlend. Mit dem Großen Herzen verschmelzend, das keinerlei Substanz hat und doch ebenso wirklich ist wie du.
Kein Innen, kein Außen, nur konturenloses Sein in endlosem Raum.
Raum dehnt sich aus in Raum. Licht löst sich auf in Licht.
Ruhe im Sein. Treibe frei in deiner ursprünglichen Weiträumigkeit.
Und beobachte, wie vom Fluchtpunkt des fernsten Horizontes aus etwas langsam näher kommt - der erste Atemzug des Lebens.
Und mit diesem Atemzug trifft ein neuer Körper ein. Nimm wahr, wie in den Begierden, die in dieser

neuen Inkarnation aufkommen, das Licht, das dem Punkt des Vergessens vorangeht, zu verlöschen beginnt. Versuche während des ganzes Prozesses des Wiedereintritts wach zu bleiben.
Jeder Atemzug ist der erste.
Jeder Atemzug ist völlig neu.
Zurückgeboren in einen Körper, um zu erforschen, was geboren wurde. Und was niemals stirbt.
Die Geburt auf sich nehmen zum Wohle aller fühlenden Wesen.
Der leichte Körper, der wieder Einzug hält in einem schweren Körper. Das Leben - und damit die Möglichkeit eines Gewahrseins - neu zum Leben erweckend, so klar, dass es der Möglichkeit jener Art Totgeburt entgegenwirkt, die ein Leben lang anhält.
Jeder Atemzug der erste.
Geboren, um zu dienen und zu forschen. Die Gnade der Welt zu vertiefen, in der wir uns wiederfinden, wie auch immer sie aussehen mag.
Jeder Atemzug ist unbeschreiblich kostbar und ermöglicht dem leichten Körper, einen Augenblick länger in seinem irdischen Gefäß zu verweilen.
Geboren werden in diese Welt, um die Heilung zu entdecken, die wir so lange suchten. Und das Lied zu singen, welches wir lernen, seit wir unter dem Bodhi-Baum saßen, am Kreuz hingen oder in die Augen unseres sterbenden Kindes blickten. Niemand sagte, es würde leicht sein, nur fruchtbar.
Jeder Atemzug der erste, der letzte, der einzige, den es gibt, um uns über unser Vergessen in die sprühende

Mitte der lebendigen Wahrheit hinauszutragen.
Mögen alle Wesen mit dem Tod über ihrer linken Schulter und mit Güte in ihrem Herzen leben.
Mögen alle Wesen frei sein von Leid. Mögen alle Wesen das große Glück ihres großartigen Wesens erfahren.
Mögen alle Wesen in Frieden sein.

Kapitel 15

Jennifer

Für Jennifer, die an ihrem zwölften Geburtstag starb

*Ein Napfkuchen mit einer rosa Kerze
auf dem Nachtschrank neben ihrem Bett,
der gekreuzigte Christus an der Krankenhauswand
über ihr.*

*Der Großteil ihrer Kindheit von Leukämie zerstört,
ihr Körper endend, ließ sie schließlich los.*

*Und mit dem letzten Atemzug
hob Jesus sie vom Kreuz.*

*Das Ende von Jahren voller Krankheit.
Frei jetzt, ihr geliebtes Pferd zu reiten.*

*Neben ihrem leeren Körper sitzend,
spürte ich die Gegenwart der altehrwürdigen Maria,
Mutter der Barmherzigkeit, die kam,
die neu Gestorbene in ihren unendlichen Armen zu
wiegen,*

*und die Kinder sammeln sich langsam um den Tisch,
um das Abendmahl zu nehmen, das in Golgatha gütig
versprochen wurde.*

*Und ich fragte mich,
viel zu rational und mit gebrochenem Herzen,
wie eine einzige Maria all die Tausende umarmen konnte,
die an diesem Tage starben.*

*Und mir ihre Schulter bietend, flüsterte sie:
Wenn tausend Menschen den Mond betrachten,
dann gibt es tausend Monde.*

Kapitel 16

Lebensrückschau

Menschen, denen der Tod schon einmal gewunken hat, sagen oft, sie hätten ihr gesamtes Leben an sich vorbeiziehen sehen. In einem zeitlosen Augenblick spielen sich Gesichter, Gespräche, Ereignisse, Geräusche und Bilder aus der Vergangenheit im Bewusstsein noch einmal mit rasender Geschwindigkeit ab. Viele Menschen sind mit dieser Vorführung nicht zufrieden. Ihrer Meinung nach muss am Drehbuch noch gearbeitet werden. Die Handlung lässt zu wünschen übrig, die Schauspieler spielen ihre Rollen nicht richtig und das Stück, obwohl es manchmal langweilig und zu ausschweifend zu sein scheint, endet dann doch zu schnell. Überrascht stellen sie fest, was sie alles vergessen haben und wie reich ihr Leben war.

Die meisten schlafen in ihrem Leben sofort wieder ein, ohne zu erkennen, dass es, sobald der Tod nicht nur von weitem winkt und unser Leben an uns vorbeirast, zu spät sein wird, wenn wir nicht jetzt etwas unternehmen, um unser Leben zu heilen. Warten wir mit der Lebensrückschau nicht, bis wir auf dem Sterbebett liegen. Wenden wir uns der Möglichkeit zu, unsere Geschäfte zum Abschluss zu bringen, bevor unser Mietvertrag abgelaufen ist.

Wenn wir uns erst einmal mit der Praxis des weichen Bauches vertraut gemacht und mit Hilfe der Meditation auf die

Angst Raum geschaffen haben, ist ein guter Zeitpunkt gekommen, mit der Praxis der Lebensrückschau zu beginnen, um die Vergangenheit loszulassen und so Raum für die Zukunft zu schaffen.

Mit neunzehn blätterte ich in einem Buch über den Buddhismus, das mir wie eine Oase in einer öden Wildnis vorkam, aber ich hatte das Gefühl, ich sei zu unrein, um ihn für mich nutzen zu können. Ich glaubte, die Antwort auf die Frage, wie ich mit der Last umgehen könne, die ich bereits trug, zu spät gefunden zu haben. Ich kaufte das Buch trotzdem, als Hilfe gegen das Vergessen. Die Belohnungen, die mir selbst dieser zögernde Schritt nach vorn mir einbrachte, lassen mich heute erkennen: Wir sollten die Entscheidung, die Zukunft zu klären, indem wir mit der Vergangenheit aufräumen, nicht dem Geist überlassen, der so viel Angst vor dem Tod, vor dem Leben, ja selbst vor seinem eigenen Schatten hat. Überlassen wir diese Entscheidung dem Herzen, auch wenn es durch unerledigte Geschäfte so oft behindert wurde. Geben wir ihm Gelegenheit, wirklich Abschied zu nehmen, Freunde und Lehrer zu achten, Menschen zu verzeihen und von anderen Verzeihung zu erbitten.

Ein wichtiger Aspekt der Lebensrückschau ist die Meditation der Dankbarkeit. Wir beginnen, indem wir uns schöne Zeiten, alte Freundinnen und Freunde, besondere Tage, Augenblicke der Einsicht und Heilung und die Liebe, die alles lohnenswert machte, ins Gedächtnis zurückrufen. Voll Dankbarkeit und Anerkennung laden wir jede Person einzeln ins Herz ein und beginnen einen Dialog mit ihr. Solche Gespräche sind oft sehr aufschlussreich. Nachdem Sie wirklich Verbindung miteinander aufgenommen haben, ob mehrere Minuten oder nur einen Augenblick lang, danken Sie diesen Personen und nehmen von ihnen Abschied, während die Erinnerung sich verflüchtigt. Begrüßen Sie jede Erinnerung mit weichem Bauch und indem Sie sie würdigen. Und beenden Sie jede Aussprache, indem Sie sich verabschieden. Nehmen Sie jedes Mal bewusst Abschied, wenn Sie eine Erinnerung hinter sich lassen, ganz gleich, ob sie angenehm oder unangenehm war. Es gibt keine Gewissheit, dass Sie auf diesem Weg noch einmal vorbeikommen, selbst in der Erinnerung nicht. Dieses einfache Ritual ist nicht so leicht oder oberflächlich, wie Sie vielleicht glauben mögen. Ganz gleich, ob Sie dabei ein Verlustgefühl empfinden oder einen erleichterten Seufzer von sich geben - unser Abschiednehmen kommt mit jeder Erinnerung, die wir hinter uns lassen, mehr von Herzen.

So wie wir alle Dinge erlebt haben, für die wir dankbar sind, gibt es auch Erfahrungen, die wir vielleicht lieber nicht gemacht hätten. Erinnerungen, die immer noch ungelöst zu sein scheinen, die einerseits mit Reue, Schuldgefühlen, Selbstablehnung und andererseits mit Frustration, Ärger und sogar Rachephantasien einhergehen. Wie jeder Schmerz verlangen auch solche bedrückenden Erinnerungen nach Bewältigung und Abschluss. Sie sind das Kernstück unserer unerledigten Geschäfte.

Im Allgemeinen gibt es drei Arten von Erinnerungen: angenehme, unangenehme und neutrale. Die unser Herz berühren, sind die angenehmen Erinnerungen, für die wir dankbar sind. Die, bei denen sich uns der Magen zusammenzieht, sind die unangenehmen Erinnerungen, die wir mit Klarheit und Verzeihen umgeben. Manche Menschen aus unserer Vergangenheit können beide Empfindungen auslösen. Wir können sogar auf Menschen, die wir lieben, einen leisen Groll verspüren. Mit einigen, von denen wir uns verletzt fühlen, können wir durchaus besondere Augenblicke erlebt haben, für die wir dankbar sein sollten, auch wenn sie unsere Praxis des Verzeihens auf die Probe stellen. Der Prozess entwickelt sich mit zunehmender Praxis und Offenheit für unerwartete Gefühle ständig weiter.

Die Klarheit entsteht durch Achtsamkeit im Umgang mit den ständig wechselnden Geisteszuständen. Das Verzeihen entspringt einem Herzen, das es keinen Moment länger aushalten kann, für sich selbst oder andere verschlossen zu bleiben. Einem Herzen, das es höher schätzt, frei zu sein, als seinen Schmerz verbergen zu wollen.

Durch Verzeihen erledigen wir unerledigte Geschäfte. Das ist die nächste wichtige Facette unserer Lebensrückschau, die parallel zur Dankbarkeitsmeditation praktiziert werden sollte. Verzeihen ermöglicht uns, weiterzugehen, ohne durch die Unwilligkeit zurückgehalten zu werden, uns unserem Schmerz zuzuwenden, um ihn zu heilen. Wir rufen uns die Menschen, von denen wir uns verletzt fühlen, einen nach dem anderen ins Gedächtnis, teilen ihnen unsere Gefühle mit und hören ihrer Antwort, die wir uns vorstellen, nach bestem Vermögen zu. Wir erlauben ihnen, sich zu entschuldigen, wenn sie fliehen möchten oder glauben fliehen zu müssen. Wir laden sie einfach in den Vorraum unseres Herzens ein, gewahren ihren beträchtlichen Schmerz und ihre Verwirrung, bringen sie mit der Möglichkeit des Verzeihens in Berührung, einfach um zu sehen, wie sich das anfühlt, und um zu spüren, welche Heilung angemessen sein kann. Ein solch langsamer und wunderbarer Prozess erfordert keinerlei Eile. Jede Anstrengung verschließt nur das Herz. Wenn wir ein, zwei Minuten mit dieser Erinnerung verbracht, ihre Inhalte erforscht und uns damit auseinandergesetzt haben, nehmen wir Abschied von dieser Person und beobachten, wie mit jeder Begegnung und jedem Auseinandergehen unsere Angst allmählich dahinschmilzt und das Vertrauen in unseren eigenen Prozess wieder hergestellt wird.

Während wir diese Gespräche mit unserem Schmerz fortsetzen, fällt uns vielleicht auf, wie die Menschen, von denen wir wünschen, dass auch sie uns verzeihen mögen, einfach hinter den Kulissen hervorkommen, wie magnetisch von der Möglichkeit des Verzeihens angezogen. Wir sprechen mit ihnen und hören genau zu, was sie uns unserem Gefühl nach zu antworten haben. Wir beginnen Gespräche und Beziehungen abzuschließen, die bis heute offen geblieben sind. Wir bitten Menschen darum, uns zu verzeihen, und fangen an, darüber nachzudenken, was wir tun könnten, um die Dinge in Ordnung zu bringen. In Wirklichkeit ist es nicht der Akt der Reue, der dem Geist Frieden schenkt, sondern die Absicht, nicht zu wiederholen, was anderen Schaden zugefügt hat.

So wie es viele Möglichkeiten gibt, Dankbarkeit auszudrücken, können wir auch auf vielen Ebenen Abbitte leisten. Die Meditation des Verzeihens zeigt uns, was hier angemessen ist. Briefe, Anrufe, Besuche und besonders Gebete für das Wohlergehen anderer können zutiefst heilsam sein. Oder wir begegnen anderen von Herzen als Gegenüber, statt sie als Objekt unseres Geistes zu betrachten, und tun uns im Mysterium spielerisch mit ihnen zusammen, während wir ihnen beibringen, zu verzeihen und sich verzeihen zu lassen. Das sind keine abgehobenen Gespräche. Tatsächlich wird die Atmosphäre, die uns von anderen trennt, nie greifbarer als beim Versuch, sie zu überwinden. Wie Nisargadatta sagte: »Der Geist schafft den Abgrund, doch das Herz schlägt die Brücke.«

Oft ist der Mensch, dem wir Abbitte tun möchten, bereits aus unserem Leben gegangen. Vielleicht ist er gestorben, weggezogen oder in unserer eigenen Vergangenheit verschwunden. Durch das Visualisieren von Gesprächen können wir jemanden, den wir fürchten verletzt zu haben, entschlossen in unser Herz einladen.

Ein nicht unerheblicher Aspekt beim Abschließen unerledigter Geschäfte ist natürlich das Zurückzahlen von Schulden. Einige können per Scheck beglichen werden; bei anderen müssen wir möglicherweise tiefer graben. Als ich mich aus der Schattenwelt zum Licht bewegte, konnte ich einiges, was ich an mich gerissen hatte, nicht so schnell wieder loslassen. Mit zwanzig, als ich mich etwa ein Jahr mit dem Buddhismus beschäftigt hatte, stahl ich beim Herumschlendern in einem Laden mit orientalischer Kunst einen kleinen Terrakotta-Buddha aus dem 19. Jahrhundert. Dieser gestohlene Buddha war ein finster dreinblickender, energischer Bodhidharma, der mir nichts durchgehen ließ. Auch wenn im Laufe der Jahre noch andere Buddhas kamen und gingen, war er mein strengster Lehrer in Aufrichtigkeit und Offenheit. Obwohl sich seine gerunzelte Stirn niemals glättete, wurde er zur grundlegenden Ermutigung, oberflächliche Wünsche loszulassen und auf das Herz zu hören. Etwa zwei Jahre, nachdem ich die Tonfigur an mich genommen hatte, schickte ich dem Laden einen Scheck mit einem Entschuldigungsbrief. (Ich habe gehört, dass Fachgeschäfte von reumütigen Ladendieben täglich tausende von Dollars erhalten.) Einen Augenblick lang kam es mir so vor, als sähe ich den alten Bodhidharma lächeln, aber dann wurde mir klar, dass nur ich es war, der lächelte. Abbitte leisten nährt das Herz und beruhigt den Geist.

Ironischerweise ist dieser zerbrechliche, wunderbare, finstere Buddha, der die reine Liebe verkörpert, einer der wenigen Gegenstände, die diese vierzig Jahre überlebt haben. Er sitzt auf unserem Altar neben einem Geschenk des Dalai Lama und den Fotos mehrerer anderer geliebter Lehrerinnen und Lehrer.

Der Goldene Buddha ist der Buddha der Weisheit. Der Jade - Buddha ist der Buddha des Mitgefühls. Aber der gestohlene Buddha ist der Beste von allen, denn er lässt mich die Kraft der Erneuerung spüren.

Bevor wir mit dieser äußerst lehrreichen Praxis fortfahren, möchte ich erwähnen, dass all der Kummer über unsere schmerzhaftesten Erinnerungen meiner Meinung nach nicht zum Verschwinden gebracht werden kann, indem wir lediglich ein paar Monate lang angenehme Erinnerungen dankbar betrachten und die unangenehmen verzeihen, uns von den Mitwirkenden an dieser Erinnerung verabschieden und achtsam mit den wechselnden Zuständen des Geistes umgehen. Aber es kann uns helfen, Gefühle, die wir seit langer Zeit verbannt hatten, wieder in unser Herz einzulassen, wo wir sie in einer zunehmenden Weite neu erfahren und mit etwas freundlicheren Augen betrachten.

Das heißt nicht etwa, dass wir versuchen sollten, Verzeihen oder Dankbarkeit zu erzwingen. Auch wenn wir schwierige Erinnerungen einfach nur mit leiser Bereitwilligkeit berühren, beginnen wir allmählich loszulassen und die mit ihnen einhergehenden Spannungen zu lösen. Und allmählich werden wir wahrscheinlich imstande sein, unser ganzes Leben dankbar zu betrachten, nicht weil es rundherum angenehm war, sondern weil es all die Lehren, die uns zu diesem bemerkenswerten Augenblick der Einsicht führten, für uns bereitgestellt hat.

Ich kann nicht für andere sprechen, aber als ich versuchte, »mein Haus in Ordnung zu bringen« und sein Fundament und vor allem meine frühen Jahre inspizierte, entdeckte ich eine Jugend voller Misstrauen, egozentrischer Überheblichkeit und emotionaler Unaufrichtigkeit. Als ich die frühen Kapitel meiner Lebensgeschichte wieder und wieder las, musste ich oft einsehen, dass ich dem Leid anderer lediglich oberflächliche Anteilnahme entgegenbrachte. Mich dem zu stellen, war ebenso schwer, wie dem dreiköpfigen Dämon auf dem Weg zu begegnen. Es war so schwer, sich mit diesen Bildern zu konfrontieren - sie schienen so real und so schmerzlich zu sein.

Aber dann fiel mir ein, dass einer meiner Lehrer immer gesagt hatte: »Der Gedanke an einen Tiger ist kein Tiger.« So ist die Erinnerung an ein Ereignis nicht das Ereignis selbst, sondern seine Widerspiegelung auf der sich ständig wandelnden Oberfläche des Geistes. Manche sagen, wir können diese Bilder auf der Leinwand des Bewusstseins fast wie eine Turnhalle nutzen, wo wir nicht den Versuch machen, schwere Gewichte zu heben, sondern diese abzulegen, loszulassen. Andere vergleichen diese Phase der Auseinandersetzung mit den Inhalten des Erinnerungsbewusstseins und als Möglichkeit des Wiederholungsspiels. Als Gelegenheit, mit den Gefühlen zu arbeiten, die solche Situationen begleiten, falls diese uns erneut begegnen sollten, wie zum Beispiel bei der Reise durch den Tod. Keine Frage: Wenn ich mich nicht jetzt für bestimmte schwierige Erinnerungen mit ein wenig Mitgefühl und Klarheit öffnen könnte, würden sie meinen weiteren Weg durch Leben und Tod erschweren. Die Angst ist es, die den Tod aussehen lässt wie eine von hohen Klippen betrachtete flache Pfütze.

Wenn wir unsere Lebensgeschichte rückblickend noch einmal mit der Absicht betrachten, die Vergangenheit sowohl zu achten als auch zu heilen, kann das Wochen, Monate oder unser ganzes restliches Leben lang dauern, da bislang nicht bemerkte Ebenen des Festhaltens allmählich ins Bewusstsein treten und sich zum Zwecke der Wiedergutmachung zeigen. Das ist starke Medizin, die anfangs etwas bitter schmeckt, allmählich aber süßer wird, da Verzeihen und Dankbarkeit, Achtsamkeit und Güte uns unzählige Segnungen einbringen. Wenn das Verzeihen beginnt, ein Eigenleben zu führen und das schmerzliche Ereignisse begleitende Leid sich so weit gelegt hat, dass wir begreifen können, was diese uns zu lehren haben, bekommt die Vergangenheit eine andere Bedeutung. Wir empfangen, wie Ondrea sagt, »das Geschenk, das die Wunde birgt«, die Einsicht und Stärke, die Anerkennung von Mitgefühl und Gewahrsein, die wir brauchen, um auch viele andere Bereiche unseres Lebens heilen zu können.

In ihrem Buch *How to Grow a White Lotus* erzählt die Zen-Meisterin Kennett-Roshi von ihrer Lebensrückschau, mit der sie begann, als man ihr mitteilte, sie werde sterben. Ereignis für Ereignis, Einsicht für Einsicht geht sie ihr ganzes Leben mit allen seinen Triumphen und Niederlagen durch. Sie sagte, diese Rückschau habe sie mitten ins Leben versetzt. Tatsächlich war dieses Reflektieren ihres Lebens so machtvoll, dass ihr Körper nicht starb, sondern weiterhin als Herberge für ihre Entwicklung zur Erleuchtung diente (was in keiner Weise nahelegen soll, das gelte auch für andere). Obgleich dieser Prozess nicht mit der Absicht zu gesunden begonnen wurde, fand sie es tröstlich zu erfahren, dass selbst die Konfrontation mit schwierigen Erinnerungen ihre Heilung nicht aufhielt.

Menschen, die bereits seit einigen Jahren meditieren, haben

wahrscheinlich schon ein ganzes Stück dieser Arbeit geleistet. In der Stille der Meditationshalle um zwei Uhr früh präsentiert sich das Leben immer wieder, um rückblickend betrachtet zu werden. Erinnerungen und Gefühle kommen hoch, das Gewahrsein wird erforscht. Das Herz akzeptiert, was ins Bewusstsein tritt, und der nächste Augenblick kommt. Als ich anfing zu meditieren, erinnerte ich mich nur an wenige Ereignisse vor meinem neunten oder zehnten Lebensjahr. Heute sehe ich frühe Geburtstagsfeste ebenso deutlich vor mir wie das Abziehbild des Tanzbären am Fußende meines Gitterbettchens.

Lebensrückschau bedeutet konzentrierte Reflektion. Wir schauen nicht auf unser Leben zurück, als ob es uns noch gehörte, sondern als machten wir uns bereit, es aufzugeben. Wir erinnern uns, als wäre dies der letzte Schluck von einem alten Wein, der letzte Kuss jener entschwundenen Geliebten, die letzte Möglichkeit, ein Leben zu bejahen, das eine große Fülle nur allzu menschlicher Erfahrungen birgt. Eine solche Art des Betrachtens ist heilsam.

Den guten Zeiten wenden wir uns bei diesem Prozess mit ausgesprochener Dankbarkeit zu. Und die schlechten Zeiten betrachten wir, nachdem wir den Ärger ebenso gründlich erforscht haben wie die Furcht, mit zunehmendem Verzeihen. Wir erkennen, welch gute Lehren die schlechten Zeiten bergen können und öffnen uns tiefer für eine Lebensweise, die uns mehr Glück als Unzufriedenheit bringt.

Oder, wie ein Freund - er befand sich mitten in diesem Prozess - sagte: »Anfang ist alles Mist und Sonnenschein, dann wird es schlimmer, und dann besser, viel besser. Tatsächlich passiert es immer häufiger, dass alles absolut vollkommen zu sein scheint.«

In vieler Hinsicht geht es bei der Lebensrückschau nicht so sehr darum, Ereignisse aus der Vergangenheit zu betrachten, als vielmehr die zurückgebliebenen Gefühle gründlich zu erforschen. Uns wird klar, welche Arbeit bereits getan ist und was zur Heilung noch offensteht.

Wie ein Hospizarzt und mehrere spirituelle Lehrer äußerten: »Manchmal führt der anfängliche Durchbruch weder zu innerem Frieden noch zur Heilung. Tatsächlich sehen manche Menschen erst einmal schlechter aus und fühlen sich auch so. Aber sie sind erfüllter. Sie haben zugelassen, dass unterdrückte und verdrängte Seiten der eigenen Person zum Vorschein kommen und sich ihrer angenommen wird.«

Einige Therapeutinnen und Therapeuten, mit denen wir die Lebensrückschau diskutiert haben, meinten besorgt, sie könne zu schwer sein. Ihrer Meinung nach hätten die meisten Menschen ein so hartes Leben gehabt, dass es vielleicht besser für sie wäre, »die Büchse der Pandora« nicht zu öffnen.

Natürlich haben wir uns ihren Rat zu Herzen genommen und empfehlen Menschen, die zu dieser Reise aufbrechen, langsam und entspannt vorzugehen. Rasen Sie also nicht auf die schwierigsten Erinnerungen zu, um sich dann vor Ärger und Schuldgefühlen zu krümmen. Bauen Sie zunächst ein Fundament aus Dankbarkeit und Achtsamkeit auf, bevor Sie erkunden, wie Sie verzeihen und Verzeihung erbitten können. Fangen Sie bei den zahlreichen Vorwürfen und Klagen an. Erforschen wir den Schmerz in unserem Herzen und entwickeln wir Mitgefühl nicht nur für *unseren* Schmerz, sondern für *den* Schmerz, den wir alle miteinander teilen.

Bei der Lebensrückschau erleben wir das ganze Spektrum unserer Emotionen: Empörte Wut über all die Bürden, die andere uns auferlegt haben. Scham über das, was wir anderen zugemutet haben. Dankbarkeit für die empfangenen und Freude über die Geschenke, die wir anderen gemacht haben.

Wenn es in Ihrem Leben Traumata oder Missbrauch gab, sollten Sie solche Erinnerungen nicht erzwingen wollen. Es gibt genug mit anderen Erinnerungen zu tun, und die Gedanken und Gefühle, die solche Ereignisse betreffen, achten selbst darauf, ob es sicher genug ist, hochzukommen.

Wo immer wir uns als Opfer fühlen, kann die Forschungsreise wirklich schwierig werden, denn das bedeutet: Wir müssen uns, wenn auch nur in der Erinnerung, auf einer bestimmten Ebene noch einmal in die Gegenwart des Täters begeben. Und für den Teil in uns, der andere zum Opfer gemacht haben mag, ist das die Hölle! Aber auch hier gilt: Worauf warten? Warum nicht jetzt erforschen, wo wir uns »verschuldet« haben und und fragen, was wir dagegen unternehmen können? Wie sagte ein Mann doch? »Es ist erst vorbei, wenn es vorbei ist.« Und solange das Herz sich nicht ganz geöffnet hat, wird es niemals vorbei sein, und wir werden mit unserem höllischen Festhalten auf ewig weitermachen.

Wenn Sie bereits in Therapie sind, sollten Sie mit Ihrem Therapeuten oder Ihrer Therapeutin absprechen, wie diese Praxis sich auf Ihre therapeutische Arbeit auswirken könnte. Wenn Sie keine therapeutische Beziehung haben, können Sie sich mit einem engen Freund oder Freundin zusammentun, mit dem oder der Sie über alles reden und laut über Ihren inneren Prozess reflektieren können.

Für uns alle kommen im Verlauf der Lebensrückschau schwierige Momente, in denen wir uns mahnen müssen, ins Herz zurückzukommen, ähnlich wie ein Bergsteiger, der sich wieder an sein Sauerstoffgerät anschließt. Wenn wir nicht sämtlichen Erinnerungen mit weichem Bauch, Verzeihen und Dankbarkeit begegnen, kann die Lebensrückschau sehr viel mühsamer und weniger heilsam ausfallen als potentiell möglich wäre. Es geht nicht darum, frühere Gedanken und Gefühle im eher trüben Licht des alten, leicht deprimierten Geistes aufzuwärmen, sondern das Gewahrsein erneut zu sammeln (bevor der Tod es für uns tut), um die Vergangenheit im Licht einer neuen Güte sehen zu können.

Da die Angst vor dem Tod, wie bereits an früherer Stelle erwähnt wurde, manchmal auch die Angst vor Bestrafung beinhaltet, kann die Lebensrückschau viel von dieser Angst zerstreuen, gibt sie uns doch die Möglichkeit, den Tag des Jüngsten Gerichts in unserem eigenen Tempo anzugehen. Während wir daran arbeiten, der Selbstverurteilung ein Ende zu bereiten und diesen Teil unseres Leidens dem Kern unseres Wunsches nach Freiheit opfern, kann in uns etwas wachsen, das zu gut zu sein scheint, um wahr zu sein - ein Gefühl von alles durchdringender Liebe für uns selbst. Manche sagen, das sei so, als betrachteten sie sich selbst mit den Augen Gottes. Und die Angst vor Jehova schwindet. Dieses Hochgefühl entspringt dem Nahen der Wahrheit. Der Wahrheit, die Buddha zum Ausdruck brachte, als er sagte: »Du wirst in der ganzen Welt niemanden finden, der es mehr verdient, geliebt zu werden, als du.«

Als ich an meiner Lebensrückschau arbeitete und auf Dinge zurückblickte, die ich getan hatte, war ich manchmal entsetzt und beschämt. Ich fragte mich, ob solche hässlichen Fußabdrücke nicht auf immer die Spur verschandeln würden, die ich hinterließ, und seufzte darüber, wie schwer ich anderen, die eine Weile mit mir gereist waren, den Weg gemacht haben musste. Aber bekenntnisreiche Selbstvorwürfe bringen uns nicht weiter.

Wir würden unsere Sünden gern wieder gut machen, aber heutzutage ist es schwer, ein härenes Hemd zu bekommen, das nicht mit einem Slogan bedruckt ist. Und dann erinnert uns etwas, das weiser ist als unser Schmerz, daran, dass alle Beteiligten Heilung erfahren, wenn wir den Schmerz der Menschen nachempfinden, die wir verletzt haben, und ihnen Welle um Welle Wünsche für ihr Wohlergehen schicken.

Zulassen, dass uns selbst verziehen wird, ist eine der schwierigsten Heilungsetappen auf dem Weg. Und eine der fruchtbarsten. Aber, wie meine liebe Freundin Elisabeth Kübler-Ross zu sagen pflegt: »Nichts ist zu gut, um wahr zu sein.«

Erinnerungen tauchen spontan aus Bereichen unterhalb des Traumes auf und bitten um Aufmerksamkeit. Sie stehen Schlange um Heilung und fragen uns: »Was kann ich tun, um Frieden mit mir zu schließen und friedlich sterben zu können?« Mit dieser Praxis »fegen wir den Weg frei«, um alte Wunden zu heilen und Loblieder auf frühere Geliebte zu singen. Das braucht Zeit und wird am besten nicht auf später im Leben verschoben, wo unsere Körperkräfte schwinden, unsere Konzentration nachlässt und unsere Emotionen vom Nahen des Todes abgelenkt sind.

Erinnerungen gleichen - wie jemand sagte - eher Gemälden als Fotografien. Und einige dieser Gemälde sind etwas abstrakt. Ihr Stil reicht von Fra Angelico bis zu Picasso. Einige bekamen mit zunehmenden Jahren Risse und sind verblasst. Ihre Umrisse sind vage geworden und bewahren Formen nie lange genug, um sie einschätzen zu können. Selbst wenn wir in besten Absichten solche Ereignisse und Gefühle wieder gutmachen und abschließen wollen, kann unser Vorhaben gefährdet sein.

Als ich über bestimmte Kapitel meiner Geschichte nachdachte, schwammen die Details in einem Meer sich widerstreitender Bilder und Standpunkte. Es war schwer, herauszufinden, wie damit angemessen umzugehen war. In diesem Fall schickte ich den Menschen, mit denen ich einen fast vergessenen Augenblick geteilt hatte, einfach aufrichtige Wünsche für ihr Wohlergehen, bat um Verzeihung für die Schwierigkeiten, die meine Ignoranz verursacht haben mochte, und bot meinen Dank für die gemeinsame Zeit an.

Es gibt noch zwei weitere Ebenen, auf denen die Lebensrückschau Anwendung finden kann: Die erste heißt »Erwachen im Traum«, auf der zweiten Ebene kann die Lebensrückschau wie das *Tibetanische Totenbuch* benutzt werden.

Unsere aufrichtige Vorbereitung auf den Tod beinhaltet auch, dass wir die Handlung unserer Geschichte allmählich loslassen und mit einem Gefühl des Gleichmuts und des Abschließens auf unser Leben zurückblicken. Wir können uns, während wir die Bilder auf unserer alten Leinwand betrachten, sogar fragen: »Wessen Leben war das denn überhaupt?« Wir schauen zu, wie unser Leben an uns vorbeizieht, als wohnten wir der Parade eines anderen Menschen bei, und werfen uns selbst einen Kuss zu, während wir vorbeigehen. Wir werden wie Lakshman im *Ramayana*, der, als er am Ufer des Flusses saß und sich auf das Sterben vorbereitete, zu sich sagte: »Das ist wie etwas, was ich einmal vor langer, langer Zeit geträumt habe.«

Unsere Reaktion auf die Vergangenheit bestimmt in starkem Maße, wie wir die Gegenwart erleben. Die wohltuenden Auswirkungen der Lebensrückschau liegen nicht nur darin, dass wir unser Verhältnis zu vergangenen Ereignissen, sondern auch zur Vergangenheit selbst einschätzen lernen. Erinnerungen sind nicht weniger illusionär als sämtliche anderen Gedanken auch. Ihr Blickwinkel verändert sich ständig und wird durch die Einstellungen, die wir ihnen entgegenbringen, beeinflusst. Wir beginnen der Erinnerung ihre reaktionären Eigenschaften zu nehmen, indem wir uns sowohl angenehmen als auch unangenehmen Ereignissen mit zunehmend bedingungsloser Achtsamkeit nähern, mehr wie ein fasziniertet Forschungswissenschaftler als ein gelangweilter Hofberichterstatter. Nicht länger bereit, unser Leben aus zweiter Hand zu leben, begeben wir uns direkt in den Augenblick der Erinnerung hinein und erlauben unserem Herzen, sich in ihn zu ergießen. Wir gestehen uns ein, dass die Vergangenheit ebenso wie die Gegenwart nicht so greifbar ist, wie wir gern glauben möchten, und erforschen das ständig wechselnde Wunder unserer Erinnerungen, welche manchmal die vage, immaterielle Qualität eines Traumes in einem Traum haben. Und wir machen die Erfahrung, dass die Dinge nicht das sind, was sie zu sein scheinen. Diese Einsicht heißt »im Traum erwachen«. Hier erkennen wir, wie sehr die Erinnerung ein Produkt unseres Selbstbildes ist, welches seinerseits nicht substanzieller ist als ein Gedanke. Auf dieser Ebene beginnen wir Erinnerungen, die vor uns auftauchen, als ebenso schwere- und substanzlos zu erleben wie die traumähnliche »schwebende Welt«, die so viele Menschen beschreiben, wenn sie von dem Reich zwischen Sterben und Tod berichten. Wir erwachen, um uns dabei zu beobachten, wie wir uns selbst träumen.

Dieses Erwachen holt uns nicht unbedingt aus unserem Traum, ermöglicht uns aber zu erkennen, dass wir träumen.

Und damit sind wir bereit für die nächste Ebene. Wir können anfangen, das Buch unseres Lebens noch einmal zu lesen - dieses Mal jedoch, ohne die Fußnoten auszulassen, Dialoge hinzuzufügen oder so zu tun, als handele es sich um ein Sachbuch. Wir beginnen mit ähnlichen Techniken zu arbeiten wie denen, die das *Tibetanische Totenbuch* enthält, das die Hindernisse auf dem Durchgang zum Tod beschreibt und aufzeigt, wie unsere Geisteszustände - im Leben wie im Tod - gleichermaßen Bilder von Gespenstern und Engeln projizieren. Während wir uns mit der vorbeiziehenden Bewusstseinsschau und besonders mit der Erinnerung auseinandersetzen, erkennen wir, dass das Gespenst vor uns das Gespenst in uns ist. Dieses Erkennen wächst in dem Maße, wie wir dem Gespenst jetzt heilendes Gewahrsein zukommen lassen können. Später werden wir es aus einem Hindernis in einen Verbündeten umwandeln können, von einer Straßensperre in einen Meilenstein.

Bei dieser Praxis beobachten wir, welche Erinnerungen und Gedanken das Gewahrsein umgarnen. Wir sehen, wie Angst, Lust, Schuld und Ärger das Bewusstsein zu Phantasien verführen und welche Bilder im Geist Personifizierungen bestimmter Vorstellungen und Einstellungen sind. Wie ein Mann sagte: »Jeder Standpunkt ist zu eng für die ganze Wahrheit.« Diese Einstellungen sind wie die Knochen des Skeletts, das wir in unserem Kleiderschrank hängen haben. Sie erschaffen sowohl diese Welt als auch die nächste. In dieser Welt projizieren wir sie auf andere, in der nächsten werden sie auf uns zurück projiziert. Wir haben Angst, was der Geist nach dem Tod anstellen könnte, denn wir wissen, dass er seinen eigenen Dickkopf hat. Wir klären die Gegenwart, indem wir die Knoten der Vergangenheit entwirren. Und weil die etymologische Wurzel von »Nostalgie«

gleichbedeutend mit »ein übrig gebliebener Schmerz« ist, halten wir nicht an der Vergangenheit fest, sondern werfen ihre Last ab. Wir heben unsere Kindheit weder in Freude noch Grauen auf den Sockel, wandern nicht verloren zwischen Akzeptanz und Verleugnung hin und her, sondern lassen alte Verhaftungen los und erlauben dem Leben, sich selbst einzuholen. Wir begegnen uns selbst auf dem Weg und erkennen, dass wir eine Projektion unserer eigenen Konditionierungen sind. Und wir gehen auch über dieses Verständnis und sämtliche weiteren Vorstellungen, an denen wir festhalten, hinaus und verschmelzen mit unserem unsterblichen Sein.

Der Prozess der Lebensrückschau

Die Lebensrückschau beginnt an einem Montag und endet irgendwann, bevor wir sterben.

Sitze eine Weile still und rufe dir jemand aus deiner Vergangenheit ins Gedächtnis, der dein Herz mit seiner Freundlichkeit berührt hat. Stelle dir vor, dich mit diesem Menschen zu unterhalten. Erzähle ihm, was er dir bedeutet hat. Schicke ihm deine Dankbarkeit, als wären eure Herzen miteinander verbunden. Danke ihm, und wenn das Gespräch beendet ist, verabschiede dich von ihm. Nimm Abschied, als würdet ihr euch niemals wiedersehen, selbst in der Erinnerung nicht.

Rufe dir jetzt langsam und ohne Hast Freundinnen und Freunde, Lehrer, Eltern, Vorfahren, Weggefährten, Geliebte und selbst Haustiere ins Gedächtnis, denen du dich verwandt fühlst und die das Wachsen deines Herzens mitgeprägt haben. Sage ihnen, wie wichtig ihre Anteilnahme und Freundlichkeit für dich ist. Schicke ihren Bildern Dankbarkeit. Wenn der Raum zwischen euch sich mit Liebe gefüllt hat und es Zeit ist, auseinander zu gehen, sage Ade, als würdet ihr niemals wieder auf diese Weise zusammenkommen.

Jede Begegnung mit Menschen, denen du dich in Dankbarkeit und Anerkennung verbunden fühlst, verläuft etwas anders, da das Gespräch sich weiterentwickelt und das Auseinandergehen, statt eine Trennung zu sein, immer mehr zu einer Form des Abschließens wird.

Wenn die Praxis sich dann allmählich erweitert und außer Menschen auch Augenblicke aus der Vergangenheit einschließt, für die du dankbar bist, konzentrierst du dich darauf und nimmst sie in dein Herz. Danke deinem guten Stern! Wenn die Szene zu Ende ist, sagst du voller Wertschätzung Ade und schaust für diesen Augenblick nicht zurück.

Die Lebensrückschau sowie die Dankbarkeits- und Verzeihens-Meditation entwickeln sich symbiotisch, jede unterstützt und nährt die andere. Wenn wir einige Tage oder Wochen Dankbarkeit praktiziert haben, ist es Zeit, die Meditation des Verzeihens zu entwickeln.

Rufe dir jemanden ins Gedächtnis, der dir Schmerz zugefügt hat. Nicht gleich den schlimmsten Angreifer, sondern einen Menschen, für den du eher leichten Groll als Hass oder rasende Wut empfindest. Jemanden, an den zu denken unangenehm ist, der aber nicht so heftigen Ärger auslöst, dass du deinen Bauch nicht entspannen kannst, wenn du ihn dir vorstellst. Leicht ist richtig. Sieh, wie weit diese Person von ihrem eigenen Herzen entfernt, wie erstarrt und verängstigt sie gewesen sein muss, dich so zu behandeln. Nähere dich ihr einmal nur für diesen Augenblick - als Heilungsexperiment - mit der Möglichkeit, ihr zu verzeihen, ganz gleich, wie zögernd du vorgehst. Schau, wie sich das anfühlt. Registriere, wie sehr das Herz sich danach sehnt, sich von seinem Kummer zu befreien. Lass los, öffne die Faust, die sich um diese Erinnerung ballt. Lass sie ein wenig freier in der Möglichkeit des Verzeihens treiben. Erlaube ihr, voll Güte von jener Seite in dir berührt zu werden, die solche Augenblicke des Vergessens und sogar kalter Gleichgültigkeit aus eigener Erfahrung kennt. Verzeihen geht mit einer Demut einher, die sowohl dem Verzeihenden als auch dem, dem verziehen wird, dient. Ein entscheidender Schritt auf dem Weg zur Selbstvergebung besteht darin, anderen zu vergeben. Allmählich erstreckt sich das Verzeihen dann sogar auf die »unwerten Ichs«. Das ist ein bemerkenswerter Prozess, für den wir dankbar sein können.

Vertiefe die Praxis des weichen Bauches allmählich, während der Geist selbst unangenehme Erinnerungen hervorholt. Wenn wir uns für harte Bereiche weich machen, schmelzen deren Kanten. Wir laden auch die Erinnerungen in die ständig wachsende Weite des weichen Bauches ein, die immer noch von Schmerz oder dem Gefühl des Unerledigten begleitet sind - eine nach der anderen, ohne jede Eile. Erkenne die Angst des Anderen und vergib ihm den Schmerz, den er nicht ertragen konnte und auf dich abgewälzt hat. Vergib ihm seine Schwäche und Arroganz. Nimm ihn zum Thema für eine Meditation des Verzeihens. Wenn du das Gefühl hast, so weit gegangen zu sein, wie du konntest, ohne dir Zwang anzutun, sage Ade. Lass den Anderen seinen eigenen Weg weitergehen, um von dir in einer Haltung des Verzeihens bald erneut aufgesucht zu werden.

Wenn wir geübter darin werden, uns ganz bestimmten Erinnerungen zuzuwenden, müssen wir nicht mehr im Vorfeld entscheiden, ob wir mit angenehmen oder unangenehmen arbeiten wollen, sondern können die Pforten für den intuitiven Fluss sämtlicher

Erinnerungen öffnen, die sich uns zeigen möchten. Wenn sich die Lebensrückschau vertieft und wir angenehmen und unangenehmen Erinnerungen gleichermaßen unsere Aufmerksamkeit zuwenden, wechselt das Herz zwischen Dankbarkeit und Verzeihen. Nimm auch jene Bilder wahr, die direkt um die Ecke warten, um zu sehen, ob es sicher ist, sich zu zeigen. Erforsche den Charakter jeder Erinnerung, die um deine Anteilnahme kämpft. Registriere, wie dringend die einen und wie widerstrebend andere sind. Einige sind dreist, andere vorsichtig und scheu. Lade sie alle zum Tee ein.

Während immer subtilere Erinnerungen jeglicher Spielart in einer ständig wachsenden Weite auftauchen, gewinnen wir mehr und mehr Vertrauen in den Prozess, und er beginnt ein Eigenleben zu führen. Er wittert seine Möglichkeiten und ist eifrig darauf bedacht, fortzufahren. Schließlich kann er sich sogar da öffnen, wo wir am meisten auf der Hut und verschlossen sind. Nähere dich schwierigen Erinnerungen wie einem großen Feuer im Freien, einen Schritt nach dem anderen. Setze dich hin und gewöhne dich an die Hitze, dann stehe auf und mach einen weiteren bedächtigen Schritt nach vorn. Setze dich wieder, um dich an diese neue Perspektive zu gewöhnen. Es ist nicht nötig, übereilt in die Flammen zu stürzen, damit der Ego-Held einen Wikingertod sterben kann. Solches Heldentum schließt unsere Wunden nicht, sondern schürt unsere Hilflosigkeit und Hoffnungslosigkeit bis zu einem heftigen Gefühl der Unzulänglichkeit. Nur vorsichtige Annäherung verhilft uns zu der gewünschten »Reife zur rechten Zeit«, einem Gefühl des zuverlässigen Abschließens. Tatsächlich können wir das Feuer, wenn wir uns noch stärker darauf konzentrieren, sogar von hier aus löschen, nicht indem wir es mit unserem eigenen Körper ersticken, sondern indem wir ihm die Nahrung nehmen: unsere Verhaftung an unser Leiden, unsere Unwilligkeit, zuzulas-

sen, dass wir verzeihen oder uns verziehen wird.

Natürlich geht es bei der Lebensrückschau nicht nur darum, harte Zeiten noch einmal aufzusuchen. Sie ist auch ein Fest für das Herz. Sie gibt uns Gelegenheit, Menschen zu umarmen, deren Umarmung uns immer wertvoll war, Gespräche fortzusetzen, die vor Jahren begannen und immer noch in uns weiterschwingen. Sie ist eine Chance, uns vor denen zu verneigen, die uns beibrachten, wie man sich verneigt, und den Menschen liebende Güte zu schicken, die uns lieben lehrten.

Wir brauchen tausende von Augenblicken der Erinnerung, um so lange offen bleiben zu können, dass wir uns auf unsere Vergangenheit von ganzem Herzen beziehen können statt aus ihr heraus zu agieren. Und zu erkennen, dass bereits passiert, was wir nicht für möglich hielten.

Während wir wieder und wieder beobachten, wie unsere Lebensgeschichte sich entfaltet, sich wiederholt und immer weniger Widerstand hervorruft, lernen wir die vorbeiziehende Schau etwas weniger subjektiv zu betrachten. Wir beginnen, unser Leben weniger persönlich zu nehmen. Wir beobachten es, wie Lakshman sagte, wie etwas, dass wir einmal träumten, vor langer, langer Zeit. Ironischerweise scheint unser Leben in dem Maße, wie es zu einer immer vollkommeneren Lehre für uns wird, als wir für möglich hielten, auch weniger sicher zu sein, als wir uns vorstellten.

Wenn wir eine Welt nach unserem eigenen Bilde vor uns projizieren, sprechen wir vom »kleinen Traum«. Klein nicht nur deswegen, weil diese Welt so wenig von unserer eigenen Größe umfasst, sondern uns meistens auch, im Leben wie im Tod, entsprechend klein hält. Wenn wir in uns etwas Größeres zu spüren beginnen, als selbst unsere heilige Leere umschreiben kann, löst sich zunächst unser Körper, dann unser Geist und bald auch unser Herz *in eine Klarheit und Weite auf, für die selbst das Wort »Gott« unzureichend wäre. Wir erleben den unbeschreiblichen Frieden, der aus dem Herzen der namenlosen Wahrheit aufsteigt. Das ist der große Traum, in dem wir für unsere eigene Verschlafenheit wach werden und begreifen, dass unser Leben nicht durch seine Erfahrungen bestimmt wird, sondern durch das Herz, das diese empfängt.*

Für eine vollständige Lebenserinnerung müssten wir uns ganz erinnern, aber das könnte unser ganzes restliches Leben dauern. Statt unser Leben »zurückzuspulen« und Erinnerungen zu erzwingen, erlauben wir ihnen einfach, aus den Bereichen unterhalb des Traumes aufzusteigen. Entfernen Sie ganz allmählich das »Zensurenband« zwischen Bekanntem und Unbekanntem, zwischen dem, was so unbeholfen als »bewusster« und »unbewusster« Verstand bezeichnet wird. Es ist eine Ironie, dass sich der sogenannte »bewusste Verstand« meistens »unterhalb der Aufmerksamkeit« abspielt, während die tieferen Ebenen, in denen der größere Teil unseres Bewusstseins residiert, in gewisser Weise als »unbewusst« betrachtet werden.

Wir schließen mit unserem Leben Bild für Bild Frieden. Wir hören auf, so zu tun, als wäre unser Leben ein Shakespearsches Melodrama, dem wir vom zweiten Rang aus, in sicherem Abstand, eher Zuschauer als Teilnehmer, zuschauen. Wir warten nicht darauf, dass der Tod auf die Bühne springt, sich an uns wendet und uns bei unserem wahren Namen ruft, bevor wir beginnen, uns unserem Leben Szene für Szene, Akt für Akt im hellen Licht eines neuen Tages zuzuwenden.

Die Lebensrückschau macht uns deutlich, wie sehr wir zu flüchtigen Beobachtern unseres eigenen Lebens geworden sind.

Selten sind wir völlig präsent, und es scheint, als ob wir unser Leben mehr denken als unmittelbar leben. Selten ist unser Vertrauen groß genug, um so weit loszulassen, dass wir mit unserer Erfahrung eins werden. Unser Misstrauen gegenüber dem Tod entspricht direkt proportional dem Misstrauen, das wir dem Leben entgegenbringen.

Solange wir nicht aufhören, uns durch die Erinnerung zu definieren, werden wir niemals herausfinden, wer wir wirklich sind oder auch nicht sind. Tatsächlich beobachten wir - wie ein Meditationslehrer sagte - den Geist, um zu erkennen, dass wir nicht wirklich der Geist sind, sondern das, wonach wir gesucht haben, das ist, was sucht. Wir sind das Gewahrsein selbst und nicht auf die winzigen Erinnerungen und Gedanken begrenzt, die in dieser Weite aufkommen. Unsere Identifikation mit diesen Gedankenmolekülen ist es, die unsere Größe bis auf das Maß unserer Unzufriedenheit zusammenschrumpfen lässt. Durch sie wächst unsere Angst, den Himmel nicht wert zu sein. Wenn wir an dieser Angst festhalten, erleben wir die Hölle, lassen wir sie aber los, befinden wir uns im Himmel. Alles, was fließen kann, vermag uns ans andere Ufer zu bringen.

In früheren Texten habe ich zuweilen den Begriff »das andere Ufer« benutzt, und manche glaubten, ich spräche vom Tod. Aber dieser Begriff bezeichnet, wie in den klassischen buddhistischen Schriften auch, die vollständige Freiheit im Sinne von »Erleuchtung«. Genau hier liegt für viele von uns der Haken. Wir stellen uns vor, dass der Tod uns unsere Arbeit abnimmt und uns befreit. Aber das wird er nicht tun. Das ist nämlich genau die Arbeit, die zu tun wir selbst aufgerufen sind. Der Tod wird uns vom Körper befreien, aber den Rest des Weges müssen wir selbst gehen.

Stellen wir also unser Gepäck ab und lassen die ermüdenden Zwangsvorstellungen der Selbstablehnung und Selbstverherrlichung sterben. Danken wir unseren Geliebten und Freunden, verbeugen wir uns vor unseren Lehrerinnen und Lehrern und umarmen wir unsere zitternden Ängste.

Nimm einen tiefen Atemzug direkt in dein Herz, den ersten, den Atem eines neuen Lebens, der nicht vom letzten behindert wird.

Das reine und einfache Herz des vietnamesischen buddhistischen Meisters Thich Nhat Hanh scheint durch die Seiten seines Buches Innerer Friede - Äußerer Friede (Theseus 1996). *Thich Nhat Hanh praktizierte Achtsamkeit, Verzeihen und Dankbarkeit inmitten seines vom Krieg verwüsteten Landes als machtvolles Heilmittel, und sein Buch ist ein wunderbarer Begleiter für die Lebensrückschau.*

Kapitel 17

Verzeihen

Durch Verzeihen erneuert sich unser Leben, denn wir bringen damit unerledigte Geschäfte zum Abschluss. Selbst ein misslungener Versuch zu verzeihen birgt die beträchtliche Macht der ihm zugrunde liegenden Absicht. Wir können Vergebung nicht erzwingen, weil das Herz sich jedem Zwang verschließt. Wir können aber die Möglichkeiten des Verzeihens erforschen, seine Kraft, den Verzeihenden - und manchmal auch den, dem verziehen wird - zu heilen.

Vielleicht leugnen wir beharrlich, Schmerz zu verspüren. Doch dadurch wird lediglich deutlich, wie abgestumpft wir geworden sind und wie sehr wir den Bauch verhärten mussten, um uns gegen unseren Kummer zu panzern. Dieser Panzer ist die »zweite Haut«, die wir uns zugelegt haben. Sie hat keine Nervenenden und ist so undurchdringlich, dass nichts herein- oder herauskann. Der Tod hingegen ist ein sanfter Tritt in den Hintern - wenn wir ihn noch spüren können. Er ermahnt uns, jetzt zu verzeihen, bevor es zu spät ist, zu sagen »Ich verzeihe dir« oder uns von unseren Selbstvorwürfen zu befreien.

Durch Verzeihen wird unfreundliches Handeln nicht aus der Welt geschafft, aber wir umarmen damit den jeweiligen Täter, dessen ungeschickte Art zu solch ungeschicktem Betragen führte. Verzeihen macht einen Diebstahl nicht rückgängig, richtet sich aber an das gebrochene Herz des Diebes. So wie Mitgefühl Weisheit in Aktion ist, ist Verzeihen Güte in Aktion.

Meditation des Verzeihens

Wir beginnen mit dem meditativen Aspekt des Verzeihens-Prozesses, indem wir uns still hinsetzen und uns jemanden ins Gedächtnis rufen, auf den wir ärgerlich sind. Beginne wenn möglich mit dem harmlosesten Missetäter und lasse die Güte ganz allmählich wachsen, fast wie bei einem Experiment, um all die einzubeziehen, denen zu verzeihen es an der Zeit ist. Einige, die für heftigere Verletzungen stehen, sollten diesem Kreis vielleicht noch eine Weile fernbleiben oder nur einen Fuß hineinsetzen, bis du sie einlädst, ganz hereinzukommen. Das ist ein langsamer, wunderbarer Prozess.

Sage bei diesem Experimentieren mit der Freiheit zu jeder Person: »Ich verzeihe dir.« Und achte genau auf die Verkrampfung im Bauch. Lass sie los. Wiederhole still in deinem Herzen: »Ich verzeihe dir.« Registriere, wie der Geist allmählich für neue Möglichkeiten wach wird. Sprich mit dieser Person, sage ihr, wie du dich fühlst. Und höre, was dein Herz zu sagen hat.

Sage zu ihnen in Worten, die für dich richtig sind: »Ich verzeihe dir all die Schmerzen, die du mir zugefügt hast, ob bewusst oder unbewusst, weil du dich vergessen hast, verwirrt, ärgerlich, misstrauisch oder einfach gleichgültig warst.« Sage zu ihnen in deiner eigenen Sprache: »Ich verzeihe dir. Ich verzeihe dir«, und gehe dabei nur so weit, dass du nichts

erzwingst. Es ist es so schmerzlich, jemanden aus deinem Herzen zu verbannen. Sei gütig gegen dich, verzeihe ihnen. Da die Fähigkeit, sie in dein Herz einzuladen und mit der Möglichkeit des Verzeihens in Berührung zu kommen, mit zunehmender Praxis wächst, scheint mehr Raum für sie und damit eindeutig auch für dich zu entstehen. Verzeihen ist ein Akt des Mitgefühls für uns selbst. Lass daher ihr Bild in deinem Bewusstsein treiben und umgib es mit guten Wünschen. Und wenn du das Gefühl hast, die Arbeit sei für diesen Augenblick getan, dann sage ihnen für eine Weile Ade.
Um die Praxis so zu erweitern, dass wir nicht nur anderen verzeihen, sondern zulassen, dass auch uns verziehen wird, rufen wir uns als nächstes einen Menschen vor Augen, der auf uns ärgerlich ist. Wir laden jemanden, dem wir einmal Schmerz zugefügt haben, in unser zitterndes Herz ein, um sein Verzeihen zu ermöglichen. Nimm genau wahr, wo der Geist davor zurückschreckt, Verzeihung zu empfangen, vielleicht weil er glaubt, er habe es verdient, zu leiden. Sei gütig. Beobachte genau, wie der von Kummer und Schuld geplagte Bauch sich verspannt. Lass los, lass die alten Gespenster in etwas Sanfterem, weniger Schmerzhaftem als der geballten Faust der Selbstverurteilung treiben. Lass den Bauch weicher werden und erinnere dich für einen kurzen Augenblick daran, wie groß dein eigener Schmerz war, als du anderen Schwierigkeiten bereitet hast. Erinnere dich an die Angst, das Misstrauen, die Verwirrung

und vielleicht sogar abwehrende Gleichgültigkeit, die deinem ungeschickten Verhalten zugrunde lagen. Spüre den Schmerz, den du damit verursacht haben magst. Und begegne ihm voll Mitgefühl und Verzeihen. Lass den vor Schmerz wunden Geist allmählich in den Ozean des Mitgefühls sinken, in jenes immer verzeihende Herz, das schwört, nicht zu wiederholen, was anderen Schaden zugefügt hat. Genau hierdurch üben wir uns in der Praxis, Abbitte zu leisten. Sprich mit der Person, der du Schaden zugefügt haben magst. Höre dir an, wie sie die Geschichte sieht. Spüre den starken Wunsch, es möge ihr gut gehen und sage zu ihr: »Ich bitte dich um Verzeihung.« So peinlich und schmerzlich das sein mag, bitte noch einmal langsam: »Ich bitte dich darum, mir zu verzeihen, womit ich dir bewusst oder unbewusst Schmerz zugefügt habe.«

Lass dich von der Möglichkeit berühren, dass der Andere dir verzeiht. Wehre dich nicht dagegen, halte nicht an deinem selbstgerechten Leiden fest, lass es los. Lass diesen Geisteszustand los, der so viele der Probleme geschaffen hat. Sie müssen gelöst werden, wie du jetzt, wo das Leben kürzer wirst, siehst. Lass das Verzeihen herein. Nichts ist zu gut, um wahr zu sein, daher erlaube, dass dir verziehen wird. So wie du darauf bestehst, leiden zu müssen, bestehst du auch auf dem Leid der anderen. Und wenn du glaubst, dein Leid und das Leid der anderen seien etwas Verschiedenes, siehst du noch nicht einmal auf der grundlegendsten Ebene, wie dein Leid Leid verur-

sacht und wie du unter dem Schmerz der anderen leidest. »Ich bitte dich um Verzeihung - für das, was ich dir durch meine Angst, meine Arroganz, mein Misstrauen, meine Gier oder Unwissenheit angetan habe.«

Erlaube dir, die Wellen des Verzeihens zu spüren, die sich vom Herzen des Anderen auf deines übertragen. Lass sie ein, lass zu, dass dir verziehen wird, und wenn der Augenblick vorbei ist, sage dem Anderen Ade. Verabschiede dich für jetzt und gib ihm all deinen Segen mit auf den Weg.

Wenn dieser Prozess des Gebens und Empfangens von Vergebung zur Reife gelangt, kommen wir allmählich an den Punkt, wo wir uns umdrehen und zu uns selbst sagen können: »Ich verzeihe dir.« Das ist ein radikaler Aufbruch aus den Höllen, an die wir uns so gewöhnt haben.

Dich selbst bei deinem Vornamen nennend, sage zu dir: »Ich verzeihe dir.« Sei gütig mit dir. Nimm dich wieder in dein Herz auf. Beobachte, wie der Geist, der so sehr auf seinem eigenen Leid beharrt, sich an seinen Schmerz klammert, sich weigert, loszulassen. Vielleicht versucht er sogar, dich vor der Freiheit zu warnen, indem er sagt, du ließest dich einfach nur gehen, wenn du dir selbst verzeihst. Er weiß genau, wie er dich packen kann. Er hat durch all die Jahre deiner Selbstquälerei an Schärfe gewonnen. Vergib auch das. Verzeihe selbst dem Geist, der nicht verzeihen will. Werde weich im Umfeld dieser Härte. Verletze und beleidige ihn nicht, lass ihn einfach in einer Freundlichkeit treiben, die er sich in seiner Angst niemals vorstellen konnte. Wie jeder andere Schmerz auch will er einfach unsere Aufmerksamkeit. Lass ihm und dir liebende Güte zufließen zum Wohle all jener, mit denen du den Lebensweg gemeinsam gehst, und für den Boden unter deinen Füßen. Und schicke diese Barmherzigkeit, diese liebende Güte, dieses Verzeihen hinaus in die ganze Welt. Lass sie bis zu all den Wesen ausstrahlen, welche die Triumphe und Niederlagen des Lebens miteinander teilen. Sage, während du spürst, wie das Herz sich ausdehnt, um alle fühlenden Wesen zu umarmen: »Mögen alle Wesen frei sein von Leid. Mögen alle Wesen in Frieden sein.«

Lass die Grenzen deiner Anteilnahme und Liebe sich auflösen, um alle Wesen auf allen Ebenen der Existenz einzubeziehen, und flüstere in das offene Herz: »Mögen alle Wesen überall, sichtbar oder unsichtbar, frei sein von Leid. Mögen sie die Freude ihrer absoluten Natur erfahren.

Mögen alle Wesen die Gelegenheit ihrer Existenz nutzen, frei zu werden.

Mögen alle Wesen das Leid überwinden und die ewig unverletzte Essenz ihres wahren Herzens entdecken.«

Als außergewöhnliche gründliche Erforschung der traditionellen Praxis der liebenden Güte empfehle ich die Lektüre von Lovingkindness: The Revolutionary Art of Happiness *von Sharon Salzberg.*

Kapitel 18

Dankbarkeit

Auch wenn ich während des Jahresexperiments versucht habe, so zu leben, als gäbe es kein Morgen, musste ich mich natürlich trotzdem ein Jahr oder mehr im voraus auf Vorträge und Workshops verpflichten. Während ich diese Zeilen im Frühjahr 1996, drei Monate nach meinem »Fälligkeitsdatum«, schreibe, ist der Geschmack jedes neuen Morgens tatsächlich viel süßer und die Luft viel frischer geworden.

Dadurch, dass ich ein Jahr lang Leben und Sterben übte, ist meine Dankbarkeit für das Leben beträchtlich gewachsen. Mein Gefühl der Präsenz ist stärker geworden und dadurch offensichtlich auch meine Sinne. Die Rosen haben niemals so wunderbar geduftet - ich muss sie noch nicht einmal vor mir haben, um ihren Duft zu empfangen. Ich habe niemals solche Musik gehört wie das Lied, das sich in der stillen, kleinen inneren Stimme selbst singt. Nie zuvor habe ich ein Leben gelebt, das so viel umfassender ist als der Tod.

Dankbarkeit ist ein Geisteszustand. Und wenn wir diesen Zustand pflegen, erleben wir, wie unsere »mitfühlende Freude« wächst, unser Glück über das Glück eines anderen Menschen. Wie wir den Schmerz der anderen fühlen mögen, wenn unser Mitgefühl größer wird, so können wir auch anfangen, ihre Freude mitzuerleben. Und damit nicht genug - wir empfinden eine zunehmende Dankbarkeit für jedes Glück, welches den Menschen in unserer Umgebung zuteil wird, sei es groß oder klein.

Dankbarkeit praktizieren heißt auch, das Leben mehr schätzen zu lernen. Dankbarkeit bringt die Seiten unseres Selbst ins Gleichgewicht, welche die Verhaftung an unser Leid gepflegt haben, so dass wir uns nicht länger als Opfer des Lebens fühlen und Gottes eingebildeter Lockruf für uns an Reiz gewinnt. Auch wenn die Vermutung naheliegt, Dankbarkeit ließe uns zögern, nach mehr zu greifen, verstärkt sie tatsächlich den Prozess, mit offenem Herzen ins Leben und in den Tod hinein loszulassen.

Dankbarkeit ist die höchste Form der Akzeptanz. Wie die Geduld ist auch sie einer jener Katalysatoren, eines der alchemistischen Geheimnisse, um Stroh in Gold zu wandeln, die Hölle zum Himmel und den Tod zum Leben werden zu lassen. Wo wir Dankbarkeit empfinden, erreicht uns die Lehre. Wo Widerstand herrscht, entdecken wir lediglich, dass wir auf schmerzliche Weise unwissend bleiben. Wenn wir so viel Akzeptanz entwickeln würden, dass wir unser Nichtakzeptieren erforschen können, und nichts weiter lernten, als dass Widerstand unser Leid verstärkt, wären wir fraglos auf ewig dankbar.

Wir können Dankbarkeit ebensowenig vortäuschen wie Verzeihen. Dankbarkeit ist eine Betrachtungsweise, eine Form des Seins. Sie ist eine Antwort der uns eigenen Weisheit auf unsere angehäufte Verwirrung. Sie ist der leuchtende Boden, auf den wir unsere vergänglichen Füße stellen.

Als ich mit sanften Augen auf mein Leben zurückschaute und mich der flimmernden Vergangenheit Augenblick für Augenblick mit nicht urteilendem Gewahrsein stellte, erfuhr ich immer wieder auf völlig unerwartete Weise Heilung. Ich begegnete mir mit mehr Freundlichkeit und der Bereitwilligkeit, für die Zeiten, in denen ich »gefallen war«, nicht zu leiden.

Dieses wachsende Mitgefühl lehrte mich auf einer viel gütigeren Ebene begreifen, was »Nichtanhaftung« wirklich bedeutet. Dieser Begriff, der überall auf der Welt durch die spirituelle Praxis geistert, ist häufig missverstanden worden. Er verbannt den unbeabsichtigt leidenden Geist ins Irrenhaus. Zumindest kam es mir so vor, als ich mit neunzehn einfach nicht verstand, wie ich die Verhaftung an tiefen Gefühlen »lösen« und trotzdem noch lebendig sein, geschweige denn Gedichte schreiben konnte.

Wenn wir diese achtbare Lehre falsch verstehen, kann uns das zum Hindernis auf dem Weg werden, solange wir nicht entdecken, dass Nichtanhaftung keine Gleichgültigkeit gegen unseren Schmerz und den Schmerz anderer Menschen bedeutet. Sie meint vielmehr ein Zurücklehnen, um mit Klarheit und dem richtigen Blick für die Dinge zu beobachten, was nach Heilung verlangt. Allmählich wird sichtbar, dass Nichtanhaftung soviel bedeutet wie Loslassen, und Nichtverhaftetsein heißt, die Dinge sein zu lassen, wie sie sind.

Als ich aufgrund der Lebensrückschau begann, meinen früheren Missetaten eine bemerkenswerte väterliche Freundlichkeit entgegenzubringen, wuchs allmählich auch ein ganz bestimmtes wohltuendes Nichtverhaftetsein. Es war, als wäre mein Leben meinem einzigen Kind widerfahren. Es war sowohl mehr als auch weniger als »mein eigenes« Leben, etwas, dem ich mich von ganzem Herzen und ohne Stoßdämpfer zuwenden konnte. Der durch die Praxis von Verzeihen und Dankbarkeit eingeleitete allmähliche Heilungsprozess erweitert unser Leben.

Lob oder Vorwurf, Ruhm oder Scham werden immer unwichtiger. Wir haben sogar weniger Angst, uns bestimmten Bereichen unseres Lebens zu nähern und entdecken zu müssen, dass »unsere Seifenblase platzt« und wir keine Erlösung verdient haben.

In welcher Verfassung wir uns auch befinden und welche Prägungen uns auch begleiten mögen, ob wir nun gerade im Lotto gewonnen oder entdeckt haben, dass wir nur noch ein Jahr zu leben haben, die folgende grundlegende, ja essentielle Betrachtung von Dankbarkeit ist immer angemessen. Sie erweitert den Prozess, mit dem wir einzelnen Menschen haben Dankbarkeit zukommen lassen und beruht auf der Erkenntnis, welch enorme Chance es ist, lebendig zu sein und für unsere wahre Natur wach zu werden.

Eine essentielle Betrachtung der Dankbarkeit für gute und schlechte Zeiten

Finde einen bequemen Sitzplatz und lasse dich dort nieder.
Nimm wahr, wie viele Schichten von Wohlbehagen sich auftun, wenn du im Körper weicher wirst.
Spüre diesen menschlichen Körper, in dem du dich aufhältst, diesen Körper, in dem das Bewusstsein ein kontinuierliches Gefühl der Präsenz erlebt.
Erforsche diesen kostbaren menschlichen Körper, der vorübergehend deine enorme Weite beherbergt.
Spüre, wie das Empfinden sich von Augenblick zu Augenblick im Fluss des Bewusstseins entfaltet.
Spüre, wie das Bewusstsein sich im stetigen Licht des

Gewahrseins von Augenblick zu Augenblick entfaltet.
Dieser Körper ist ein Forschungslabor für den Geist.
Schicke ihm deinen Segen.
Danke ihm für die Möglichkeiten, die er dir eröffnet.
Bringe dem Körper eine Dankbarkeit und Wertschätzung entgegen, die du vielleicht für die einfache, alte Vase empfindest, in der du täglich einen neuen Blumenstrauß vorfindest.
Mein erster Lehrer wies oft darauf hin, welch großes Glück es ist, einen menschlichen Körper zu besitzen, in dem wir unsere tiefste Arbeit fortsetzen können. Er sprach von der Gnade, das Wesen der Gnade begreifen zu können. Er verwies auf den Kampf und die Freude, im Getrennten das Universelle zu entdecken.
Die tiefgehende Heilung, wenn das scheinbar Getrennte sich in das offensichtliche Ganze auflöst.
Dankbar für diesen Augenblick, in dem wir sehen können, wie wir sehen, fühlen, wie wir fühlen (körperliche Muster zum Beispiel leichter erforschen können als manche Geisteszustände, mit denen sie einhergehen), zu wissen, dass wir nicht wissen, aber dass all unser Wissen auf immer tieferen Ebenen erfahren werden kann.
Wie glücklich können wir uns schätzen, diesen Augenblick in diesem Körper zu erleben und intuitiv etwas von dem anzuerkennen, was jenseits unseres Verstehens vorgeht.
Wie gesegnet wir sind, hier zu sein - trotz aller Schwierigkeiten und Verwirrung. Und wie tief die

Lehren gehen, für die wir die Geburt auf uns genommen haben.
Dankbar für die Freundlichkeit geliebter Menschen.
Dankbar für die Augenblicke der Freude. Dankbar für die Klarheit, die selbst in Zeiten des Schmerzes aufkommt. Dankbar für allen Segen, ob groß oder klein. Dankbar dafür, dass unser Schmerz nicht heftiger ist, als er ist.
Dankbar für unser großes Herz und die Fähigkeit, ganz zu werden. Dankbar für die Engel, die uns auf dem Weg begegnet sind. Dankbar dafür, in einer Welt und einer Zeit zu leben, in welcher niemand übersehen kann, wie wertvoll Mitgefühl ist. Dankbar, in diese Welt voller »Mist und Sonnenschein« geboren worden zu sein.
Dankbar dafür, dass unter all den Millionen, die jetzt auf diesem Planeten leben, unser Herz sich so stark zu der Möglichkeit hingezogen fühlt, frei zu werden. Dankbar für den Weg, der uns alle bis hierher gebracht hat. Dankbar für die Liebe und die Gnade, die unserem wahren Herzen spontan entspringen.
Dankbar für unser Erbe, dass die Freude unser Geburtsrecht ist, auch wenn »Glück« etwas Fadenscheiniges an sich hat.
Dankbar für das Gefühl der Präsenz. Dankbar dafür, einfach da zu sein.
Dankbar für unseren Lotus, der, wenn auch unsichtbar, durch dunkles Wasser auf seinem Weg zum Licht nach oben steigt.

Dankbar für die Heilung, die unsere Geburt und unseren Tod begleitet. Dankbar für das Große Licht, das mit dem Punkt des Erinnerns zu dämmern beginnt. Dankbar für den wohltuenden Prozess.

Kapitel 19

Ein Tagebuch führen

Um unser Gewahrsein wachsen zu lassen und die subtileren Zustände zu heilen, die wir während der Lebensrückschau registrieren, empfehle ich Ihnen, ein Tagebuch zu führen. Ich fing etwa sechs Wochen nach Beginn des Jahresexperimentes an zu schreiben. Zufällig war das um den Valentinstag herum, und es sollte schließlich zu diesem Buch werden. So ein Tagebuchschreiben kann in Form von Gedichten oder Bildern, Prosa oder Briefen an Freunde geschehen, wie auch immer unsere Gefühle Ausdruck finden wollen. Später können wir dann darauf zurückgreifen.

Wenn wir Geisteszustände in einem Tagebuch aufzeichnen, ist das eine schriftliche Form des Wahrnehmens. Wir haben unseren geistigen Zuständen im Leben meistens so wenig Beachtung geschenkt, dass wir kaum etwas über unseren inneren Prozess wissen. Es kann ziemlich aufschlussreich sein, schreibend den Ursprung und die Zusammenhänge von Geisteszuständen zu erforschen. Wenn wir einen Geisteszustand beobachten und erkennen, dass Ärger oder Angst keine vereinzelten Zustände, sondern Prozesse sind, die andere Zustände wie Stolz, Zweifel, Hilflosigkeit und Selbstschutz mit einschließen, können wir anfangen, uns *auf* diese Zustände zu beziehen statt einfach nur *aus* ihnen *heraus* zu agieren.

Um die Klarheit und das Potential einer heilsamen Lebensrückschau zu verstärken, schlage ich vor, ein Tagebuch über jene Dutzende von Geisteszuständen zu führen, die ständig wieder auftauchen und den Überbau des Lebens bilden. Registrieren Sie Angst, wenn sie aufkommt, und erforschen Sie ihren Verlauf. Registrieren Sie Ärger, wenn der Bauch sich verkrampft. Nehmen Sie Augenblicke der Zuneigung oder Abneigung, von Akzeptanz oder Verdruss wahr. Registrieren Sie die häufigen Wiederholungsspiele, an die der Geist sich so gewöhnt hat, wie Geiz (mehr haben wollen), Lust (*das* haben wollen), Selbstgefälligkeit (Eitelkeit und Selbstgerechtigkeit), Neid (Gelüste auf etwas), Eifersucht (Gelüste auf jemanden), Sorge, Hilflosigkeit, Hoffnungslosigkeit und allgemeine Bestürzung.

Aber das ist nur die eine Seite der Medaille. Wir nehmen auch Anerkennung, Klarheit, Einsicht, Freude, Mitgefühl, Gleichmut, Entzücken, Ruhe und Liebe wahr. Wie eine Frau empfahl: »Schreib' alles, was dir lieb und wert ist, in dein Tagebuch.«

Wenn wir sowohl über unsere eindringlichsten Erinnerungen als auch über die sie begleitenden Geisteszustände, Emotionen und Einstellungen Tagebuch führen, kann das ein hilfreiches Werkzeug zur Befreiung von alten Abhängigkeiten werden und uns auf diesem Weg ein neues Reich der Selbstentdeckung erschließen. Als ich erkannte, dass der einzige Weg, liebevoller zu sein, im Erforschen meiner Lieblosigkeit bestand, schmeckte mir diese Aufgabe gar nicht. Beim Wahrnehmen, welche Geisteszustände mich daran hinderten, offen zu sein, begann ich mich auch auf das leiseste Auftauchen dieser Zustände zu konzentrieren, um ihnen, noch bevor sie das Herz verdunkeln konnten, schon im Entstehen zu begegnen.

In welcher geistigen Verfassung befinden Sie sich in diesem Augenblick? Und warum sind Sie sich da gar nicht so sicher? Denken Sie daran: Nichts von dem, was wir wissen, kann sich uns nicht auf einer noch tieferen Ebene erschließen. Begeben Sie sich auf diese Ebene. Zeichnen Sie eine Landkarte in Ihr Tagebuch.

Kapitel 20

Bauen Sie einen Altar für Ihr Leben

In den Jahren, in denen wir zum Thema »Bewusst leben/ Bewusst sterben« zehntägige Intensiv-Workshops anboten, hatten wir am Ende unseres Raumes immer einen langen Tisch stehen, auf dem wir Fotos vom Sterben einiger der Patienten zeigten, von denen wir der Gruppe erzählt hatten. In den Pausen zwischen den Sitzungen versammelten sich viele der Teilnehmerinnen und Teilnehmer um die Fotoserien von Chris und Donna, Mark und Leslie und äußerten sich über die Schönheit von Leslies Augen, das christusähnliche Leuchten auf dem Gesicht des toten Chris oder das beeindruckende Foto von Donnas Kindern an ihrem Krankenbett.

Eines Tages sahen wir, dass jemand für Mark eine Notiz hinterlassen hatte, und später am Tag ein anderer für Donna. Am nächsten Tag begannen Fotos von geliebten verstorbenen Menschen aus dem Leben der Teilnehmerinnen und Teilnehmer aufzutauchen, und zudem Blumen, Gedichte, Eheringe, Amulette und Bilder von geliebten Lehrern, Eltern und Kindern. Am folgenden Tag stand eine Klavierbank auf dem Tisch und bildete, mit einem Gebetstuch und einer Babydecke bedeckt, die zweite Etage des Gebildes, das im Laufe der Woche zu einem erstaunlichen Altar für Leben und Tod, Kummer und Dankbarkeit, Verzeihen und Würdigung werden sollte. In den weiteren Tagen kam noch eine dritte Etage hinzu, geschmückt mit Erinnerungsstücken an Menschen, die nicht mehr am Leben waren: Fotos von Kleinkindern in ihren Bettchen und ihren Särgen, Beißringe und Teddybären, Hochzeitsbilder, das Foto eines aufgekratzten Quartetts junger Soldaten vor ihrem Abflug nach Vietnam sowie ein Bild ihrer Uniformen, die Jahre später in jenem Schrank hingen, zu dem keiner zurückkehrte. Eine Telegramm mit der Nachricht, dass ein weiterer Sohn nicht nach Hause zurückkommen würde. Eine vergilbte Kohlezeichnung von Auschwitz. Briefe von sterbenden Geliebten. Der Abschiedsbrief eines Vaters an seine Tochter. Ankündigungen von Geburtstagen, Hochzeiten, bestandenen Prüfungen und Todesfällen. Verblasste Fotos von Familientreffen in längst vergangenen Zeiten. Der Becher, aus dem ein sterbender Zwilling seinen letzten Schluck getrunken hatte. Haarklemmen. Das Spätzlerezept einer geliebten Großmutter.

In den Jahren darauf ließen wir schon bei den Vorbereitungen des großen Raumes für den Workshop Tische in einer Ecke aufstellen und mit farbigen Decken und ein paar Vasen mit Blumen schmücken. Noch vor der Anfangsmeditation begannen Babyzähnchen, ausgetragene Hausschuhe und Fotos von Paaren (von denen nur noch einer lebte, um am Workshop teilzunehmen) auf dem Altar aufzutauchen. Gegen Mittag war er zu einem Treffpunkt für viele Gruppenteilnehmer geworden. Sie hatten sich einen Tempel für ihre Trauer gebaut, den sie weise nutzten. Bei einem Workshop wuchs der Altar zu einem Meisterwerk von fünf Etagen an, auf denen Weihekerzen brannten, welche die Freuden und den Kummer der Liebe in jeder nur denkbaren Form beleuchteten. Er war eine Gedenkstätte für unsere gebrochenen Herzen und für den Geist, der diese heilt.

Viele Teilnehmerinnen und Teilnehmer bauten sich in ihrem Schlafzimmer oder ihrer Meditationsecke kleine Altäre (in Asien *Pujas* genannt). Einige stellten sie auch in der Küche oder im Wohnzimmer auf, damit die ganze Familie sich an ihrem organischen Wachstum beteiligen konnte. Dabei ging es weniger um eine Würdigung des Vergangenen als um ein Feiern der lebendigen Gegenwart.

Auf einigen Familienaltären finden wir Zeugnisse und Fahrscheine, Geburtstagskarten und Zeitungsausschnitte, die sich auf berührende Ereignisse beziehen. Auf anderen gemahnen Zeitungsfotos vom brennenden Regierungsgebäude in Oklahoma jeden Morgen als erstes an Mitgefühl. Auf wieder anderen steht die Videokassettenhülle von *Die kleine Prinzessin*, das die Tochter sich, während sie starb, immer wieder angeschaut hatte.

Ein persönlicher Altar kann die Lebensrückschau ganz wesentlich bereichern. Fotos und Erinnerungsstücke werden zum Spiegel unseres Lebens und bestimmter Zeiten. Mit einem Altar würdigen wir sowohl die Arbeit, die noch getan werden muss, als auch die bereits abgeschlossene.

Beim Anlegen meines *Pujas* für das eine Jahr, das mir noch blieb, fügte ich, um demütig zu bleiben, neben Fotos von geliebten Menschen und Erinnerungsstücken auch das Buch einer Person hinzu, deren Meinungen ich entschieden ablehnte, sowie die Fotografie eines Menschen, mit dem ich gern freundlicher umgegangen wäre. Mein entschuldigender Monolog für diese Person wurde allmählich weniger schuldbeladen, aber dafür herzlicher, bis wir eines Tages beim Nachsinnen vor dem Altar ziemlich unerwartet einen Augenblick des Erinnerns und Verzeihens miteinander erlebten, der mir eine große Last vom

Herzen nahm.

Bauen Sie sich einen Altar für Ihr Leben, ein kunstvolles Gegenstück zum Tagebuch, in welchem Sie Ihre wechselnden Geisteszustände aufzeichnen. Wie das Tagebuch entwickelt sich auch der Altar mit jeder Erinnerung und jeder Einsicht ständig weiter. Im Laufe der Jahre wächst er und verändert sich ebenso, ja tatsächlich genauso wie wir. Er gleicht dem endlosen Himmel, in dem die Vergänglichkeit treibt.

Kapitel 21

Im Körper leben

Bevor wir den Körper ohne Mühe verlassen können, müssen wir ihn ganz bewohnen. Ein guter Weg, das Leben intensiver zu gestalten und sich zugleich auf den Tod vorzubereiten, besteht darin, Empfindung für Empfindung ganz in den Körper zu kommen. Hierbei leiten wir das Gewahrsein liebevoll durch den Körper, angefangen von der Krone des Kopfes bis hinunter zu den Zehenspitzen. In der Umgangssprache des Buddhismus wird dieses Vorgehen meistens als »Reinigungs«-Meditation bezeichnet, weil das Gewahrsein den Körper reinigt und vieles unter dem Teppich hervorkehrt, was dorthin verbannt wurde. Das Gewahrsein erweckt die Teile des Körpers, welche durch Angst wie betäubt sind, erneut zum Leben und ermutigt sie, sich am Ganzen zu beteiligen. Auch wirkt es ausgleichend bei Verspannungen, die auf überschüssiger, zurückgehaltener Energie beruhen. Es bringt die unterschiedlichen Aspekte des Körpers, geliebte wie ungeliebte, in Harmonie.

Wenn wir jenes Empfindungsfeld erforschen, das wir als Körper bezeichnen, können wir erkennen, dass wir mehr sind als dieser Körper - nämlich das Gewahrsein, welches ihn bewohnt und erkundet. Die wache Aufmerksamkeit für Empfindungen ist ein Mittel, um für und durch das Loslassen des Körpers präsent zu sein. Sie ist eine Ermutigung für das Leben, den Körper Augenblick für Augenblick, Empfindung für Empfindung zu bewohnen, so dass es schließlich imstande ist, seinen Weg zurück ebenso bewusst zu finden.

Eine Meditation auf das Leben im Körper

Komme soweit zur Ruhe, dass du die subtile Empfindung zwischen Kopfhaut und Schädeldecke spüren kannst und erlaube dem Gewahrsein, sich in der Krone des Kopfes niederzulassen. Spüre die Härte des Schädels und die Weichheit der Kopfhaut. Nimm ihre unterschiedlichen Eigenschaften wahr. Taste dich vor bis zum Kern der Empfindungen, die dort aufkommen. Spüre die Fasern und Schlingen ihrer Struktur.

Streife jetzt langsam von Empfindung zu Empfindung in der Stirn, dem Bereich um die Augen, in den Wangen, hinter den Ohren, zwischen den Lippen, in Zunge und Mund. Vielleicht erspürst du Zahn um Zahn, um die subtilen Veränderungen vom einen zum anderen auszumachen. Einfach beobachten. Dem Gewahrsein einfach erlauben, durch den Körper zu wandern wie ein Laternenanzünder, der in der Dämmerung durch einen vertrauten Ort geht und den Weg für unseren Abendspaziergang beleuchtet.

Lass dein Gewahrsein langsam durch die Kehle streifen und nimm dabei ihre feuchte Wärme und die lange verleugneten trockenen Stellen wahr. Gestehe dir ein, dass Angst die Kehle eher verkrampft als die fein geriffelte Speiseröhre. Beobachte jede Empfin-

dung in dem Bereich, wo die Nackenmuskeln sich weiten, um die Schultern zu bilden. Spüre das Gewicht der herunterhängenden Arme. Streife langsam durch jeden Arm nach unten, durch Bizeps, Ellenbogen, Unterarm, Handgelenk bis in jeden einzelnen Finger. Spüre, wie das Leben in den Fingerspitzen sprüht.
Gehe weiter nach unten durch den Oberkörper, in jedes innere Organ hineinspürend - das Herz, die Lunge, Magen, Leber, Niere, Blase, sämtliche Empfindungen, die dort aufsteigen.
Dann die Wirbelsäule hinab, von Wirbel zu Wirbel subtile Unterschiede wahrnehmend.
Es ist nichts erforderlich - nur ein empfangendes Gewahrsein, das sich auf alles ausrichtet, was sich von selbst zeigt, um noch feiner erforscht zu werden. Noch weiter hinab in den Unterleib, um dort sowohl verspannte als auch offene Bereiche mit einer gleichbleibenden Befriedigung zu erkunden und sich mitten in dem Prozess zu befinden, von dem wir uns so lange auf subtile Weise ausgeschlossen gefühlt haben. Im Inneren des Lebens im Inneren unseres Körpers. Und langsam weiter durch die Hüften und die Genitalien, jede Spannung oder Sperre im analen Schließmuskel registrierend. (Bei diesem Prozess können wir nichts ausschließen, wenn wir ganz werden wollen.) Schließlich hinab in jedes einzelne Bein, durch den Oberschenkel, Knie, Wade und Fußgelenk in die bemerkenswerte Schräge der Mittelfußknochen, die den Fuß beweglich machen und uns ermöglichen, vor

*und zurück zu wippen, voller Staunen über diesen
Prozess, wieder in den Körper zu konmmen. Und
weiter in die Sohle jedes Fußes und in jeden Zeh.
Dann übe, um diese Technik auf eine andere Ebene
zu bringen, diesen Körper sterbend zu verlassen,
während du dich auf den Weg zurück von den Zehen
zur Krone des Kopfes begibst. Die Krone des Kopfes
gilt übrigens als geeignetster Punkt zum Austreten
aus dem Körper zum Zeitpunkt des Todes.
Beobachte, wie sich Empfindung für Empfindung in
ein Gewahrsein auflöst, das nach oben in ein Gefühl
von wachsender Weiträumigkeit steigt.
Lass jede Empfindung so vergehen, als würde sich mit
ihr auch der entsprechende Körperteil auflösen.
Steige auf zur Krone des Kopfes und sammle, während du dich dort hinbegibst, das Gewahrsein.
Lass die Lebenskraft dem offenen Kanal, den du
gerade geschaffen hast, folgen und ihren Weg nach
Hause finden, Empfindung für Empfindung die
Wirbelsäule empor, durch das Herz und die Kehle bis
in die Krone des Kopfes.*

Mit dieser Reinigung des Körpers verfolgen wir zweierlei. Erstens erlauben wir uns, den Körper wieder ganz zu bewohnen. Und zweitens erschließen wir uns die Möglichkeit, den Körper, wenn die Zeit reif dafür ist, völlig hinter uns zu lassen. Wir verstärken eine gewisse Lebendigkeit, während wir zugleich einen Kanal schaffen, aus dem die Lebenskraft ganz austreten kann, wenn der Körper zusammenbricht. Diese Praxis ist ganz einfach ein weiteres Spiel mit dem Leben, welches uns unseren Tod erleichtern kann.

Kapitel 22

Der Tod schaut mir über die Schulter

Fast ein Jahr lange habe ich so gelebt, als ob mir - wie man sagt - der Tod ständig über die linke Schulter schaute. Das hat mich lebendiger gemacht. Es hat mich gelehrt, die Vergänglichkeit zu schätzen und mich daran zu freuen - Freude am Spiel mit erhöhter Wachsamkeit. Es war eine Einladung, mich an der ständig wechselnden Gegenwart zu beteiligen, und ich habe dadurch erfahren, dass Zeit eine Illusion ist.

Die Lehren über Vergänglichkeit, die ich in Form von Todesfällen fortlaufend bekommen habe, sind nicht leicht gewesen - angefangen von meinem ersten Lehrer Rudi, der vor fast dreißig Jahren bei einem Flugzeugunfall umkam, bis zu meinem zweiten Lehrer Sujata, der Jahre später an AIDS starb, und einem weiteren, der durch einen Schlaganfall unfähig wurde, weiterzuleben. Auch meine Ratgeber Ramana Maharshi, Neem Karoli Baba und Mahasi Sayadaw sind alle schon lange tot. Andererseits ist es jetzt oft fast leichter als früher, mit ihnen Kontakt aufzunehmen: kein Warten auf einen Anruf, keine Störungen bei Ferngesprächen mehr.

Ondrea sagte neulich, als ich erwähnte, wie viele Lebensgefährten schon gestorben seien oder im Sterben lägen: »Und das ist nur der Anfang. Von jetzt an bis zu dem Zeitpunkt, wo du an der Reihe bist, wirst du immer wieder Anrufe bekommen, dass deine Freunde sterben.«

Man könnte meinen, ich sei aufgrund all der Todesfälle, denen ich beigewohnt und all der Beratungen von Sterbenden, die ich in den letzten zwanzig Jahren durchgeführt habe, voll vorbereitet. Und doch war es sehr aufschlussreich, im Verlauf dieses einjährigen Lebens-/Todesexperiments zu erleben, wie viel bewusster mir meine eigene Sterblichkeit wurde. Der Tod eines anderen Menschen, ganz gleich wie schrecklich er ist oder wie tief er geht, kann unsere eigene Verleugnung niemals völlig beseitigen und die Verwirrung nicht glätten, aus der wir wünschen, niemals zu sterben und die uns andererseits vergessen lässt, dass wir nie sterben werden.

Eine Frau, die völlig isoliert und unter zu starken Schmerzen starb, sagte einmal: »Mal sehen, wie Stephen mit dieser Situation zurechtkäme!« Damit traf sie genau ins Schwarze. Schauen wir uns das tatsächlich einmal an! Schauen wir, bevor es zu spät ist, wie mein Weg zum Tod vielleicht mit magischen Gedanken gepflastert ist, was ich heimlich unter den Teppich gekehrt habe und wie ich mir einbilde, »den Tod zu kennen«. Jetzt ist die Zeit, um zu denken, dass wir vielleicht darauf zählen, an einem »guten Tag« zu sterben und die Arbeit, die zu tun bleibt, auf die lange Bank schieben.

Vor einigen Jahren kam eine Frau, die unseren Wochenendworkshop zum Thema »Bewusst leben/Bewusst sterben« besucht hatte, auf dem Heimweg bei einem Autounfall ums Leben. Viele Menschen beklagten ihr »Pech«, aber etwas in Ondrea und mir war froh, dass sie das Glück hatte, so gründlich auf ein Ereignis vorbereitet zu sein, dem sie andernfalls vielleicht völlig unbewusst ausgeliefert gewesen wäre. Ich könnte auch heute noch nicht sagen, ob ihr Tod eine Tragödie oder eine Gnade war.

Kapitel 23

Die Kontrolle aufgeben

Viele Menschen sind nicht mehr imstande, ihre letzte Mahlzeit selbst zu sich zu nehmen oder ihre letzten Exkremente selbst auf der Toilette hinunterzuspülen. Oft schwinden die Kräfte des Körpers, wenn er sich langsam dem Tod nähert. Wenn wir Glück haben, sind wir dann von Menschen umgeben, die uns betreuen.

Wenn dann unser Körper nicht so reagiert, wie wir es wünschen, und wir das Gefühl haben, nicht mehr der Mensch zu sein, der wir einmal waren, fällt es uns oft schwer, uns derart bedienen zu lassen. Diese Form der Versorgung verstärkt unser Gefühl der Hilflosigkeit und die lebenslangen Widerstände gegen solche Gefühle. Etwas in uns findet es leichter, andere zu bedienen als sich bedienen zu lassen. Wir haben versucht, diesem gelegentlich auftauchenden Ohnmachtsgefühl aus dem Weg zu gehen, aber gerade dadurch hat es sich hartnäckig gehalten. Wir müssen uns also für unsere Hilflosigkeit öffnen und sie erforschen.

Vielleicht fühlen wir uns hoffnungslos, aber wir sind niemals wirklich hilflos. Wir können immer weich werden, uns dem hingeben, was ist, und uns nach bestem Vermögen daran beteiligen. Vielleicht sind wir nicht imstande, die Situation unter Kontrolle zu haben, aber wir können einige jener Widerstände aufgeben, durch die Schwieriges unerträglich wird.

Wie können wir uns ein offenes Herz bewahren, wenn wir nicht mehr imstande sind, unsere Hände zu bewegen? Üben Sie sich in Hilflosigkeit. Im folgenden einige Übungen, die zu diesem Zweck wiederholt gemacht werden können:

Die erste hilft uns einfach, deutlich zu machen, wie sehr wir auf Kontrolle und die unerforschten Wege der Gewohnheit bauen: Wer gewöhnlich beim Paartanz geführt hat, sollte sich jetzt führen lassen. Das ist mit endlosem Gelächter und vielen potentiellen Tränen verbunden. Es wird uns sehr schwer fallen, wenn wir uns dem Tanz hingeben und im Bauch nicht weich werden.

Die zweite Übung kommt etwas gezielter zum Punkt: Lassen Sie Ihre Hände neben dem Körper ruhen und sich so füttern. Lassen Sie sich auch von einem anderen Menschen anziehen. Beobachten Sie die Frustration. Bewegen Sie Ihre Hände nicht.

Die dritte Übung besteht darin, blind zu gehen. Legen Sie eine Augenbinde an und erlauben Sie einem Menschen, dem Sie vertrauen, Sie durch die Wohnung zu führen. Beobachten Sie das Misstrauen und die Angst. Um die Hingabe auf einer andere Ebene zu erfahren, machen Sie diese Übung allein und gehen ohne Begleitung mit einer Augenbinde in einer dunklen Wohnung umher.

Bei der vierten Übung verbringen Sie einen Tag oder den größten Teil eines Tages damit, nichts, absolut gar nichts zu tun: keine Gespräche, kein Fernsehen, keine Musik, nur kleine oder gar keine Mahlzeiten, kein Sex, keine Drogen und kein Rock'n Roll. Beobachten Sie die Ruhelosigkeit, in die der Geist fällt, wenn er nicht stimuliert wird. Werden Sie weich im Bauch und geben Sie sich dem Tanz hin.

Kapitel 24

Juli

Als das Jahr gerade zur Hälfte um war, wurde ich zu meinem vierzigsten High-School Jahrestreffen eingeladen. Der Einladung war eine Liste von alten Studienkolleginnen und -kollegen mit deren Adressen und ihrem augenblicklichen Status beigefügt. Etwa jeder Neunte war gestorben.

Und in New York gab es weitere Nachrichten von Kollegen und spirituellen Freunden, die im Sterben lagen. Luke war gegangen, um das Paradies mit dem Dharma zu erfreuen. Mark, schwer an Krebs erkrankt, aber dabei klar wie eine Tempelglocke, erforscht die Technologie der Bewusstseinsübertragung nach dem Tod, die in seiner langen Praxis des tibetischen Buddhismus als *Phowa* bekannt ist. Und auch Tom, der nicht weiß, ob er den Monat überleben wird, ist unterwegs auf seiner letzten Pilgerfahrt.

Es heißt, wenn wir imstande wären, die ganze Wahrheit zu sehen, würden wir an jedem beliebigen Tag Zeuge sein können, wie hunderttausende von Seelen die Erde verlassen. Sie gleichen dabei vielen Blitzen, die in die Erdatmosphäre hinausstrahlen. Aus einem tiefen inneren Raum betrachtet, so heißt es, ähnelt dieses Geschehen dem Feuerwerk an einem festlich begangenen Unabhängigkeitstag. Und damit ich die 250.000 anderen Menschen nicht vergaß, die am selben Tag wie ich sterben würden, gab es im Juli viele Todesfälle von alten Freunden und Patienten. Heruntergefallenes Laub häufte sich am Fuße des großen Baumes.

Während ich über die nicht mehr anwesenden Freundinnen und Freunde aus meiner Jugend nachsann, wurde dem Geist jäh bewusst, dass das »letzte Lebensjahr« schon mehr als zur Hälfte um war, dass mehr Zeit verstrichen war als noch blieb. Und er begann um eine Verlängerung zu feilschen. Er drohte mit einer Klage. Er bestand darauf, dass das »letzte Jahr« eigentlich erst sechs Wochen nach Neujahr begonnen hatte, als der Prozess in vollem Gange war und ich mit dem Schreiben begann. Er argumentierte, er habe noch bis zum nächsten Valentinstag zu leben und müsse vorher nicht loslassen. Ich gab dem Geist einen Keks und ein Glas warme Milch und sagte ihm, er solle weich werden im Bauch und sich darauf vorbereiten, zu sterben. Er grummelte einen Augenblick und brach dann in Lachen aus. Ich war dabei, Vertrauen in den Prozess zu gewinnen.

Kapitel 25

Tom

Ich hatte Tom seit Haight-Ashbury nicht gesehen.
In der Nachricht hieß es, er habe einen unheilbaren Krebs.

Er war am Telefon, und wir fanden sofort einen Draht zueinander.
Er sagte, seine Frau und die Kinder »wichen nicht von seiner Seite«, aber das galt auch für den Krebs. Er hatte das Schlimmste vom Schlimmsten.
Er sagte, er habe alles in seiner Macht Stehende für seine Heilung getan, ohne gesund zu werden. Er klang etwas verloren, hielt sich aber, wie er sagte, »ganz gut.«

Als ich ihm vorschlug, gemeinsam zu meditieren, entgegnete er, er wolle seine Welt im Augenblick wirklich nicht erweitern, er habe mit ihr schon in ihrer jetzigen Größe alle Hände voll zu tun.

Er hatte einen 67er VW-Bus für die letzte Pilgerfahrt zurück in die Heimat seiner Kindertage an der Ostküste gekauft und war gerade dabei, alles wegzugeben.
Es sei nicht viel, da er immer Optimist gewesen wäre.
Er wollte nach Norden zum Grab seiner Eltern in der Nähe von

Seattle fahren, dann nach direkt nach Westen, um durch die hohen Wälder langsam nach Hause zurück zu steuern.

Vor fast dreißig Jahren stand ich bis zu den Knien im südlichen Arm des Eel Flusses, um die beiden als Geistlicher zu trauen. Ein Chronist seiner Zeit, Fotograf der Aufstände in Haight, Woodstock und Chicago, dessen Zeit knapp wurde.

Jetzt packten sie für die Reise. »Wenn man dir sagt, du hast nur noch ein paar Monate zu leben, scheint es schrecklich viel zu tun zu geben.
Aber sobald ich aufs Gaspedal treten, bin ich unterwegs ins Unbekannte.«

Kapitel 26

Wer stirbt?

Wir gehen durch das Leben und tun so, als wären wir reale Wesen. All die Stimmen in uns, welche die Kontrolle behalten möchten, rufen uns zu, man erwarte von uns, dass wir »solide Bürger«, verdienstvolle Menschen seien. Wir sind erleichtert, weil niemand zu bemerken scheint, dass wir kaum existieren. Dass wir nur ein Gedanke hier und da sind, irgendwelche Gefühle, die vorüberziehen, ein paar Rahmen für verblasste Erinnerungen, ein Kribbeln in den Fingerspitzen, eine einzige Verwirrung aus widerstreitenden Wünschen und Überzeugungen. Wir bewahren weiterhin brav die Fassung, unglaublich, dass niemand unseren Trick durchschaut. Beim Imitieren des Bildes, welches wir von einem »soliden« menschlichen Wesen haben, sind wir ständig am Raten und folgen Hinweisen anderer Schauspieler. Alle anderen kommen uns viel realer vor als wir uns selbst. Wir fragen uns inmitten unserer widersprüchlichen Konditionierung, wie dieses unentwirrbare Knäuel sich dem Tod stellen wird, ganz zu schweigen vom Leben nach dem Tod.

Wir befürchten, nicht real genug zu sein, um zu sterben, und darum fangen wir an zu erforschen, was das Leben denn wirklich sein könnte. Wir wenden uns nach innen und begeben uns wie ein absoluter Anfänger, der nichts für selbstverständlich hält und nichts aus zweiter Hand akzeptiert, in den Fluss des Bewusstseins, um zu sehen, wer all diese Gedanken denkt und was es ist, das all das beobachtet.

Wie ein idealer Wissenschaftler mit dem »ich-weiß-nicht-Geist«, der keine vorgefertigten Meinungen hegt und für alle Möglichkeiten zugänglich ist, völlig offen für die Wahrheit, erforschen wir alles. Wir glauben - so eine der ersten Überzeugungen, auf die wir stoßen- , der einzige Grund, warum wir sterben müssen, wäre, dass wir davon überzeugt sind, geboren worden zu sein. Doch wir können nicht vom Hörensagen ausgehen. Wir müssen das für uns selbst herausfinden. Sind wir geboren worden? Oder ist dies lediglich das Gefäß, in dem unsere zeitlose Augenblicklichkeit wohnt? Was wurde denn tatsächlich geboren? Und wer stirbt?

Wenn wir uns die Bewusstseinsinhalte anschauen, über die wir uns definieren, stellen wir fest, dass nichts von langer Dauer ist. Keiner der vielen Gedanken, die wir jemals hatten, der nicht einen Anfang, eine Mitte und ein Ende gehabt hätte. Alles, was sich im Bewusstsein abspielt, stirbt ständig und wird ständig wiedergeboren. Ein Gedanke löst sich in den anderen auf. Ein Gefühl entwickelt sich zum nächsten. Es scheint nichts Dauerhaftes zu geben, nichts, was nicht bereits im Sterben begriffen wäre. Und mitten in dieser Vergänglichkeit fragen wir uns, ob irgendetwas »real« genug ist, um den Tod zu überleben.

Das Leben dauert nur einen Augenblick. Dann entsteht ein anderer Augenblick und löst sich im Fluss auf. Wir leben unser Leben von Moment zu Moment, ohne jemals zu wissen, was die nächste Enthüllung uns bringen wird. Doch dann bleibt unser Blick auf etwas von all diesem haften. Wir erkennen, dass jede Erfahrung in unserem Leben vergänglich gewesen ist, bis auf eine - die Existenz einer unwandelbaren Weiträumigkeit, in der all unsere Veränderungen treiben. Wie konnten wir dieses Offensichtliche so völlig übersehen? Von dem Augenblick an, in dem uns bewusst wurde, dass wir bewusst sind, sei es an der Brust, im Mutterleib oder Vorgestern, war da eine einzige Konstante, ganz gleich was ansonsten geschehen sein mag - das beharrliche Gefühl, einfach zu sein. Nicht »dies« oder »das« zu sein, sondern das »Sein an sich«, in dem all unsere ansonsten geschätzten »dies und das« unweigerlich verschwinden. Tatsächlich ist dieses unterschwellige Gefühl des Seins ebenso präsent wie wir, und es verändert sich von der Geburt bis zum Tod nicht im Geringsten. Es ist das unaufhörliche Summen des Seins in unseren sich ständig verändernden Zellen. Und wenn wir uns dieses Gefühl des Soseins unmittelbar anschauen, uns in es hineinbegeben und still in ihm sitzen, entdecken wir, dass es endlos ist. Fragen wir uns dann, ob dieses Seins-Gefühl einen Anfang und ein Ende hat, ob es geboren wurde oder sterben kann, kommen wir lediglich zu dem Schluss, dass wir über das unsterbliche Wesen unserer Essenz bislang falsch informiert wurden und die Ankündigung unseres Todes völlig überbewertet wurde, wie Huck es formulieren würde.

Versuchen Sie nicht, dafür einen Namen zu finden, damit würden Sie lediglich einen heiligen Krieg beginnen. Deswegen sprechen manche vom »nicht Benennbaren«. Es ist reines Gewahrsein, noch bevor das Bewusstsein sich zu regen beginnt. Es ist der Raum zwischen den einzelnen Gedanken. Der Ozean, in dem unsere winzige Blase treibt. Das Formlose, auf dem die Form beruht, das Unsterbliche, das wieder und wieder stirbt, nur um zu beweisen, dass es niemals stirbt.

Man hat uns glauben gemacht, wir bräuchten unseren Körper, um zu existieren - aber es ist genau umgekehrt. Wenn der, der wir wirklich sind, von dem scheidet, der wir zu sein glauben, bricht der Körper zusammen und wird augenblicklich zum Entsorgungsproblem. Er - der Wirkliche - ist das Höchste in natürlicher Konservierung, wobei der Behälter ausrangiert, die Inhalte aber wiederverwertet werden.

Alles, was sterben kann, wird auch sterben. Und was nicht sterben kann, wird niemals sterben. Finden Sie für sich selbst heraus, wie Sie die Lehre aus jedem dieser Seinsaspekte empfangen und das Ganze in ein Herz einbringen können, das liebevoll Anteil nimmt und dient. Das Unvergängliche zieht Mitgefühl auf sich. Das Vergängliche hingegen schenkt Weisheit.

Was veranlasst Sie zu denken, Sie seien geboren worden, und was bewegt Sie anzunehmen, Sie würden sterben? Beobachten Sie solche Gedanken genau und nehmen Sie die ungeheure Größe wahr, in der sie sich entfalten.

Wir haben uns mit der Suche nach einem festen Zentrum verrückt gemacht, aber es gibt keines. Unser Zentrum ist weiter Raum. Nichts, was sterben kann, aber auch nichts, woran Sie Ihren Hut aufhängen können.

Kapitel 27

Das ursprüngliche Gesicht

Manche Menschen glauben, unser Herz höre auf zu schlagen, wenn wir sterben. Andere spüren, wie es weiterschlägt. Also lautet unsere Frage nicht nur, was oder wer stirbt, sondern was *nicht* stirbt. Was wird aus dem, das den Körper belebte? Woher kam es und wohin geht es?

In der Zen-Schulung fragt der Lehrer zuweilen: »Was war dein Gesicht, bevor du geboren wurdest?« Was ist unsere ursprüngliche Natur? Was in uns wurde niemals geboren und wird nicht sterben? Diese Frage kommt für die Schüler oft überraschend. Sie versuchen in sich ein inneres Antlitz zu erspähen und erblicken nichts als erworbene Verwirrung.

Unser ursprüngliches Gesicht ist unsere gesichtslose Präsenz. Wird sie in den Spiegelwelten des Geistes reflektiert, ist sie das, was Gedanke und Gefühl erfahren. Sie ist das Licht, welches das Bewusstsein erhellt. Sie lugt durch die Maske der Persönlichkeit und schenkt Leben.

Das eigene ursprüngliche Gesicht entdecken bedeutet, hinter die Maske zu schauen. Jenseits von Gedanke und Denken, von Bekanntem und Vergänglichem existiert das immer gegenwärtige, nicht benennbare Sosein unseres Wesens: unsere zeitlose, unsterbliche, energetische Essenz. Wenn uns auch nur eine Ahnung von unserem ursprünglichen Gesicht zuteil wird, kann das ebenso verblüffend wie befreiend sein. Es erweitert unser Leben um Ewigkeiten und transformiert den Tod.

Sie haben mehr als tausendmal in einen Spiegel geschaut, um das Gesicht zu betrachten, aus dem Sie schauen. Sie haben dieses mit der Geburt erworbene Gesicht aus sämtlichen Blickwinkeln der Persönlichkeit, die Sie sich mit ihm eingehandelt haben, geprüft und gewürdigt. Und trotzdem können Sie das meiste von sich immer noch nicht sehen: den Ausdruck Ihres ursprünglichen Gesichts.

Viele berichten von »außerkörperlichen« Erfahrungen, bei denen sie über ihrem körperlichen Bereich schwebten und das Geschehen entspannt und verwundert betrachteten. Manche Menschen, die schwer krank sind, und vor allem Menschen auf dem Sterbebett haben solche Erlebnisse. Sie gewinnen die Gewissheit, dass ihre Existenz nicht von ihrem sich auflösenden Körper abhängig ist. Innerhalb des physischen Körpers nehmen sie einen leichteren Körper wahr, einen Lichtkörper, der von der schweren äußeren Hülle offensichtlich unabhängig ist.

Noch wichtiger ist vielleicht, was geschieht, wenn Menschen eine »nicht-körperliche« Erfahrung machen. Eine endlose Öffnung in die Weite des Seins, die nicht mit einem Körper überhaupt zu verwechseln ist, sei es ein astraler oder sonstiger Körper. Eine Heilung, die kein Ende hat.

Das ist ein unmittelbares Erleben der dynamischen Stille unserer formlosen, von keinem Körper, sei er feinstofflich oder grobstofflich, abhängigen Essenz. Wie es im Buddhismus heißt: »Leere ist nicht kein Ding, sondern einfach kein Ding.«

Zur vertieften Erforschung dieses Themas empfehle ich: Zen-Geist. Anfänger-Geist *(Theseus 1996), ein Buch, das dem großen Herzen Suzuki Roshis entsprang.*

Nachsinnen über das ursprüngliche Gesicht
Spüre, ruhig dasitzend, was da sitzt.
Erforsche diesen Körper, in dem du sitzt.
Beobachte das sprühende Feld von Empfindungen, das wir Körper nennen.
Nimm die wortlose Qualität der Empfindungen wahr.
Das Gefühl, wie sie einfach im ganzen Körper summen.
Wandere innerhalb einer Empfindung zu der subtilen Präsenz, welche die Empfindung erfährt. Spüre die Empfindung innerhalb der Empfindung.
Lasse dich in diesem Gefühl des Seins nieder, in dieser Lebendigkeit, die in jeder Zelle vibriert.
Ruhe im Sein.

In der Stille der Empfindung wird ein Gefühl der Präsenz deutlich.
Beachte, wie jeder aufsteigende Gedanke das einfache Sosein stört und es denken macht, es sei dieses fest umrissene Etwas, dieser fest umrissene Jemand, an dem das Leiden festhält. Und seinen weitläufigen Rahmen verliert.
Ruhe im Sein.

Sitze einfach still und wisse. Lass das Gewahrsein in sich selbst hineinsinken. Erfahre das Wissende.
Erfahre ganz direkt das Gefühl, das dir die Vorstellung vermittelt, zu sein.

Begib dich ohne Vorbehalte in dieses Gefühl hinein.
Sitze im Zentrum seines Summens.
Hat es einen Anfang? Hat es ein Ende?
Oder ist da einfach ein Gefühl endlosen Seins, ungeboren und niemals sterbend?
Frage nicht den Geist, der sich ständig mit Definitionen selbst begrenzt; frage das Herz, das es nicht benennen kann, es aber immer ist.
Ruhe im Sein.
Spüre in dieser zeitlosen Präsenz die Weite des Seins, diese unbenennbare Essenz, aus der Bewusstsein entsteht. Das ist die allgemeine Erfahrung unseres universellen Mysteriums.
Von Geburt an hat es immer nur eine unwandelbare Erfahrung gegeben: die Erfahrung, einfach zu sein. Nicht dies oder das zu sein. Einfach zu sein.
Seit dem Augenblick, in dem wir gewahr wurden, dass wir gewahr sind, hat es immer nur eine einzige Erfahrung gegeben, die allem anderen zugrunde lag: unser ursprüngliches Gesicht. Das Feuer, aus dem unser winziger Funke geschleudert wurde.
Ruhe im grundlegenden Glanz des Seins.

Lass alles los, was vergänglich ist, auch die Idee der Vergänglichkeit, und begib dich direkt ins Zischen des Seins.
In der Einsicht, dass selbst unsere Unsterblichkeit sich unserer Sterblichkeit nicht widersetzen kann, lass los, was stirbt, und entdecke, was bleibt.
Als ein achtzigjähriger thailändischer Meditations-

meister ein Zentrum in New England besuchte, fragte er die versammelten Schüler: »Was bleibt, nachdem ein erleuchteter Mensch gestorben ist?« Als ein Mönch die orthodoxe Antwort gab, nichts bliebe übrig, verwies der Lehrer ihn mit den Worten: »Nein, die Wahrheit bleibt!«

Was ist diese Wahrheit, die wir von Grund auf sind und die nicht stirbt? Was ist unsere ursprüngliche Natur?

Und wie kann das Hineinsinken in die Präsenz, wodurch wir präsent bleiben, eine Antwort auf diese forschenden Fragen sein?

Erkenne, dass Gewahrsein deine ursprüngliche Natur ist, bevor Bewusstsein geboren wurde. Bewusstsein beruht auf der Präsenz von Gewahrsein, Gewahrsein aber hängt von nichts ab, sondern ist einfach.

Ruhe im Sein.

Betrachte das, was sieht, mit den Augen deines ursprünglichen Gesichtes.

Beobachte mit deinen wahren Augen das Auftauchen einer grundlegenden Weisheit und eines Mitgefühl, so umfassend, dass niemand, den du liebst, jemals alleine sterben wird – auch du nicht.

Kapitel 28

Erfahrungen nach dem Tod

Viele sprechen von Erfahrungen »nach dem Tod«, doch das ist eine falsche Bezeichnung. Was sie meinen, sind Erfahrungen »nach dem Sterben« oder vielleicht »während des Todes«. Eine Erfahrung nach dem Tod wäre die Wiedergeburt.

In jüngster Zeit sind solche Erlebnisse vermehrt diskutiert worden. Raymond Moody, Kenneth Ring und zahlreiche andere haben die Berichte von Menschen untersucht, die »klinisch tot« waren und wieder zu Bewusstsein kamen. Sie haben hunderte von Personen befragt, die erzählten, wie sie frei von ihrem Körper herumschwebten, hörten, wie sie für tot erklärt wurden und über eine Grenze oder durch einen Tunnel an schon lange dahingeschiedenen, geliebten Menschen vorbeieilten und wie magnetisch von einem strahlenden Licht angezogen wurden, welches einen alles durchdringenden Frieden und eine alles umfassende Liebe verströmte. Die meisten personifizierten dieses große Licht als Jesus oder Buddha oder Gott selbst. Einige Kinder erzählten, sie seien dem heiligen Nikolaus begegnet, und Teenager berichteten von Begegnungen mit dem Superhelden aus Bildgeschichten, den sie sehr bewunderten. Und auf den verblüfften Atheisten, der fälschlich annahm, die Existenz eines Lebens nach dem Tod sei von der Existenz eines Gottes abhängig, obwohl es in Wirklichkeit nur auf der Existenz selbst beruht, wartete vielleicht ein lächelnder, grauhaariger Einstein mit einer Tasse Tee, um das alles gemütlich auszudiskutieren. Die meisten brachten von solch einer Erfahrung drei äußerst kostbare Einsichten mit: eine größere Wertschätzung des Lebens, eine geringere Angst vor dem Tod und ein neues Sinngefühl. Das ist doch eine Lebensrückschau für Sie!

So wunderbar und beruhigend das alles auch ist, hat es doch eine tragische Note. Wie viele der Menschen, die zurückkehrten, mochten so gut vorbereitet und so vertraut mit ihrer eigenen großartigen Natur sein, dass sie in dem, was da vor ihnen aufleuchtete, ihr ursprüngliches Gesicht erkannten? Wie viele wussten sich von den Anhaftungen an »Name und Form« zu befreien, um nackt dazustehen und diese einzigartige Gelegenheit direkt zu ergreifen? Wie viele, die vor dem Tod an einer falschen Identität litten, waren nach dem Tod imstande, sie zu durchbrechen?

Die meisten Menschen sind auf ihre enorme Größe überhaupt nicht vorbereitet. Im Tod wie im Leben ziehen sie sich auf die üblichen Wege zurück, wie schmerzlich das auch sein mag, nur um sich in ihren Nachbarn wiederzufinden, selbst wenn sie das völlig unbefriedigt lässt. Wir denken zu klein. Tatsächlich ist der Gedanke selbst nicht groß genug, um die ganze Wahrheit zu erfassen. Wie unser ursprüngliches Gesicht oder das undefinierbare Wunder des Seins können wir es niemals ganz »kennen«, aber wir können es immer ganz sein. Im Alten Testament heißt es, wir könnten Gott zwar erkennen, aber niemals sein. Meiner Erfahrung nach ist es genau umgekehrt. Wir können diese Ebene des Bewusstseins, diese Weite des Seins erfahren, deren Entzücken wir als Gott bezeichnen mögen, weil uns kein besseres Wort dafür einfällt, aber wir können diese Erfahrung anschließend nicht beschreiben. Wir sprechen eher davon, was sie nicht war. Und sie war nicht etwas, das sich mit Gedanken erfassen ließ. Sie war weder Form oder die Abwesenheit von Form. Sie fand nicht innerhalb der Zeit statt, war aber von jener Zeitlosigkeit, aus der die Zeit hervorgeht. »Es ähnelte nichts, was ich jemals zuvor erlebte, und war doch total vertraut.«

Die Wahrheit als Ganzes kann nicht mit Gedanken erfasst werden, aber ihr Nachgeschmack kann ein Leben lang anhalten. Der Gedanke ist für den Geist, was Ihr augenblickliches Gesicht für Ihr ursprüngliches Antlitz ist. Der Gedanke beschreibt einfach sich selbst. Für die Wahrheit brauchen wir etwas Größeres und Intuitiveres, das selbst dann seinen Weg nach Hause sicher weiß, wenn der Geist verwirrt ist.

Wir müssen unser ursprüngliches Gesicht *jetzt* entdecken, bevor unser augenblickliches Gesicht von unserem Schädel gleitet und uns von unserem Sterbebett aus hilflos anstarrt.

Wie bereits früher erwähnt, beschreiben zahlreiche verschiedene heilige Bücher Methoden, mit denen wir den Personifizierungen unserer Angst vor dem Tod selbst nach dem Sterben noch entkommen können. Unsere Angst vor Verletzung scheint durch jede Identifikation, ganz gleich mit wem oder was und wie subtil oder einleuchtend sie auch sein mag, verstärkt zu werden. Ihr ursprüngliches Gesicht aber hat keinen Körper. Es hat noch nicht einmal ein Gesicht.

Viele schaudern, wenn von der Möglichkeit eines grausamen Jenseits die Rede ist. Wir fürchten, unser Leben könne einer genaueren Überprüfung nicht standhalten. Wir haben Angst, bestraft zu werden. Wir stellen uns vor, der Tod sei etwas völlig Anderes als das Leben, auch wenn er aus den gleichen geistigen Projektionen konstruiert ist.

Wir haben zahlreiche religiöse Beschreibungen eines möglichen Geschehens nach dem Tod gelesen und fanden es bedrückend, in welchem Maße Strafe als notwendig und sogar heilig erachtet wird. Nichts am Leiden ist edel, außer der Liebe und dem Verzeihen, mit denen wir ihm begegnen. Viele glauben, Gott näher zu sein, wenn sie leiden, aber mir sind nur wenige Menschen begegnet, die ihr Herz für ihr Leiden so weit offen halten konnten, dass ihr Ziel sich bewahrheitete. Die meisten, die von der Hölle sprechen, befinden sich zu dem Zeitpunkt mitten in ihr. Bei meinen Erfahrungen mit Sterbenden und mit dem Tod ist mir niemals etwas Derartiges begegnet, geschweige denn in den Visionen, die darüber hinausgehen. Tatsächlich scheinen all diese Vorstellungen, nach dem Tod in einen Himmel oder eine Hölle zu kommen, eher politischer als spiritueller Natur zu sein. Was meiner Erfahrung nach der Hölle am nächsten kam, war das ängstliche Festhalten am Himmel auf dem Sterbebett: der Mangel an Vertrauen in den Prozess. Die Hölle ist das verdunkelte Herz.

Aber selbst die Hölle kann ins Paradies führen, wenn wir sie mit Erbarmen erkennen und ohne Urteil im Bewusstsein treiben lassen. Dazu gibt es folgende Geschichte von einem sterbenden tibetischen Lama. Schüler, die ihn schätzen, umgeben ihn und beten, er möge in himmlischen Gefilden wiedergeboren werden. Als er das bemerkte, hob er eine schwache Hand und sagte: »Betet nicht darum, dass ich im Himmel wiedergeboren werde. Betet darum, dass ich in der Hölle wiedergeboren werde, denn wo sonst werden Mitgefühl und Weisheit dringender gebraucht?«

Wenn die Vorstellung von einer Hölle Mitgefühl bei uns auslöst, wenn wir erkennen, wie viele von uns in der Hölle leben, kann die Praxis, liebende Güte in diese Dunkelheit zu schicken, sehr tief gehen. Wir können dadurch zum Dienst an unseren Schwestern und Brüdern motiviert werden. Und das Herz kann ermutigt werden, selbst unter schwierigsten Umständen offen und zugänglich zu bleiben.

Die Angst vor einem höllischen Karma macht vielen zu schaffen. Aber Karma ist keine Bestrafung, es ist einfach eine evolutionäre Stoßkraft, die von Lehre zu Lehre vorantreibt. Das ist ein segensreicher Prozess, der sich in der Wahrnehmung oft deutlicher zeigt als in Ereignissen. Unser Karma entsteht weniger durch das, was uns widerfährt, sondern vielmehr durch die Art und Weise, wie wir damit umgehen. Karma ist unsere wachsende Fähigkeit, Probleme auf immer tieferen Ebenen zu lösen. Es gibt im Karma keine Vergeltung, nur ein beharrliches Mahnen, bis wir die Lehre begreifen, unser Leiden loszulassen. Karma ist eine Straßenkarte zur Befreiung. Sie weist uns warnend auf die Schlaglöcher hin, die früher an dieser Stelle der Straße auftauchten und macht uns geschickt darauf aufmerksam, wie wir mögliche Umwege durch die Hölle vermeiden können. Karma ist für den aufstrebenden Geist wie eine genaue Diagnose für eine unbekannte Krankheit: eine Möglichkeit zu erkennen, was die Heilung blockiert und damit die Chance, wieder ganz zu werden.

Ich erinnere mich, wie ich von einigen Jahren eingeladen wurde, vor einer Gruppe westlicher Menschen, die tibetischen Buddhismus praktizierten, über Tod und Sterben zu sprechen. Als sie über die möglichen Geschehnisse in den jenseitigen Welten diskutierten, war zu spüren, wie der kollektive Bauch sich verspannte. Angst und Beunruhigung füllten den Raum. Sie empfanden aufgrund ihres unvollkommenen Verständnisses des *Tibetanischen Totenbuches* und verwandter Texte große Beklommenheit vor dem »Überschreiten der Schwelle«. Unwissenheit und Verwirrung standen dick im Raum. Ich wollte fast lachen, gab ihnen aber statt dessen zu bedenken, sie wüssten doch, wenn sie an Reinkarnation glaubten, dass sie diesen Prozess schon durchlaufen und gut überstanden haben mussten, da sie jetzt hier so viel Interesse an Klarheit und Mitgefühl zeigten. Wieviel Weisheit sie sich erschlossen hätten, die sie darin unterstützte, nach vorn zu gehen, und der Tag sei um so besser, je mehr wir uns darin übten, einen schlechten Tag gut zu leben.

Wenn wir aufhören, uns vor dem Leben zu schützen, bekommt jeder Augenblick eine neue Bedeutung. Dann beginnen wir unser Sein höher zu schätzen als unser Werden. Jeder Augenblick des Erinnerns ist kostbar - ein ewiger Moment, der keinen anderen enthält.

Sogar unsere Einsichten können zum Gefängnis werden, wenn wir an ihnen festhalten, um uns zu schützen. Tatsächlich macht selbst Erleuchtung die Persönlichkeit nicht vollkommen, sondern klärt nur die Sicht. Sie wischt den Staub von unseren Augen, ändert aber nicht deren Farbe. Buddha sagte nach seiner endgültigen Befreiung, er habe den Dachpfosten, der das Dach seines Hauses stützte, zerbrochen - seine Konditionierung, sein Karma, sein Selbstbild. Damit hatte er die Ursache für sein Leiden zerstört, das, was den Geist gefangen hält und die Wahrheit vernebelt, und ruhte dort für immer und ewig.

Kapitel 29

Jenseits des Hauses des Todes

Jenseits des Rades von Geburt und Tod, jenseits sämtlicher Vorstellungen, die unsere Geburt begrenzen und unseren Tod schmälern, liegt die Wahrheit. Sie ist die Weite des Seins, bevor es sich in die Form verdichtet, das Unsterbliche, bevor es in der Verkleidung des Sterblichen erscheint. Etwas, in das so viele Hindus und Buddhisten eintauchen möchten, um den Kreislauf von Leben und Tod zu beenden und auf direktem Wege in die Wahrheit jenseits von Name und Form einzugehen.

Diese tiefere Wahrheit als »Zeichen auf der Stirn zwischen den Augen, den deinigen« zu empfinden heißt, selbst über den Tod hinauszugehen, ganz zu schweigen von den formhaften geistigen Visionen von Belohnung und Strafe, die wir als Oben oder Unten projizieren, die jedoch nichts anderes als raffinierte Formen unserer vergiftenden Entfremdung vom Leben sind. Nach einem langen Leben voller Täuschung und einem schweren Fall von falscher Identität ist das, was manche für die Hölle halten, nichts anderes als die Schwierigkeit, unser Leiden loszulassen und uns von Verwirrungen und Zweifeln freizumachen. Sie ist das Unkrautjäten im Garten, ein vorübergehender, zeitlich begrenzter und theatralischer Zustand, bevor der »Punkt des Erinnerns« erreicht ist. Er öffnet die Pforten zum Himmel soweit, dass wir uns dem in uns hingeben können, was die Hölle schafft. Die Hölle ist nichts als ein Kater, der bei richtiger Ernährung vorübergeht. Sie ist einfach eine Entgiftungskur. Sie ist der Vorraum zum Himmel, so wie der Himmel der Vorraum zu einem noch weiträumigeren Paradies ist.

Wie wir beim Tod nicht stehen bleiben, müssen wir auch beim Himmel nicht Halt machen. Sich im Himmel niederlassen heißt die Verhaftungen der Hölle kultivieren. Aber das, was kein Gegenteil hat, die Einheit, aus dem das Eine hervorgeht, liegt jenseits solcher Polaritäten. Und noch weiter, sogar über das Heilige hinaus, liegt die Quelle des Heiligen. Jenseits unserer Vorstellungsbilder gibt es eine Freiheit, so groß und trostreich, dass sie selbst das Paradies als etwas Begrenztes erscheinen lässt.

Lassen wir also nicht zu, dass unsere Pilgerfahrt eine irregeleitete Pfaffenlist bleibt. Finden wir selbst für uns heraus, was hinter den Mauern unserer Vorstellungen von Leben und Tod liegt, hinter jenen geistigen Konstrukten, die das Gerüst für das Haus bilden, von dem Buddha sagt, wir müssten es einreißen, um frei zu sein. Auch für Jesus gab es nur ein Haus, das seines Vaters, aber selbst er musste von Zeit zu Zeit nach draußen schlüpfen, um eine Verschnaufpause einzulegen.

Kapitel 30

Wiedererscheinungen

Ich habe mich lange gefragt, was es mit dem Phänomen von wiedererscheinenden Toten bei Lebenden auf sich hat - mit dieser nicht selten vorkommenden Erfahrung, dass ein kürzlich Verstorbener wie in einem »realen Traum« erscheint. »Es war so real, es war mehr als ein Traum.« Ganz gleich welche Sprache er spricht, der Besucher sagt mit ähnlichen Worten immer das Gleiche: »Mit mir ist alles in Ordnung. Alles ist gut.« Was geschieht hier nun tatsächlich? Ich habe diese Geschichten Dutzende von Malen gehört, sowohl von Kindern als auch von zahlreichen Erwachsenen mit den unterschiedlichsten Glaubenssystemen. Selbst Menschen, die sicher waren, es gäbe kein Leben nach dem Tod - ganz zu schweigen von denen, die überzeugt waren, nichts am Tod sei Ordnung - hatten den gleichen unerwarteten, tröstlichen Traum.

So verbreitet ist diese Erfahrung und die Worte gleichen sich so exakt, dass ich sie lange in meinem Ordner unter »Ich weiß nicht/Reale Illusion« abgeheftet hatte. Ich fragte mich, wie es möglich sei, dass Hingeschiedene, die zu anderen, subtileren Bereichen des Seins übergegangen sind, in diesem verdichteten Hier und Jetzt wahrgenommen werden können. Wie können diese Wesen, die doch ihre Eintrittskarte zurückgelassen haben, das Theater trotzdem wieder betreten?

Diese Frage war für mich zugleich eine Ermahnung, für sämtliche Möglichkeiten offenzubleiben. Und aus dieser Bereitschaft zu verstehen erwuchs eines Tages eine interessante These, eine Antwort, die nicht unbedingt die Antwort sein musste. Könnte es sein, wenn eine Person sich auf einer anderen Ebene in diesem Traumreich als jemand erlebt, der uns wieder begegnet und mit uns spricht, dass sie durch ihre außergewöhnliche Konzentration und ihre starke Verhaftung in diese Welt projiziert wird? Wird vielleicht wird ihre Erfahrung von uns in einer anderen Welt zu unserer Erfahrung von ihnen in dieser? Begegnen wir uns in dem Traum, den jeder vom anderen träumt, lebend in etwas, was die Liebe bewirkt?

Was ist mit Blumen, die mitten im Winter aufblühen, einen Tag, nachdem ein geliebter Mensch gestorben ist? Oder den eigentlich gar nicht möglichen Botschaften, die auf einem Anrufbeantworter hinterlassen werden? Oder mit den Besuchen, in denen detaillierte Voraussagen gemacht werden, die sich als völlig richtig erweisen…? Ein großes »Ich weiß nicht«! Was ich aber weiß, ist: In den frühen Phasen des Trauerns, in denen wir die absolute Abwesenheit des oder der Dahingeschiedenen spüren und der Geist beginnt, sich in das Herz zu senken, entsteht ein Gefühl von ebenso absoluter Unzertrennlichkeit mit diesem Menschen, welches sehr wohl die Brücke bilden kann, auf der wir in beide Richtungen unsere Träume austauschen. Wenn ich, nachdem ich gestorben bin, von ganzem Herzen träume, dass ich dir einen riesigen Blumenstrauß bringe, was könnte dann geschehen? Und wie gefällt dir die Karte?

Kapitel 31

Reinkarnation

Auch wenn die meisten Religionen anhand ihrer Vorstellungen vom Jenseits und von der Tatsache oder Nichttatsache der Reinkarnation definiert werden können, scheint mir keine von ihnen in ihren Aussagen so exakt, dass ich sie in dieser Form für mich übernehmen würde. Wenn die Zeit kommt, wird nicht unsere Religion, sondern unsere Spiritualität uns leiten. Als Buddha gefragt wurde, was nach dem Tode geschehe, zählte er Dutzende der populärsten Möglichkeiten auf und fügte dann hinzu, wir würden das schon noch früh genug selbst erfahren. Er empfahl, wir sollten uns auf alles gefasst machen, denn selbst wenn eine der vielen Möglichkeiten zuträfe und wir das Glück gehabt hätten, sie zu erraten, bliebe sie doch nichts weiter als ein Vorstellungsbild, ein Modell, ein geistiges Konstrukt, das Weisheit und Freiheit wahrscheinlich eher eingrenzt als sie zu fördern. Wie eine sehr weise alte Frau es ausdrückte: »Ich glaube, der Tod ist das, was du darüber denkst.« Damit kam sie der Wahrheit sicherlich so nahe, wie es dem Denken gelegentlich gelingt.

Wenn wir uns nicht an ein bestimmtes Gedankengerüst vom Jenseits klammern, bleiben uns die Scheuklappen der Erwartung erspart. Dann schauen wir uns, wenn wir sterben, nicht nach einer bereits bekannten Phantasie um, sondern erforschen, was unmittelbar vor uns ist. Ein Zen-Meister formulierte es so: »Gehe einfach geradeaus.«

Die Klarheit, welche notwendig ist, um durch den Tod zu steuern, wird offensichtlich im Leben erworben. Indem wir erforschen, was unmittelbar vor uns liegt, leben wir so gründlich in den Gegenwart, dass wir schließlich dem Boden unter unseren Füßen ebenso vertrauen wie unserer Fähigkeit, aufrecht zu stehen und unsere Entscheidungen mit dem Herzen zu treffen.

Solange wir nicht herausfinden, wer diesmal hier geboren wurde, scheint es irrelevant, nach früheren Identitäten zu suchen. Ich habe viele Menschen erzählen hören, wer sie in früheren Inkarnationen zu sein glaubten, nur schienen sie kaum eine Vorstellung davon zu haben, wer sie in diesem Leben sind. Die Rückschau auf ein einziges Leben ist schwierig genug. Nehmen wir uns deshalb nur ein Leben auf einmal vor. Der beste Weg dazu ist wahrscheinlich der, so zu leben, als gäbe es weder ein Jenseits noch eine Reinkarnation. Zu leben, als wäre dieser Augenblick alles, was uns gewährt wurde.

Was macht es schon, wenn nach dem Tode gar nichts geschieht? Wenn er, wie viele Menschen denken, einfach ein Rufton wäre, der anzeigt, dass Gott den Hörer aufgelegt hat? Würde das den Wert der Gnade und des Gewahrseins in diesem Augenblick in irgendeiner Form schmälern? Selbst wenn unser jetziges Leben die einzige Ebene der Existenz wäre, würde das am Wesen des Herzens oder der erlebten Heilung nichts ändern.

Auch wenn ich Ihnen vorschlage, so zu leben, als hätten Sie nur diesen einzigen Moment, um die Verhaftung an die Vorstellungen von dem, was kommen wird, immer mehr aufzulösen zu

können, weiß ich aus zahlreichen persönlichen und unmittelbaren Erfahrungen, dass der Tod ein Eigenleben hat. Meine Auffassung, dass das Gewahrsein den Körper überlebt, ist kein Glaubenssystem, sondern es *ist* einfach so. Sie ist nicht das Ergebnis irgendeiner rastlosen Philosophie, sondern zahlreicher Erfahrungen beim und mit dem Tod. Aus vielen unterschiedlichen Richtungen kommend, decken sie sich, was auch einschließt, dass ich Sterbende an die Schwelle begleitet und erlebt habe, wie sie diese überschreiten. Außerdem sind da, so erstaunlich das klingt, jene, die auf irgendwelchen Wegen anschließend zu Besuch kamen, weil sie, wie sie sagten, auch mir etwas geben wollten und mir in einem Fall sogar ihren Tod erzählten. Diesen außergewöhnlichen Augenblicken verdanke ich die ersten Erlebnisse mit dem »Punkt des Erinnerns« und konnte wiederholt beobachten, wie die Elemente sich auflösten, während sie ihren Einfluss auf einen heller werdenden Geist verloren. Das, was mir diese Begegnungen mit »dem Mysterium« enthüllten, haben tiefe Erfahrungen während einer ausgedehnten Meditationspraxis im Laufe der Jahre erhärtet.

Auch wenn ich aus zahlreichen Meditationen und »außerplanmäßigen« Erlebnissen weiß [sie werden in meinen Büchern *Wer stirbt?* (Context 1995), *Sich öffnen ins Leben* (Herder 1996) und *Sein lassen. Heilung im Leben und Sterben* (Kamphausen 1995) im Einzelnen beschrieben], dass wir den Tod überleben, kann ich nicht mit Gewissheit sagen, was auf ihn folgt. Ich habe aus verschiedenen Blickwinkeln gesehen, wie der Prozess des Sterbens das Bewusstsein über den Körper hinaus befördert, aber weiter bin ich nicht gekommen. Man könnte hier humorvoll von einem Wissen über den Tod sprechen, das etwa eine Stunde oder höchstens einen Tag in diesen Prozess hineinreicht.

Immer wenn ich beobachten konnte, wie das zerstreute Licht des Gewahrseins im Herzen zusammenfließt, um das Große Licht zu bilden - ähnlich wie die diffuse Wintersonne sich in einem Brennglas zu einem weißglühenden Punkt verdichtet - wurde mir klar, dass dieses Sammeln des Gewahrseins die Ursache für die enorm gesteigerte Konzentration ist, die zum Tode hin erlebt wird. Das Umgekehrte habe ich jedoch nicht unmittelbar erlebt, den Prozess also, bei dem das Große Licht sich in die prismatischen Effekte anderer Welten und Inkarnationen bricht, sich das Eine in die vielen teilt wie die Sonne, die durch einen Kristall oder wie das Gewahrsein, das durch das Bewusstsein scheint.

Aber wenn wir sehen, wie das Gestern das Morgen beeinflusst, wie jedes Gefühl das nachfolgende bedingt, wie der letzte Gedanke beim Einschlafen den ersten beim Aufwachen einleitet, erlangen wir eine gewisse Einsicht in den Prozess der Wiedergeburt. Zu diesem Zweck beginnen wir mit Praktiken wie der Schlafenszeit-Übung »der letzte Atemzug/der erste Atemzug«. Wenn wir darauf achten, ob wir mit dem Einatmen oder dem Ausatmen einschlafen und ob wir mit dem Ein- oder dem Ausatmen aufwachen - keins ist dabei dem anderen vorzuziehen - , schärfen wir unsere Konzentration und können deutlicher wahrnehmen, wie die Geistesinhalte beim Einschlafen den geistigen Zustand beim Aufwachen bestimmen. Und so erkunden wir auch die Möglichkeiten des letzten/ersten Gedankens der Reinkarnation. Vielleicht dauert es eine Weile, bevor wir sehen können, was einen weiteren Atemzug in den Schlaf hinein geschieht, aber durch diese Praxis wächst das Potential für die Art von luziden Träumen, in denen Sie wissen, dass Sie träumen und damit noch beweglicher werden. Das ist auch eine gute Vorbereitung auf unseren gewöhnlichen Alltag, die außerdem unsere zukünftigen Tage nachhaltig prägen kann. Wenn wir beim Erwachen darauf achten, ob wir gerade einatmen oder ausatmen, versetzt uns das in die unmittelbare Gegenwart. Anfangs fällt uns vielleicht erst nach dem Mittagessen ein, dass wir beim Aufwachen auf den Atem achten wollten. In dem Maße, wie diese Praxis sich entwickelt, gewöhnen wir uns täglich ein wenig früher daran, uns zu erinnern, bis wir schließlich mit dem Aufwachen gleichzeitig für den Atem wach werden, der sich selbst in der Weite atmet, in der unser Leben sich entfaltet. Der letzte Atemzug informiert den ersten Atemzug. Das letzte Leben erschafft das nächste.

Wenn wir beim Aufwachen achtsam für unsere Lebendigkeit sind und uns beim Schlafengehen auf unsere Unsterblichkeit besinnen, praktizieren wir bewusste Wiedergeburt. Ganz real können wir, während unsere Praxis des-letzten- Atemzugs-in-den-Schlaf-hinein sich entwickelt, bemerken, dass wir als letztes etwa denken : »Heh, ich schlafe ja«, und dadurch eine flüchtige Ahnung bekommen, wie es sein kann, im Traumzustand luzid zu sein. Die Möglichkeit, in einem Traum für die Tatsache wach zu werden, dass wir träumen, dass der Traum von unserem Bewusstsein geschaffen wird und für dessen Launen empfänglich ist, gilt als ideale Praxis, bewusste Entscheidungen im Jenseits zu treffen. Viele halten die Entwicklung des luziden Träumens für eines der besten Mittel zur Vorbereitung darauf, weise durch jenseitige Welten zu steuern. Auch die Praxis des letzten Atemzugs kann dabei eine Hilfe sein. Carlos Castanèda schlug vor, wir sollten uns daran zu erinnern versuchen, im Traumzustand auf die eigenen Hände zu schauen, nachdem wir uns diese Anweisung vor dem Schlafengehen gegeben haben.

Können wir einen Auslöser dafür finden, dass das Gewahrsein sich seiner selbst gewahr wird, ist das ein Weg, sowohl einen Traum als auch ein ganzes Leben luzid zu machen. Es heißt, jede Klarheit ließe die Möglichkeit weiterer Klarheit wachsen, sei es nun im schlafenden oder im wachen Traum. Freud analysierte Träume, Jung erforschte sie, aber die Heiligen schlagen uns vor, noch tiefer zu gehen und den Traumzustand als Gelegenheit zu nutzen, für die Vorstellung zu proben und unser Stück auf die Reihe zu bekommen, bevor wir die Bühne betreten. Über dieses Thema ist viel geschrieben worden. Und bei Interesse sollten Sie dieser Neigung folgen.

Es ist nicht so, als lebten wir ein dutzend, hundert oder gar tausend verschiedene Leben. Wir leben nur ein einziges Leben und wandern von Körper zu Körper, von Einsicht zu Einsicht, von Befreiung zu Befreiung. Buddha sagte, unsere Existenz könne nicht in Jahren oder gar Leben gemessen werden, sondern nur in Begriffen von *Kalpas* oder sogar *Mahakalpas*. *Kalpas* ist die Zeit, die eine Taube braucht, um einen riesigen Granitberg abzutragen, indem sie ihn alle paar hundert Jahre mit einem seidenen Taschentuch in ihrem Schnabel streift, oder der Zeitraum, den ein Bussard benötigen würde, um den Mount Everest abzutragen, indem er einmal in hundert Jahren mit seiner Schwungfeder darüber streicht. Ein *Mahakalpa* dauert zehntausend Mal solange. Buddha spricht von der unmittelbaren Beteiligung an unserer gesamten Existenz, der Existenz selbst, die sich durch die Zeit erstreckt. Er erinnert uns an die gewaltige Unsterblichkeit unseres Seins-ohne-Ende und weist uns darauf hin, dass wir unserer zeitlosen Existenz um so näher sind, je dichter unser Gewahrsein am gegenwärtigen Augenblick ist.

Seine Weisheit erinnert uns ferner daran, dass im innersten Zentrum dieses Augenblicks Zeitlosigkeit herrscht und die Zeit sich einfach in alle nur möglichen Richtungen verliert. Er hält uns das Universelle vor Augen, in dem das Persönliche treibt. Er ermutigt uns, jetzt mit dem inneren Licht restlos vertraut zu werden, damit es uns nicht überrascht, wenn es in seiner ganzen Unermesslichkeit vor uns aufleuchtet. Er weist uns darauf hin, dass wir auf unsere erstaunliche Größe nur dann vorbereitet sind, wenn wir uns in dieses Licht vorbehaltlos hineinbegeben und es anerkennen.

In der tibetischen Tradition heißt es, die meisten Menschen seien sich ihrer Großen Natur so wenig bewusst, dass sie beim Anblick des enormen Leuchtens ihres ursprünglichen Gesichts ohnmächtig werden, straucheln, »Hals über Kopf in einen Schoß fallen« und damit unbewusst wiedergeboren werden.

Die beste Vorbereitung auf die Reinkarnation besteht darin, innerlich sowohl das Unsterbliche als auch das, was leblos bleibt, zu erfahren.

Kapitel 32

Peter und Tim

Peter und Tim

Peter sagte:
Meine Gebete bewirken nichts mehr!
Er und Tim hatten den Virus.
Beide waren seit Jahren krank.

Im Krankenhaus, dann eine Weile zu Hause, und wieder zurück.
Manchmal zu krank und zu müde, um sich zu besuchen.

Liebende, die abwechselnd starben.

Den größten Teil der Nacht und des Tages auf den Beinen,
um sich gegenseitig zu pflegen.
Tabletten abzuzählen,
Infusionen zu verabreichen.
Fieber in mitternächtliche Notaufnahmen schleppend.
Manchmal Bettpfannen, manchmal zu starke
Schmerzen im Geist/im Körper/im Herzen, um auch nur einen
weiteren Tag allein zu überleben.

Es heißt, wenn du jemandem wirklich liebst, kannst du dir sehr
wohl wünschen, er möge als erster sterben.

*Da deine Sorge um das sanfte Hinscheiden dieses Menschen
so groß ist, bist du bereit, am Ende als letzter zu gehen, um ihm das
zu ersparen.*

*Als ich Tim fragte:
Was wirst du tun, wenn Peter diesmal nicht nach Hause kommt?
Da sagte er, als letzter sterben.
Peter starb an einem Sonntagmittag.*

*Durch mein Herz auf seinem Weg anderswohin reisend,
flüsterte er:
Es fühlt sich so großartig an, wieder lebendig zu sein!
Ich war so lange krank.*

Tim und Peter

*Tims Mutter rief heute Morgen an.
Es sieht so aus, als sei das Ende gekommen.
Bitte schließe ihn weiter in deine Gebete ein.*

*Der Gärtner starb am ersten Frühlingstag.
Sein geliebter Partner war zwei Monate vor ihm gegangen, um den
Boden vorzubereiten, damit er nur die Samen bringen musste.
Veilchen und Chrysanthemen in jedem schwindenden Atemzug.
Ein großer, blühender Weinstock wächst aus seinem Herzen bis zur
Krone seines Kopfes wie Jakobs Bohnenstange, die bis zum Himmel
hoch reicht, in einen riesigen Garten, seinen Garten, wo Peter
neben dem Springbrunnen faulenzt.*

Kapitel 33

Die Entsorgung des Leichnams

Ungefähr an diesem Punkt des Jahresexperiments könnte uns in den Sinn kommen, dass wir nach der Erforschung des »Punktes des Erinnerns« und nachdem wir durch die Elemente in das Elementare übergegangen sind, Welten nach dem Tod betreten und Reinkarnation praktiziert haben, vielleicht etwas vergessen haben: uns des Körpers zu entledigen.

Ironischerweise ist diese ungelöste Verhaftung an den Körper mit ein Grund dafür, dass unsere Angst vor dem Tod noch über unser Sterben hinaus anhält. Wie Ramana Maharshi ausführte, werden wir im Glauben, dieser Körper zu sein, in der Welt nach dem Tod denken, jener Körper zu sein. Aber jeder Körper, sei er nun grob- oder feinstofflich, der das Bewusstsein in der Identifikation begräbt, schränkt uns in unserer Fähigkeit ein, unser Gewahrsein zu befreien, um durch die Augen seines ursprünglichen Gesichts zu schauen. Dieser Körper, dessen Existenz von unserer Präsenz abhängig ist, versucht uns auf klassisch co-abhängige Weise davon zu überzeugen, dass wir ohne ihn nichts wären. Er behauptet, Mount Meru zu sein, aber in Wirklichkeit ist er nur ein Gipfel in einem Gebirgsmassiv, das sich vielfach um die Welt erstreckt.

Wenn wir vergessen haben, unseren Körper zu entsorgen, sind wir an unserem perfekten Ende vorbeigegangen. Und das kann leicht passieren, wenn es dieses Ende in Wirklichkeit gar nicht gibt, sondern nur ein perfektes Weitergehen. Aber da vermodern wir nun in der Ecke, stinken das Zimmer voll und erschweren es uns, ohne fauligen Geruch in der Psyche weiterzumachen.

Der letzte Schritt ist mit Sicherheit ebenso wichtig wie der erste. Ebenso wie der Körper eines Neugeborenen von den Rückständen des Geburtsvorgangs gesäubert werden muss, sollte auch der neue Leichnam achtsam und liebevoll auf seine letzte Reise zurück in den Schoß der Erde vorbereitet werden. Wir bringen das leere Körpergebäude eher für die Lebenden in Ordnung als für den kürzlich abgereisten Mieter, der seine Kaution beim Einzug bereits zurückerhalten hat.

Also gelangen wir zu der Erkenntnis, dass die Planung unserer Bestattung und das Gespräch über die von uns bevorzugte Methode der Entsorgung ein letzter Akt der Zusammenarbeit mit den Menschen ist, die wir zurücklassen, um nach uns aufzuräumen.

Das Handeln in diesem Augenblick besteht - wenn nicht schon vorher - darin, soviel wie möglich von dem aufzuräumen, was wir vorfinden. Wir entwerfen einen lebendigen Willen, damit geliebte Menschen wissen, welches Vorgehen uns für das Endspiel am liebsten ist und so davor bewahrt werden, quälende Entscheidungen treffen zu müssen, die in unserer Verantwortung liegen. Wir überprüfen unser Schließfach, ob real oder bildlich, um dafür zu sorgen, dass unsere Hinterlassenschaft gut geordnet ist. Dies ist eine Zeit für die Testamentsergänzungen des Herzens. Haben wir unseren sterbenden und unseren lebenden Willen beschlossen, indem wir Briefe und Kassetten mit liebevollen Abschiedsworten hinterlassen und unsere Kostbarkeiten wie ein »Potlatch« unter dem Stamm verteilt haben, dann ist auch der richtige Zeitpunkt dafür gekommen, eindeutig zu sagen, wie wir unseren toten Körper entsorgt wissen wollen. Schließlich haben wir nur noch wenige Monate, um zu experimentieren.

Würden Sie lieber verbrannt oder beerdigt werden, lieber in Flammen aufgehen oder hinunter in die Feuchtigkeit wandern? Haben Sie einmal überlegt, den Körper für eine sogenannte Geier- oder Himmelsbeerdigung auf einen Gebirgssims zu betten? Wie auch immer Sie sich entscheiden, übrig bleibt am Ende lediglich eine Handvoll Sternennebel. Es ist sehr viel darüber diskutiert worden, wie dieser Stern zum Superstern werden kann. Manche bestehen darauf, dass der Körper tagelang ungestört bleibt, während ihm Gebete und Anleitung dargeboten werden. Andere sind der Meinung, er solle unter die Erde gebracht werden, noch bevor die Sonne untergeht, und wieder andere vertreten die Ansicht, er solle noch am selben Tag zu den Verbrennungsstätten getragen werden, um in Räucherwerk und mit Ölen getränkt von den Flammen verzehrt zu werden. Manche sagen auch, er solle drei Tage lang für die Welt aufgebahrt werden, bevor er dem Göttlichen dargeboten wird.

Als mein Lehrer Neem Karoli Baba gefragt wurde, ob es angemessen sei, den Körper am Tage seines Todes zu verbrennen, wie es indische Sitte ist, sagte er: »Verbrenne sie. Je eher sie wissen, dass sie nicht der Körper sind, desto besser.« Wir sind nicht von unserem Körper abhängig, um zu existieren. Es ist genau umgekehrt. Wenn das, was geboren wurde, das Gefäß verlässt, in das es geboren wurde, bekommt die Vase einen Sprung und zerfällt.

Sicherlich brauchen wir niemals aufzuhören, mit Hingeschiedenen zu sprechen, nur weil ihr Körper und ihr Herz zur Quelle zurückgekehrt sind. Das Herz ist die Brücke, und wir können sie ermutigen, über diese Brücke hinweg ihrer tiefsten Heilung zu folgen, zu verzeihen wie auch zuzulassen, dass ihnen verziehen wird, und in das Licht ihres großartigen Wesens einzugehen.

Es gibt eine Reihe von Übungen, die uns helfen können, unsere besessene Identifikation mit der Körper zu lösen. Die erste besteht darin, unsere eigene Nachschrift zu schreiben, sie laut vorzulesen und trotzdem gut zu schlafen. Am nächsten Tag stellen wir uns unsere Bestattung vor, sehen vor uns die offene Grabstelle, um welche sich die Trauernden versammeln, riechen die frisch umgegrabene Erde, hören die leeren Trostreden geliebter Menschen und spüren ihre Trauer darüber, uns verloren zu haben. Wir beobachten, wie unser Sarg in die offene Erde gelassen wird und nehmen die Gefühle und Bilder wahr, die auftauchen, wenn die ersten Schaufeln Erde auf unseren Sarg geworfen werden.

Wenn wir diese Friedhofs-Praxis auf eine andere Ebene bringen wollen, visualisieren wir, wie unser Leichnam in der Erde zerfällt. Malen Sie sich aus, wie seine Haut langsam schrumpelt und reißt, wie seine Muskeln und Fasern vermodern, seine Knochen aus dem Gerippe hervorstehen wie die des Truthahns beim letzten Erntedankfest. Beobachten Sie, wie sich Ihre Organe langsam verhärten und dann zu Staub zerfallen, während Ihre Rippen und Schenkel in einem Haufen verrotten. Wenn wir voller Klarheit und Mitgefühl beobachten, wie der Körper sich zu seinen rudimentären Elementen kompostiert, werden wir daran erinnert, dass wir einen Körper haben, aber mit Sicherheit nicht auf dieen begrenzt sind.

Als ich vor einigen Jahren eine wöchentliche Meditationsgruppe leitete, fragten mich viele Menschen, welches das wichtigste Erfordernis für unseren Besuch in einem Krankenzimmer sei. Ich wies sie darauf hin, den betreffenden Menschen nicht lediglich als seinen Körper zu sehen und zu begreifen, dass jede Förderung der fehlgeleiteten Identifikation des Sterbenden mit dem Körper seine Angst vor dem Tod verstärken und sein Vertrauen in den Prozess schwächen würde. Um der Gruppe also zu helfen, ihre falsche Beziehung zum Körper aufzugeben, besuchten wir das Anatomie-Labor der örtlichen Universität. Dort untersuchten wir einen ziemlich ätzend riechenden sechs Monate alten Kadaver, der halb zerlegt war. Das gemeinsame Betrachten der gut sichtbaren Muskelschichten, der verwitternden Organe und der leeren Gehirnschale kam einer Friedhofsmeditation des zwanzigsten Jahrhunderts gleich.

Diejenigen, die anschließend erklärten, sie hätten das ungewöhnliche Gefühl gehabt, als reines Gewahrsein einfach einen Körper zu betrachten (so etwa wie die Erfahrung, sich außerhalb dieses Körpers zu befinden), wurden zu einer Autopsie eingeladen. Ondrea und ich brachten viele Gruppen in das eine oder andere der Krankenhäuser, mit denen wir in Verbindung standen, um etwas mehr über diesen Prozess zu erfahren. Bei den Autopsien sahen die Besucher dann, dass der Körper sich in nichts von einem Kadaver im Schaufenster eines Schlachterladens unterschied. Er war ein Netzwerk aus Fleisch, Nerven, Bändern, Muskeln und Knochen, das stank, wenn der Pathologe es öffnete, um die schimmernden Organe freizulegen. Das war eine tiefgreifende Lehre, nicht nur über Vergänglichkeit oder die schreckliche Wahrheit, dass Schönheit nur bis kurz unter die Haut reicht, sondern auch über die Prioritäten, die das Leben lebenswert machen.

Diese Art Friedhofsmeditation wurde traditionellerweise von einem Yogi praktiziert, der in der Nähe eines verwesenden Leichnams sein Lager aufschlug, oder von Mönchen und Nonnen, die sich vorstellten, ihr Körper läge auf der Erde, zu der er zerfiel. Als wir die Praxis also dahingehend erweiterten, sich vorzustellen, wie man sich in den Boden unter sich auflöst, nahm ich bei mir eine beträchtliche Angst davor wahr, lebendig begraben zu werden. Diese aufrüttelnde Betrachtung wurde besser nicht auf die lange Bank geschoben. Sie ermöglichte mir, einen Dialog mit dieser rudimentären Angst einzugehen, die sich allmählich immer mehr in die primäre Weite des weichen Bauches ausdehnen konnte. So war es nicht nötig, meine Angst vor dem lebendig Begrabenwerden lebendig zu begraben. Die Angst wurde nicht so sehr abgebaut, sondern vielmehr dem Herzen zugänglich gemacht.

Die Betrachtungsweise ist immer die gleiche, ob wir nun visualisieren, wie unser Körper sich in oder auf der Erde zersetzt oder durch extreme Hitze in einem Krematorium verbrannt wird. (Als Jude empfand ich letztere Vorstellung auf bestimmten schwierigen Ebenen meiner Verzeihens-Praxis als besonders tiefgreifend und hilfreich.) Wir werden dort erwischt, wo wir festhalten und ermahnt, weich zu werden und loszulassen.

Begeben wir uns an unser Grab und schauen wir hinein. Heben Sie Ihren wurmzerfressenen Schädel auf. Spähen Sie in seine hohle Schale, wo einmal die Welt zu existieren schien, und staunen Sie darüber, dass - wie Tagore sagte - »so viel so lange in so wenig bleiben konnte.« Wenn wir beobachten, wie unser

Körper sich in der Erde auflöst, ist das wie ein Rorschach-Test für unsere Angst vor dem Unkontrollierbaren. Es ist nicht leicht, unsere gewohnheitsmäßigen Identifikationen aufzugeben.

Wir haben unseren Körper wie eine Faust um die Lebenskraft geschlossen und versuchen, sie zu halten und für immer zu leben. Das wird zum Hindernis für unseren Mut und unsere Großzügigkeit und verkürzt unser Leben. Der Körper ist vom Zugreifen so verkrampft geworden, dass er vielleicht eine Weile benötigt, um in seine natürliche Weite hinein weich werden zu können. Ein Akt des Vertrauens ist es, diese Faust zu öffnen, unsere Finger einen nach dem anderen wieder zu lösen, eine Ebene des Festhaltens nach der anderen aufzugeben, den Körper loszulassen, um den Geist zu befreien, damit er voller Leichtigkeit in ihm lebt.

Kapitel 34

Den Lotus vor dem Winter finden

Bei einem Wochenendworkshop in Los Angeles vor einigen Jahren hatten mehrere der Teilnehmer ein gemeinsames Thema: lebensbedrohliche Krankheiten, die ihnen ihre scheinbar zu Ende gehende Lebensgeschichte ankündigten. Sie fürchteten, nicht in Frieden sterben zu können, weil sie ihre Wünsche nicht in die Tat umgesetzt hatten. Bei ihrer wiederholten Rundfahrt auf dem Karussell hatten sie den goldenen Ring nicht erwischt, und das ließ sie verwirrt und enttäuscht zurück. Wahrscheinlich machte sie das um so bitterer, als viele von ihnen arbeitslose Schauspieler waren, die verloren in der krankmachenden Hölle von Hollywood umhertrieben.

Ein ungewöhnlich attraktiver Mann stach besonders hervor, als er sagte, bei der Arbeit mit seiner AIDS-Erkrankung habe es ihn sehr aufgebracht, erkennen zu müssen, dass er nach nahezu einem Dutzend Jahren, in denen er versucht hatte, »es in der Filmindustrie zu etwas zu bringen«, schließlich doch keinen Erfolg haben würde. Er habe das Gefühl, sagte er, nicht lange genug zu leben, um ein herausragender Akteur zu sein. Sein Traum, seinen Namen über einem Filmtitel stehen zu sehen, würde mit seinem Körper zusammen dahingehen. Blass und mitgenommen sprach er davon, sich selbst »das großartige Geständnis zu machen, dass ich als Versager sterben werde, ohne meinen Traum verwirklicht zu haben«. Er stand für einen verängstigten Teil in uns allen. Als er nach seiner Rede wieder in seinem Sitz zusammensackte, schien sein Skelett ihn nicht länger tragen zu können. Kaum noch imstande, wieder zu Atem zu kommen, sagte er, er habe gehofft, zu denen zu gehören, die »eins mit dem Prozess« sind, stattdessen müsse er nun feststellen, dass er »vor Kummer außer sich sei«. Er bildete sich ein, das Leben habe sein Versprechen nicht gehalten, und er sei seiner Aufgabe nicht gewachsen gewesen. Sein zusammengeschrumpfter Ehrgeiz schlang sich wie eine Nabelschnur um seinen Hals, drosselte die Vollendung seiner Geburt und würgte die Erfüllung seines Todes ab.

Den meisten Anwesenden entging die Analogie seiner Enttäuschung mit einem »Leben im Showbusiness« nicht. Seine Aussage stimulierte etwas im kollektiven Gehirn, denn eine Person nach der anderen stand auf und bekundete, auch sie befürchte, ihr Leben würde auf dem Fußboden des Schneideraums enden, wenn es keine Auszeichnung für sie parat hätte. Wenn sie keinen Erfolg haben, nicht erleuchtet oder vor ihrem Tod zum Superstar avancieren würden, bliebe ihre Lebensgeschichte auf eine Schwarz-Weiß-Fassung reduziert und die Möglichkeit, jemals in irgendeinem Kino im Breitwandformat gesehen zu werden, sei ihnen für immer verwehrt. Es ist es schwierig, sich den letzten Vorhang ohne zumindest eine gewisse Publikumsreaktion vorzustellen, nachdem wir so lange auf unsere eigene Geschichte gestarrt haben.

Das gilt für das eine Theater ebenso wie für das andere. Ich habe in Meditationsretreats viele schluchzende Menschen in den Armen gehalten, deren größte Angst es war, nicht erleuchtet zu werden, bevor sie starben. Viele gehen von der Vorstellung aus, die Vollendung würde durch ein momentanes Ereignis erreicht. Und statt ein tiefer, fortlaufender Prozess des Loslassens und der Heilung zu sein, sehen sie buchstäblich nicht, wo sie sich befinden. Vielleicht erkennen sie nicht, dass ihr starker Wunsch nach einer Trophäe für ihren Wert eine Wertlosigkeits-Trophäe für ihre aus tiefer Enttäuschung geborenen Gefühle wäre. Da sie ihre eigene großartige Wahrheit nicht entdeckt und keine Heilung empfangen haben, für die sie die Geburt auf sich nahmen, setzten sie auf Erfolg. Ob ihr Traum nun dem Starruhm oder dem Flimmer galt, der Veröffentlichung ihres Buches, der wahren Liebe oder dem Sieg über ihr Temperaments, sie hielten ihr Leben für unvollkommen.

Ich habe viele Menschen auf dem Sterbebett begleitet, die darüber klagten, nicht in Frieden sterben zu können, weil sie sich als Versager fühlten. Das ist eine nur allzu oft vorkommende Phase, die wir alle in dem Maße durchleben, wie wir eher den Dingen des Lebens verhaftet sind als seine evolutionäre Entfaltung zu schätzen. Diejenigen, die durch dieses klebrige Netz (dieses Gefühl, nicht bekommen zu haben, wofür sie kamen, bevor es Zeit war zu gehen) nun auf dem Pfad vorstoßen, halten die Mühe wohl für wert, wenn sie bedenken, wie breit dieser Pfad ist, der sich vor ihnen auftut. Wie jeder andere Kummer auch sind Gefühle der Wertlosigkeit und des Versagens nichts Neues, jedoch können sie am Punkt des unmittelbar bevorstehenden Verlustes sehr heftig werden. Viele bewerten ihr Unglück, »meins nicht bekommen zu haben«, viel zu hoch und vergessen, dass sie es bereits bekommen haben und es jetzt an ihnen wäre, daraus eine Kunst zu machen: einen Altar für die heilige Vergangenheit zu bauen, mit ihrem Herzen in die unmittelbare Gegenwart einzutauchen und sich jenseits überholten Wissens der mysteriösen Zukunft zu öffnen.

Entdecken, was wir bereits besitzen, heißt über unsere beschränkte Vorstellung, wer oder sogar was wir sind, hinauszugehen. Manche bezeichnen diese Entdeckung unserer wahren Natur mit den Worten »unseren Lotus finden«. Dieser Lotus ist nicht schwer zu finden, wenn wir wissen, wo wir ihn suchen müssen. Lotusse wuchern in der Wildnis, denn ihre natürliche Umgebung ist das mitfühlende Dienen und die Nichtverhaftung an die Früchte unserer Bemühungen. Wir können sie oft im Treibhaus des Meditationszentrums oder des Sterbebettes blühen sehen.

Der Lotus steht für das, was aus stinkenden Gewässern emporwächst und seine nicht zu erwartende Schönheit verschenkt. Er ist ein Symbol für die Befreiung von der schmerzlichen Verhaftung an alles, durch das unser Leben hindurchgehen muss, um zu seinem ursprünglichen Licht zu gelangen. Wir nähren unseren Lotus, indem wir den drängenden Wunsch nach Phantasie-Errungenschaften, der sein Wachstum hemmt, loslassen. Es heißt, manche würden den Fluss des Todes mühelos überqueren und gelassen auf ihren Lotus zugehen, während andere in ihrem Boot umherrudern und sich dabei von seinem Duft leiten lassen. Manche springen voll Vertrauen über den leuchtenden Fluss. Andere kommen an, weil er einfach auf ihrem Weg lag. Und wieder andere ertrinken im nächsten unbewussten Schoß, bevor sie den Fluss halb überquert haben, obwohl sie ihren Körper nach Art und Weise der Meister geölt und sämtliche Bücher über das Schwimmen gelesen haben, ohne sich aber dem Fluss jemals zu nähern.

Ein krebskranker Mann sprach davon, seinen Lotus »vor dem Winter« zu finden. Er wollte geheilt werden, bevor sein

Körper aufgrund der ausbleibenden Genesung kalt wurde und sagte, er wolle »die Reise abschließen«, bevor er stürbe. Also erforschte er das, was ihn immer vom Leben abgelenkt hatte und dessen Triebkraft sich bis in den Tod hinein fortsetzte. Er fand, die andere Seite seiner Gefühle, »nicht zu genügen«, sei eine bemerkenswerte Einsicht. Er sah den Wert, der darin lag, nicht imstande zu sein, seine Wünsche zu befriedigen. Das führte ihn - wie Buddha - zur Entdeckung der Ursache all seines Leidens. Und diese bestand nicht allein in der Unmöglichkeit, jeden Wunsch zu erfüllen, geschweige denn an dem festzuhalten, was da war. Sie lag auch nicht darin, dies oder das nicht zu bekommen oder es am nächsten Tag zu verlieren. *Die Ursache des Leidens war das Begehren selbst.*

Er erkannte, dass eine dauerhafte Erfüllung nicht im Objekt des Begehrens lag, sondern im Nichtvorhandensein des Begehrens überhaupt. Er habe, erwähnte er, wenn etwas Gewünschtes eingetroffen sei, ein zeitweises Prickeln der Lust und das, was wir Befriedigung nennen, erlebt. Aber zu seiner Überraschung beruhte diese Befriedigung nicht auf dem Haben, sondern auf dem flüchtigen Blitz des Bekommens, in dessen Licht seine großartige Natur nicht mehr durch einen begehrlichen Geist verdunkelt war. Die Abwesenheit des Begehrens war es, die ihm dieses Gefühl der Befriedigung und momentanen Vollendung schenkte. Das Wesen der Begehrlichkeit als solcher bestand in einer Unzufriedenheit über jeden Augenblick, in dem das begehrte Objekt nicht anwesend war. Begehren lebte mehr in der Zukunft als in der Gegenwart. Es hatte eher die Qualität des Sehnens als des Seins. Der Geist, so erkannte er, neigt dazu, etwas als Versagen zu empfinden, wenn er nicht begreift, dass es das unbefriedigte Begehren selbst ist, welches wie ein hungriger

Geist ständig nach mehr verlangt. Diese Erkenntnis der schmerzlichen Natur des Begehrens machte ihn nicht wunschlos, erlaubte ihm aber, dem Begehren mit neuem Respekt zu begegnen. Jetzt, wo er seinen Lotus gefunden habe, sagte er, sei es ihm sogar egal, ob er jemals blühen werde. Das erinnerte mich an die Worte eines meiner Lehrer. Er sagte immer, wenn wir uns einmal dem Licht zugewendet hätten, sei es nicht mehr wirklich wichtig, wie weit es entfernt sei, solange wir unsere Augen darauf gerichtet hielten.

Wie die Zen-Meisterin Kenett-Roshi ausführt, liegt die Quelle unserer größten Befriedigung darin, die Quelle auch unserer allergeringsten Befriedigung vollständig zu erfahren und beiden mit Klarheit und Güte zu begegnen, tief im Bewusstsein unser wahres Selbst aufzusuchen und es an die Oberfläche zu locken. Wir beobachten, wie unser Lotus durch trübe Gewässer aufsteigt und empfinden allein schon das bloße Wissen um seine Existenz als enorme Gnade, selbst wenn er niemals die Oberfläche durchbricht. Die Wurzel, aus der er wächst, ist ebenso ewig wie unser Spiel in der Zeit, und sie wird im nächsten Frühjahr oder immer dann, wenn wir blühen, erneut sprießen.

Ähnlich wie einige Gartenbauexperten Blumen zum Wachsen »treiben«, indem sie sie für bestimmte Zeit abdunkeln, kann auch das Nachsinnen über den Tod das Blühen unseres Lotus fördern.

Finden Sie Ihren Lotus vor dem Winter. Hat er erst einmal angefangen zu keimen, wird er weiter wachsen, bis er durch das Dach der Welt stößt. Und vielleicht wird er in Tims köstlichem Garten Eden auftauchen, bevor er zum großen Baum der Weisheit wird, der sogar durch den Himmel vordringt und im Lächeln unseres ursprünglichen Gesichts verschwindet.

Kapitel 35

Armando und die schwebende Welt

Armando hatte, obwohl zutiefst religiös, Schwierigkeiten, seinen Lotus zu finden, weil er auf festem Boden nach ihm suchte. Er versuchte mit den Ängsten des Geistes zu verhandeln statt in die unermesslichen Mysterien des Herzens loszulassen. Er konnte an solchen stillen Wassern nicht innehalten, solange kein Heiliger auf ihnen wandelte. Er bemühte sich, »spirituell zu sein«, statt vertrauensvoll und achtsam in den Fluss zu springen. Er misstraute dem Prozess. Er machte sich niemals nass.

Er war zutiefst enttäuscht darüber, nach Jahren einer regelmäßigen spirituellen Praxis nicht »den großen Treffer« gelandet zu haben, bevor er starb. Er meinte, in gewisser Weise versagt zu haben. Vergessend, wie viel Freundlichkeit er so vielen anderen Menschen mit AIDS entgegengebracht hatte, verfuhr er mit sich selbst gnadenlos. Bei dem Versuch, einem vom Zytomegalie-Virus befallenen Gehirn in einer sinnlosen Welt etwas Sinn abzuringen, wurde sein Bauch hart wie ein Grabstein, als er am Telefon verzweifelt flüsterte: »Oh Steven, Mensch, Mensch!« Er fühlte sich völlig unvorbereitet auf das, was auf ihn zukam. So viel Mühe hatte er auf religiöse Rituale verwandt und so wenig in die tiefe innere Arbeit - die immer getan werden muss - eingebracht, dass er in eine vorübergehende Hölle statt in den ewigen Himmel geriet.

Vielleicht war seine Angst vor dem Loslassen der Grund dafür, dass die »schwebende Welt« eine solche Bedrohung für ihn darstellte. Er gestand, er habe Angst vor der »schwebenden Welt«, die ihn umfangen hielt, und könne nicht loslassen in seinen Tod, weil er immer noch das Bedürfnis empfand, »bei Verstand zu bleiben«, die Kontrolle zu behalten und auf irgendeine offiziell anerkannte Art und Weise zu sterben. (Hier können wir sehen, welchen Schatten selbst eine so großartige Idee wie »bewusstes Sterben« werfen kann, indem sie im Geist Idole schafft, welche die Intuition eines Individuums trüben und ihren spirituellen Antrieb durch freudlose Vergleiche hemmen können.)

Diese schwebende Welt ist einfach die gewöhnliche Welt, aus der umfassenderen Perspektive der Weite des Seins betrachtet. Sie ist eine »ein-wenig-außerhalb-der-Welt« liegende Erfahrung, frei von jener durch die strengen Begrenzungen eines rationalen Denkens entstehenden Schwebe. Hier befinden sich Lichtjahre zwischen Atomen, Galaxien in jeder Zelle, und eine Chagall-ähnliche Schwebe der Schwerkraft herrscht vor, in der jedes Ding seine eigene Ebene finden kann. Dies ist die schwebende Welt der Sinne, bevor sie durch Interpretation und »Verstehen« auf den Boden gebracht werden. Aber, wie ein Patient sagte, »ganz gleich, wie ordentlich und sicher wir unsere Welt zu machen versuchen, sie besteht nicht aus Enten, die alle in einer Reihe laufen, sondern aus Enten.«

Obwohl er darauf hingewiesen wurde, wie viele Menschen alte Vorbilder ausrangieren mussten, um zur Vollendung zu gelangen, konnte Armando die Angst nicht loslassen, dass er Gott, so wie er ihn sich vorstellte, nicht wert sei. Wie viele andere hatte auch er das Gefühl, besser sein zu müssen, wenn er jemals das Herz des Göttlichen betreten wollte.

Ich versicherte ihm, seine Erfahrung mit der schwebenden Welt sei eine große Chance, einem menschlichen Koma vergleichbar, das wie eine Art Zwischengeschoss wirkt. Man ist noch nicht in der nächsten Etage, bekommt aber eine völlig neue Perspektive vom ersten Stock geboten. Als ich davon sprach, dass die »schwebenden Welt« Gelegenheit biete, noch einmal loszulassen und diesmal in etwas weniger Dichtes als sein Leiden, und ihm sagte, diese Welt sei dieselbe wie die alte, nur ein wenig leichter und weniger kompakt und somit auch mühleloser zu durchqueren, seufzte er wehmütig und entspannte seinen Bauch. Seine Schwierigkeiten mit der schwebenden Welt mit Erfahrungen vergleichend, welche von Fieberträumen geplagte Menschen machen, erzählte ich ihm von unserer Tochter. Sie hatte sich vor vielen Jahren einmal aufgrund eines Traumes, in dem sie das Gefühl hatte, »über dem Haus zu schweben«, geängstigt. Als wir ihr dann rieten, sie solle »sich da draußen umschauen«, die Dachziegel zählen, loslassen und frei durch die Wolken schweben, veränderte sich ihre Erfahrung radikal. Sie fing an, sich wohlzufühlen und gelegentlich auch ein Kichern loszulassen. Jetzt weinte er und wurde noch weicher. Er starb friedlicher, als er oft gelebt hatte, und ließ wahrscheinlich eher los, weil seine Muskeln müde waren, als weil er vertraute. Von der schwebenden Welt ganz allmählich neu belebt und zu einem Prozess geleitet, der so voller Gnade war und den er so lange vergessen hatte, kann ich mir vorstellen, wie erleichtert er über ihre eigenartigen Wohltaten war.

Kapitel 36

Ein guter Tag, um zu sterben

Die amerikanischen Ureinwohner pflegen zu sagen: »Heute ist einer guter Tag, um zu sterben, denn alle Dinge meines Lebens sind gegenwärtig.« Diese Worte bergen die Möglichkeiten eines Lebens, welches im Rückblick betrachtet worden und abgeschlossen ist. Ein Leben, das selbst den Tod nicht ausklammert. Ich spreche hier von einem ganzheitlichen Tod, der auf ein ganzheitliches Leben folgt. Ein Leben, das die Gegenwart eingeholt hat und in dieser gelebt wurde. Ein Leben, das auf dem Atem reitet und um die Macht der Gedanken weiß, die Welt zu erschaffen. Ein Leben, das sich sowohl in seiner Fülle als auch in seiner Leere erfahren hat.

Je achtsamer wir sind, desto weniger Dinge werden auf unserem Sterbebett auf uns einstürmen. Wenn wir unser Leben leben statt es lediglich zu denken, bleibt nichts ungetan, und wenn wir an jenem Tage sterben, freuen wir uns darüber, dass unser Tod so vollkommen sein kann. Wenn alles auf die Reihe gebracht wurde und das Herz sich selbst zugewandt ist, dann ist dies ein guter Tag, um zu sterben.

Hat er sich erst einmal geöffnet, dann weiß unser ursprünglicher Lotus von selbst seinen Weg nach Hause.

Deswegen mein Vorschlag, das Sterben zu üben (einen perfekten Tag zum Sterben finden), und zwar mit Hilfe einer sehr interessanten Übung, die Spaß macht, aber auch manchmal beängstigend ist. Sie heißt: »Sich einen Tag frei nehmen.« Einen ganzen Tag lang betrachten wir die Welt, ohne uns selbst in ihr zu befinden. Diese Übung wendet sich an die Seite in uns, die fragt: Wie kann es sein, dass ich nicht unter euch bin? Einige nennen diese Übung auch: »Einen Tag tot sein«. Wir gehen die Straße entlang, als seien wir nicht da, als wären wir gestern gestorben. Wir betrachten die Welt in unserer Abwesenheit. Wir tun, als wären wir bereits tot und hätten eine letzte Chance, die Welt zu besuchen, welche wir hinter uns gelassen haben. Wir trauern um uns selbst und gehen weiter.

Wie tief solch eine Übung gehen kann, zeigt sich an der Beliebtheit von Filmen wie *It's a Wonderful Life*. Wenn wir erkennen, dass *dieser Tag der letzte Tag unseres restlichen Lebens sein könnte,* zeigt sich etwas ganz Wesentliches.

Erleben Sie jeden Atemzug, als sei er der letzte. Begeben Sie sich in jeden Augenblick, jedes Gespräch, jedes Liebesspiel, jede Mahlzeit, jedes Gebet und jede Meditation, als würde es nie ein nächstes Mal geben.

Und so wir gestern getan haben, als seien wir tot, tun wir heute, als wären wir lebendig. Wir gehen völlig präsent die Straße entlang. Wir beobachten die Dankbarkeit für unsere rasche Genesung. Wir schalten den Tod als Mittelsmann aus, denn wir müssen nicht sterben, um uns neu zu inkarnieren. Wir gebären uns jetzt, mitten auf der Straße, mitten in einem Leben, das durch eine Neugeburt verdoppelt wird.

So völlig begeben wir uns in das Leben hinein, dass selbst der Tod unseren Tag nicht verderben würde.

Kapitel 37

Gib dieser Melodie einen Namen

Viele Eingeborenenvölker haben in ihrer Tradition tiefgreifende Methoden entwickelt, um sich auf den Tod vorzubereiten. Bei den amerikanischen Ureinwohnern zum Beispiel ging jeder junge Mann oder Frau mit Einsetzen der Pubertät in die Wildnis auf eine Visionssuche und brachte neben anderen Geschenken oft ein persönliches Heilungslied mit, das auch als Todesgesang benutzt wurde. Diese Menschen, die ihren Heilungs-/Todesgesang bei Krankheit, Gefahr und in schwierigen Augenblicken ihr Leben lang praktizierten, hatten sich dann, wenn der Tod tatsächlich kam, einen vertrauten Pfad - einen heiligen Pfad - ins Unbekannte gebahnt.

Es gibt auch viele »moderne« Kulturen, die solch kunstvolle Wege, sich dem Tod zu nähern, praktizieren. Im Christentum reichen unsere Todesgesänge vom »Vater Unser«, dem Christusgebet, bis zum Rosenkranz. Im Judentum vertraut man der Macht des Seman (Zeit des Gebetes, Anm.d.Ü.) oder vielleicht einer Zeile aus der Bar-Mizwa Suche in Hebräisch, die immer das Herz berührte. Im Buddhismus singen wir »Gate (ausgesprochen: 'Gatee'), Gate, Paragate, Parasamgate, Bodhi Svaha!« - was grob übersetzt heißt: »Gegangen, gegangen, ins Jenseits gegangen, ganz ins Jenseits gegangen, endlich ganz frei!« Dieses Lied wird in Klöstern und auf Friedhöfen gesungen. Und die

Weisesten unter uns stimmen es vielleicht auch unter ihrem Atem bei unseren Geburten an, weil sie wissen, dass weder Geburt noch Tod uns befreien, sondern nur das Loslassen in unser ursprüngliches Licht. Im Hinduismus wünscht man sich, mit einem »Ram« - einem der Namen Gottes - auf den Lippen zu sterben.

Ein Todesgesang kann als Zuflucht vor dem Unwetter oder als offenes Fenster dienen, welches das Sonnenlicht hereinlässt. Mantras oder Gebete, in aufrichtiger spiritueller Praxis entstanden, können vielen sehr gute Dienste leisten. Manche rezitieren Texte aus den heiligen Schriften, wenn Gefahr droht. Andere flüstern auf ihrem Sterbebett Wiegenlieder. Wie die Visionssuchenden vertrauen viele darauf, dass ihr Herz ihnen ihr Lied enthüllt. Sie hören genau zu und entdecken, dass sie es schon immer kannten. Wir lassen uns in dem Maße auf das Lied ein, wie wir für den Fluss des Herzens offen sind. Tatsächlich sind alle ausgeschmückten Phantasien um unsere letzten Worte und deren heldenhafte Aufführung erste zögernde Schritte auf dem Weg, einen heilsamen Todesgesang zu finden. Manche Menschen beginnen das, indem sie ihre phantasierten letzten Worte fast wie ein Mantra wiederholen. Sie beobachten, wie dieses sich verändert, etwas weniger theatralisch wird und statt eines protzig-prahlerischen Abgangs eher zum Ausdruck für die langsame Behutsamkeit unseres demütigen Öffnens für das Unbekannte wird. Ich kenne viele, die ihre Lebensrückschau mit dem gleichen zu Herzen gehenden Lied begannen wie sie ihr Leben beendeten, indem sie auf ihrem Sterbebett immer wieder sangen: »Ich liebe dich, ich liebe dich, ich liebe dich!« Einige haben mit ihrem letzten Atem »Rudere, rudere, rudere dein Boot!« gesungen. Eine alte Bosnierin sagte immer wieder: »Heute hier und morgen fort.« Und eine Frau, die ihre Arbeit abgeschlossen hatte, flüsterte mit sanfter Stimme: »Sonne, Sonne; getan, getan.«

Ein Herzenslied/Todesgesang zu finden, tut uns ohne Frage in vieler Hinsicht gut. Darum der Vorschlag, als Teil des »Sterbeexperimentes« im Laufe des nächsten Jahres unseren persönlichen Heilungs-/Todesgesang zu finden und einzuüben. Schaffen Sie sich eine Zuflucht, die Ihnen mit zunehmender Nutzung immer bessere Dienste leistet.

Sitzen Sie da, werden Sie im Herzen still, und lauschen Sie. Wenn Ihnen keine Lieder einfallen, fassen Sie sich in Geduld. Selbst wenn wir niemals ein Lied finden, dafür aber die zeitlose Weiträumigkeit der Geduld entwickeln, wird uns das auf unserem Sterbebett wahrscheinlich eine ebenso gute Stütze sein. Singen Sie die Worte, sobald sie auftauchen. Schauen Sie, welche bleiben, wenn andere in Vergessenheit geraten. Experimentieren Sie.

Ein Teil der Suche nach unserem Lotus besteht darin, unser Lied zu entdecken. Fangen Sie an, täglich zu singen (ein sehr wirkungsvoller Weg, loszulassen), und zwar die Lieder, die von selbst in Ihnen auftauchen, seien es Gospels oder Rock'n Roll. Überlassen Sie alles Weitere dem Herzen. Bei manchen ändert sich das Lied im Laufe des Jahres alle paar Monate. Aber jeder - ganz gleich, welches Lied er singt - entdeckt mit der Zeit, dass das Geheimnis des Singens im Lauschen liegt und nicht darin, den Tönen eine Stimme zu verleihen. Auf diese Weise wird ein Kreis zwischen Geist und Herz geschlossen, der die Intuition öffnet und unsere »stille kleine innere Stimme« behutsam verstärkt. Wie immer der Gesang ausfällt, er bringt uns der Gnade näher, unserer ursprünglichen Natur, dem himmlischen inneren Königreich.

Wenn wir meinen, diese Übung einfach auslassen zu sollen, weil Singen uns peinlich ist, sollten wir einmal bedenken, wie beunruhigend ein Tod sein kann, der nicht vom Herzen begleitet wird.

Nachdem Ondrea sich einige meiner Lebensrückschau-Geschichten angehört hatte, kaufte sie mir eine neue Kongatrommel, damit ich die Freuden meiner Jugendjahre als Musiker noch einmal erforschen konnte. Und das tat ich auch. Ich spielte und sang hemmungslos und sandte einen Freudenton in die heilige Weite, was ich vor vielen Jahren nicht gekonnt hätte; damals hatte ich das Gefühl, mein Lied sei es nicht wert, Gott dargeboten zu werden.

Wenn Sie sich tiefer auf die Ebene einstimmen möchten, von der dieses Lied aufsteigt, empfehle ich Ihnen, die Schriften spiritueller Poeten wie Rumi, Kabir und Mirabai zu lesen.

Kapitel 38

Alt werden

Mit meinen jetzt achtundfünfzig Jahren höre ich immer wieder, wie Menschen, die gerade auf die Dreißig zugehen, sich darüber beklagen, dass sie alt werden. Weniger Vitalität, sagen sie, und mehr Leere. Tennisarm und neue Brille. Mit vierzig kämpfen sie gegen den Körper an. Ernährungsumstellung und Kniebeugen. Mit fünfzig geben sie sich geschlagen. Für den Teil in uns, der sich mit einem beweglichen Körper und einem nicht vergesslichen Geist identifiziert, ist alt zu werden ein Verlust. Durch unseren Widerstand gegen Veränderungen entgeht uns eine der großartigsten Möglichkeiten zur Vorbereitung auf den Tod und eine der eindrucksvollsten Lehren in Vergänglichkeit.

Das Altwerden lehrt uns, unserer Lebenskraft nach innen zu folgen. Es zeigt uns anschaulich, wie das Gewahrsein allmählich wie beim Tod zum Zentrum gezogen wird und es den Extremitäten (einschließlich der äußeren Sinne) selbst überlässt, für sich zu sorgen. Vielleicht sagen deswegen so viele Menschen im fortgeschrittenen Alter, sie fühlten sich im Herzen ganz jung.

Der allmähliche Abbau des Körpers ist faszinierend. Er ist eine langsame Friedhofsmeditation, unsere Widerspiegelung im Besuchsfenster der Leichenhalle. Er erinnert uns daran, wie kurz das Leben sein und wie süß es werden kann.

Der Körper braucht etwa sieben Jahre, um seine sämtlichen

Zellen zu erneuern. Wenn wir älter werden, ist an neue Fabrikteile schwerer heranzukommen. Wir nehmen auch zweite Wahl und Nachkonstruktionen. Manche bekommen sogar wiederverwertete Teile transplantiert. Wir fahren weniger Kilometer mit der gleichen Menge Sprit, und nach mehreren Abschleppmanövern müssen wir den Körper schließlich am Straßenrand liegen lassen. Ab dort müssen wir den restlichen Weg allein gehen und haben nur noch unser Herz, um uns leiten zu lassen.

Zur weiteren Erforschung des Potentials für ein bewusstes Altwerden empfehle ich das in Kürze erscheinende Buch von Ram Dass.

Kapitel 39

Dezember

Als wir die letzte Seite des Kalenders umblätterten, schauten Ondrea und ich uns in die Augen und nahmen Abschied, wobei unsere Herzen in Dankbarkeit für die Lehren - angenehme und unangenehme - schwangen, die das Leben uns geboten hatte. Obgleich dieses Jahresexperiment nichts weiter als eine geschickte Illusion ist, ein Traum, der uns aus unserem Traum wachrütteln kann, empfanden wir eine gewisse Trauer bei dem Gedanken, dass unser Leben sich seinem hypothetischen Ende näherte.

Noch bevor meine Augen sich am zweiten Tag des Monats öffneten, konnte ich das innere Zittern spüren. Die Angst hatte begonnen, ihre Verluste zu berechnen. Sie erstellte eine Todesinventur, eine Verlustmeldung. Ich schaute mich im Zimmer um und erkannte, dass alles, was ich betrachtete und was mir einmal Freude bereitet hatte, jetzt zum schmerzlichen Anlass werden konnte. Die Aussicht, mein gut gebautes Leben hinter mir zu lassen, ließ die Luft dicker werden. Unsere morgenmunteren Hunde stupsten uns mit der Schnauze an, eine brandneue Sonne stand über den schneebedeckten Gipfeln der Berge - es war unmöglich zu ignorieren, welche Freude dieses Leben sein konnte und wie vollständig es aufgegeben werden musste. Lauter großzügige Geschenke, die zu empfangen angenehm, deren Rückgabe aber schmerzlich war. Vorweggenommene Trauer.

Es war eindeutig Zeit für die letzten Vorbereitungen. Ich begann also ein wenig intensiver mit der *Phowa*-Praxis zu experimentieren, die wir im Laufe des Jahres entwickelt hatten. *Phowa* ist im tibetischen Buddhismus die Kunst und Wissenschaft der Bewusstseinsübertragung; durch sie kann die Lebenskraft vom Körper befreit werden. Sie ist ein konzentriertes Aufsteigen der Seelenkräfte (als eine vibrierende Wolke energetischer Empfindungen erlebt, die in dem Maße deutlicher wird, wie der Prozess - und unsere Konzentration - sich vertieft) vom Unterleib durch das Herz und den langen Tunnel der Kehle nach oben, weiter durch die Stirn und zur Krone des Kopfes hinaus, wo sie auf ein Bild des Lichtes projiziert wird, das wir über dem Kopf visualisieren. Von einigen tibetischen Mönchen, die diese machtvolle Praxis anwandten, heißt es, sie hätten »ihren Körper losgelassen«, noch bevor die Feuerkommandos der chinesischen Besatzer auf ihren Abzug drücken konnten.

Phowa ist eine Praxis, mit deren Hilfe der Kanal für das Austreten der Lebenskraft aus dem Körper gereinigt werden kann. Wird sie vollkommen beherrscht, kann damit ein bewusster Tod eingeleitet werden. Sie ist ein »Sammeln des Lichtes« im grobstofflichen Körper, welches emporsteigt, um mit etwas noch Lichtvollerem unmittelbar jenseits des Körpers zusammenzufließen. Traditionellerweise wird die Lebenskraft auf das visualisierte Bildnis einer tief verehrten Gestalt übertragen, sei es nun Buddha, Jesus, Maria oder einfach unser ursprüngliches Leuchten, das als große Lichtkugel direkt über unserem Kopf wahrgenommen wird. Meiner Erfahrung nach hilft die direkte

Arbeit mit dem Licht als solchem, eine Menge von Wahrnehmungsverzerrungen aufzulösen.

Bei der Suche nach einer einfachen Anwendung dieser doch recht komplexen traditionellen tibetischen Praxis fanden wir es ganz natürlich, bestimmte *Phowa*-Elemente mit dem enormen Potential für Vollendung und Loslassen von Meditationen zu kombinieren, bei denen wir uns auf die »Energiezentren« konzentrieren. Diese Energiezentren bezeichnet man in der einen Tradition als Chakren, in der anderen als Bewusstseinsebenen. Manche betrachten sie einfach als Geisteszustände, die zu Seinszuständen führen. Aus dieser Kombination verschiedener Praktiken entstand eine »Aufstiegs-Meditation«, welche einen Kanal zu den höheren Bewusstseinsebenen öffnet, die das Leben intensivieren und die wir uns zum Zeitpunkt des Todes zunutze machen können. Wir bezeichnen sie humorvoll als »Frühaufsteher-Meditation«. Die Angst, eine Meditation dieser Art könne den Tod beschleunigen, ist unbegründet; Öffnungspraktiken wie diese bereichern unsere Geburt.

Beim Entwickeln unserer Form der Energiezentren-Meditation/*Phowa* bemerkten wir zu unserer Freude, wie all die früheren Praktiken sich harmonisch zusammenfügten. Im Energiezentrum des Bauches beginnend wird das Licht des Bewusstseins auf der einen Ebene visualisiert und auf einer anderen als Empfindung erlebt. Man kann spüren, wie es sich im Bauch sammelt. Die daraus resultierende Offenheit lässt sich dann dazu benutzen, um liebende Güte zu praktizieren, indem wir durch das Herz, welches das intensiver werdende Licht nach oben zieht, ein- und austamen. Während wir Wellen der Barmherzigkeit und des Mitgefühls in jeden Bereich des Körpers und des Geistes schicken, können wir ein Stillwerden beobachten, während eine tiefere Präsenz sich sammelt, um aufzubrechen. Ein Gefühl von sich weitendem Raum setzt sich nach oben fort und beleuchtet alles, was in der dunklen Passage der Kehle unausgedrückt blieb. (Dies ist wahrscheinlich der Tunnel, von dem viele berichten, dass sie ihn auf ihrem Weg in den Tod durchqueren.) Das vor langer Zeit von unserem aufsteigenden Lotus gelernte Lied wird gesungen, um den Weg freizuräumen und uns nach oben durch die Stirn zu treiben, wo das von manchen so bezeichnete »Dritte Auge« angesiedelt ist. Andere nennen es, nur halb scherzhaft, »unseren heiligen Zyklops«. Mancher Suchende betrachtet es tatsächlich als unser »gutes« Auge, das einzige, welches über unsere konditionierte Sichtweise hinausschauen kann. Natürlich handelt es sich hier um ein wissendes und nicht um ein sehendes Auge. Wir schauen damit nach innen, um zu erleben, wie das Universum sich entfaltet. Es ist das Auge, welches die Dualität zu dem Einen konzentriert: das Auge der Einsicht, wo der Punkt des Erinnerns beim Aufsteigen in den Tod wie auch der Punkt des Vergessens beim Abstieg in die Geburt seinen Sitz hat.

Diese Wolke von Energie - wir spüren sie zuerst im Bauch - wird allmählich intensiver, während sie durch die Energiezentren des Geistes/Körpers allmählich emporsteigt, bis sie als schimmerndes Licht, das wie eine funkelnde Fontäne durch die Krone des Kopfes austritt, erkennbar wird. Unser immer heller werdendes Licht dehnt sich aus. Es fließt in die weite Sphäre des weißen Lichtes unmittelbar über der Caldera, wo sich die Krone unseres Schädels zu befinden pflegte. Das ist der Weg des *Phowa*, während es sich durch den Körper bewegt und ihn wieder verlässt.

Auch eine lange Praxis einzelner Meditationen, die sich für

diesen Prozess miteinander verbinden, macht die Aufgabe nicht leicht. Wenn uns auch jedes Mal, wo wir *Phowa* praktizieren, der nächste Schritt etwas verständlicher wird, kann es Stunden dauern, bevor wir auch nur eine flüchtige Ahnung vom Potential des Prozesses bekommen. Manche verweilen mindestens eine halbe Stunde bei jedem Energiezentrum. Fünf von ihnen müssen geöffnet und durchquert werden. Eine Praktizierende gelangte durch ihre immer tiefer gehende *Phowa*-Praxis zu dem Schluss: »Warte nicht, bis du den Zug in der Ferne hörst, bevor du dich in Bewegung setzt.«

Im Laufe meiner *Phowa*-Praxis bemerkte ich nach etwa einem Monat, vielleicht von all der unausgedrückten Trauer während der langjährigen Arbeit mit Sterbenden, eine Blockade in meiner Kehle. Deswegen unterbrach ich die »Aufwärts-Praxis« und begann, zwei Monate lang jeden Morgen zu singen und zu tönen, bis sich meine Kehle frei anfühlte. Morgens sang ich eines der Lieblingsmantras meines Lehrers und am Nachmittag etwa »You are the sunshine of my heart«. Das macht wieder einmal deutlich, wie angemessen es war, ein Jahr für die Vorbereitung zu haben.

Wenn sich die *Phowa*-Praxis vertieft, beginnt sich dabei ein Licht im Bauch zu sammeln, das auch als eine bestimmte Empfindung erlebt werden kann. Es steigt durch einen Tunnel, der sich durch Praxis und Hingabe immer mehr weitet, nach oben. Vom Herzen wandert es, sein Lebenslied summend, durch die Korridore der Sprache hinauf zur Stirn. Auf dem Weg durch die weiten Passagen direkt zwischen den Augen lässt es die Krone des Schädels schmelzen und bricht wie ein seinem Käfig entkommender Vogel, der in einem grenzenlosen Himmel dahingleitet, in die Freiheit auf.

Auch wenn meine *Phowa*-Praxis noch immer in den Kinderschuhen steckt, wartet da ein Gefühl von Gnade. Wenn ich in diesem Augenblick sterben sollte, wird vielleicht das, was bislang gegen diese Sammlung und Freisetzung von Licht Widerstand leistete, die Tür weit offen schwingen und es ungehindert aufsteigen lassen. Mit fortlaufender Praxis ist wahrscheinlich weniger Anstrengung nötig, um auf unserem Weg zur Heiterkeit der Seelenkräfte aus einem weichen Bauch in das Herz Jesu aufzusteigen, den Gesang Marias zu hören und in den klaren Geist Buddhas einzugehen.

Tatsächlich kann ich schon jetzt ab und zu in einem Augenblick der Stille vernehmen, was ein sterbender Patient als »Orchester« bezeichnete, »das sich einstimmt« - eine Öffnung für die Symphonie, welche aus der schwebenden Welt hereinweht. Es ist eine merkwürdig vertraute Melodie, die zwischen Form und Formlosigkeit schwingt und deren Noten ebenso perfekt angeordnet sind wie die Steingärten im Raum, die wir »Galaxien« nennen. Ist das vielleicht der Gesang des Lotus, der an die Oberfläche steigt und dort zu hören ist?

Am vorletzten Tag dachte ich mitten in dem wunderbaren Wiegenlied für mich: »Wir sollten das Glück haben, in dieser unglaublichen Weiträumigkeit und in diesem Frieden zu sterben.« Und dann ließ ich, mich dem Mysterium zuwendend, in die schwebende Welt los und folgte meinem Herzen in das leuchtende Unbekannte. Mit einem Körper leicht wie eine Feder spürte ich, von einem Gefühl des Wohlbehagens durchdrungen, wie ich in die Weite des ursprünglichen Seins hineingeboren wurde in dem Wissen, dass die Liebe der einzig vernünftige Akt eines Lebens ist.

Epilog

Ein Jahr nach Abschluss meines Jahresexperiments wirkt sich dieses immer noch in vieler Hinsicht wohltuend aus. Das Abschließen unerledigter Geschäfte und das Zusammenfügen loser Fäden hat mein Leben auf subtile und unerwartete Weise geöffnet. Mein Zeitgefühl ist ein anderes geworden - es scheint mehr Gegenwart zu geben. Eine neu entdeckte Kraft ist im Laufe der Lebensrückschau frei geworden. Dagegen hat sich der Teil der Lebensenergie, welcher einst benutzt wurde, um den Geist zu unterdrücken und das Herz zu betäuben, emanzipiert. Meine Freundschaften haben sich vertieft und sind, zumindest in einigen Fällen, neu aufgeblüht. Quälende, vor allem die Vergangenheit betreffende Gefühle sind nicht mehr so bedrückend. Und die Liebe ist zugänglicher und beständiger geworden. Ich fühle mich, als hätte ich mit meinem Leben Frieden geschlossen. Und ich erlebe zugleich mit diesen Veränderungen, wie ich mich Prioritäten neu widme. Das lässt den Weg, der vor mir liegt, deutlicher werden.

Nachdem ich ein Jahr lang das Sterben geübt habe, ist unter all den neuen Qualitäten ironischerweise am deutlichsten eine neue Lebensfreude festzustellen. Diese erfrischende Leichtigkeit des Geistes wird durch eine immer klarere Einsicht verstärkt. Auch eine tiefere Wertschätzung und Akzeptanz der

Dinge, so wie sie sind, kommen in einem wachsenden Gefühl von Präsenz zutage.

Weil dieses Buch geschrieben wurde, als wäre es mein letztes, und weil seine Wohltaten so unmittelbar und intuitiv erkennbar sind, war dies mein bislang leichtestes und vergnüglichstes Schreiberlebnis und das kürzeste Buch, das jemals von mir geschrieben werden wollte.

Anhang

Gruppenpraxis

Obwohl ich nicht die Absicht habe, das letzte Jahr von Menschen zu planen, sind, seit ich diesen Prozess in Workshops vermittle, viele Gruppen zum Thema »Noch ein Jahr zu leben« entstanden. Sie brauchen offenbar für den einjährigen Gruppenprozess eine Art Lehrplan.

Ein Entwurf für einen solchen Monat für Monat fortschreitenden Ablauf lasse ich mit dem Vorbehalt folgen, dass natürlich sämtliche Prozesse - von der Lebensrückschau bis zur vertieften Introspektion unseres Todes, von der Erforschung von Praktiken wie Wahrnehmen bis zur Meditation für die Entwicklung eines vertieften Bewusstseins - in dem Augenblick Samen anzusetzen und Wurzeln zu schlagen beginnen, wo das Herz über dieses Experiment nachsinnt.

Der erste Monat

Alle Gruppenmitglieder lesen das Buch und tauschen sich über wichtige Passagen miteinander aus. Gehen Sie der Frage nach, warum es von Wert sein kann, sich ein Jahr lang auf Bewusstheit und Heilung zu verpflichten. Notieren Sie sich, an welchem Tag Sie mit dem Prozess beginnen. Das wird ab jetzt für ein Jahr Ihr experimentelles »Fälligkeitsdatum« sein. Überlegen Sie, wie Ihre Reaktionen/Antworten auf die Prognose, dass Sie noch ein

Jahr zu leben haben, aussehen könnten. Erforschen Sie das praktisch, indem Sie Veränderungen in Ihrem Leben vornehmen, sich neuen Projekten zuwenden und mit den Abläufen und der Gnade der Arbeit mit unerledigten Geschäften Erfahrungen machen. An diesem Punkt sollten Sie auch beginnen, ein Tagebuch zu führen. Beobachten Sie, wie sich die Praktiken - sowohl im Tagebuch als auch im Herzen - im Laufe der Monate allmählich verändern und vertiefen.

Der zweite Monat

Erforschen Sie, was es heißt, mit den Vorbereitungen auf den Tod zu beginnen. Üben Sie regelmäßig, sich für das Unbekannte zu öffnen und sich der Angst zu stellen. Beginnen Sie, die Erfahrungen und Vorstellungen zu untersuchen, welche die Gruppe in Bezug auf die zwei unterschiedlichen Themen Sterben und Tod hat. Beginnen Sie, mit der Angst vor dem Sterben, der Angst vor dem Tod und der Angst vor der Angst selbst zu arbeiten. Zweimal täglich fünfzehn Minuten Praxis des weichen Bauches. Lesen Sie, wenn es sich für Sie richtig anfühlt, am Ende jedes Monats einige der Eintragungen des vergangenen Monats laut vor.

Der dritte Monat

Werden Sie jeden Tag lebendiger. Üben Sie sich darin, den ganzen Tag lang freundlich und ohne Urteile wahrzunehmen. Fügen Sie der Öffnungsarbeit mit dem weichen Bauch die Praxis der Achtsamkeit hinzu: fünfzehn Minuten weicher Bauch, dann zwanzig Minuten den Atem beobachten und dabei die Aktivitäten des Geistes wahrnehmen. Nehmen Sie Krankheiten als Anlass zu Experimenten, um präsent zu bleiben und Ihr Herz mitten in der Hölle zu öffnen. Sprechen Sie miteinander darüber, wie wir unseren verborgenen Schmerz sogar noch mehr fürchten als den Tod und dass Wahrnehmen und Achtsamkeit den Schmerz an die Oberfläche bringen, wo er geheilt werden kann.

Der vierte Monat

Praktizieren Sie die Sterbe-Meditation, in der Gruppe wie auch allein. Beobachten Sie die Angst vor Schmerz, vor dem Nichtsein, vor dem Jüngsten Gericht. Vertiefen Sie Gespräche über Sterben, Tod und das, was danach kommen mag. Tauschen Sie sich gegenseitig über Ihren Prozess aus. Wachen Sie jeden Morgen auf, als wäre Ihr letzter Tag auf Erden gekommen.

Der fünfte Monat

Intensivieren Sie die Praxis der Lebensrückschau. Denken Sie gelegentlich, und im Rahmen der Praxis verstärkt, über die Ereignisse und Menschen aus Ihrer Vergangenheit nach. Meditieren Sie täglich auf Verzeihen und Dankbarkeit, gleich ob in Bezug auf angenehme wie unangenehme Erinnerungen. Lauschen Sie in den Einsichten, die durch den Geist summen, auf Ihr Lebenslied. Dehnen Sie Ihre Meditationen, wenn möglich, auf eine Stunde am Tag aus. Schließen Sie Frieden mit Ihrem Leben.

Der sechste Monat

Wenn einzelne Gruppenmitglieder sich noch keinen Altar gebaut haben, sollten sie das jetzt tun. Weihen Sie eine Zimmerecke oder auch ein ganzes Zimmer dem Prozess Ihres Lebens. Dies ist ein Platz, an dem Sie mit der Lebensrückschau ins

Detail gehen und sie vertiefen können, ein guter Platz zum Sterben. Beginnen Sie gegen Ende des Monats mit einer Art ehrenamtlicher Arbeit, um auch anderen zu dienen. Bauen Sie einen Gruppenaltar. Sechs Monate sind abgeschlossen: es ist mehr Zeit vergangen, als Ihnen bleibt.

Der siebte Monat

Wer stirbt? Erforschen Sie, was bleibt, wenn der Körper wegfällt, zugleich aber auch das, was präsent war, bevor wir geboren wurden. Ergänzen Sie dann und wann die bereits praktizierten Meditationen um die Meditation auf das ursprüngliche Gesicht. Suchen Sie die Gesellschaft der Weisen. Lesen Sie gemeinsam deren Schriften und lauschen Sie den Bandaufnahmen von Menschen, deren spirituelle Praxis so weit entwickelt ist, dass sie Einsichten in das Wesen der Erfahrung nach dem Tod gewonnen haben und diese weitergeben können: Ramana Maharshi, Nisargadatta, Buddha, Jesus, Sarada Devi, die Hassiden, Aldous Huxley, Ram Dass, Dogen, Ananda Mayi Ma und Neem Karoli Baba (bekannt als Maharaji).

Der achte Monat

Erforschen Sie Ihre Einstellungen zur Reinkarnation und deren Möglichkeiten. Praktizieren Sie die Meditation des Loslassens. Halten Sie nirgendwo fest, damit unsere tiefste Wahrheit ungehindert zum Vorschein kommen kann. Sprechen Sie über Träume, welche Hingeschiedene mit den Trauernden verbinden. Experimentieren Sie mit Hilfe der Übung »Der erste/der letzte Atemzug« mit der Wiedergeburt.

Der neunte Monat

Schreiben Sie ein Testament, den Text zu einem Gedenkgottesdienst sowie eine Grabinschrift und lesen Sie sie der Gruppe vor. Experimentieren Sie mit Videoaufnahmen, Briefen und Gedichten, die Sie für Ihre Hinterbliebenen verfassen. Beobachten Sie jeden möglichen Anflug von Trauer, die auftauchen kann, während das Jahr sich seinem Ende nähert. Probieren Sie die Praxis »Einen Tag lang tot sein« aus. Stellen Sie sich vor, wie alle Ihre Besitztümer verteilt werden. Nehmen Sie wahr, wie einige einen Ehrenplatz bekommen, während andere in der hintersten Ecke eines Kleiderschranks verschwinden. Lassen Sie Ihr Eigentum von ganzem Herzen los (wer die meisten Spielsachen hat, muss am meisten loslassen). Dazu, was noch schwerer ist, auch das, was zu Ihnen gehört (Ihre Familie, Ihre Freunde, Ihre geschätzte soziale Identität). Wenn wir bewusst leben, können wir alles zu seiner Zeit schätzen. Dehnen Sie die Praxis des Loslassen auf eine halbe Stunde täglich aus.

Der zehnte Monat

Schreiben Sie ein Testament, einen Gedenkgottesdienst und eine Grabinschrift und lesen sie Sie in der Gruppe vor. Experimentieren Sie mit Videotapes, Briefen und Gedichten, die Sie für die Hinterbliebenen verfassen. Beobachten Sie jeden möglichen Anflug von Trauer, der auftauchen kann, während das Jahr sich seinem Ende näher. Probieren Sie die Praxis »Einen Tag lang tot sein« aus. Stellen Sie sich vor, wie Ihre kostbaren Besitztümer verteilt werden. Nehmen Sie wahr, wie einige einen Ehrenplatz bekommen, während andere in der hintersten Ecke eines Kleiderschranks verschwinden. Lassen Sie Ihr Eigentum von Herzen los (wer die meisten Spielsachen hat, muß am meisten loslassen) und, was noch schwerer ist, auch das, was zu Ihnen gehört (Ihre Familie, Ihre Freunde, Ihre soziale geschätzte Identität). Wenn wir bewusst leben, können wir alles zu seiner Zeit schätzen. Dehnen Sie die Praxis des Loslassens auf eine halbe Stunde täglich aus.

Der elfte Monat

Widmen Sie Ihrer Familie und Ihren Freunden mehr Zeit. Erkennen Sie, dass die Anderen ebenso wie Sie ständig vom Strom der Vergänglichkeit hinweggetragen werden. Rufen Sie ein Gruppenprojekt für bedürftige Menschen ins Leben. Besuchen Sie eine Station mit AIDS-kranken Menschen, eine für Kinder mit Verbrennungen, ein Altenheim. Erkennen Sie, dass Unglück keine Strafe Gottes ist, sondern einfach ein Ereignis, das als Unterweisung in Barmherzigkeit und Selbstgewahrsein benutzt werden kann. Erforschen Sie den Unterschied zwischen Mitleid und Mitgefühl. Erkennen Sie, dass selbst in bester Absicht verrichtete gute Taten Krankheit, Alter und Tod nicht aus dem Weg schaffen. Dass weder Gott noch das Wesen der Dinge uns vor alledem bewahren werden - und auch nicht bewahren müssen. Wir haben bereits alles geerbt, was wir brauchen. Wir können unseren Tod mit offenem Herzen und einem Geist, der sich auf das Leuchten unserer ursprünglichen Natur konzentriert, überleben.

Der zwölfte Monat

Beginnen Sie sich bei der Reinigungs-Praxis auf den nach außen gerichteten Aspekt der Körperempfindungen zu konzentrieren. Richten Sie Ihre Aufmerksamkeit so oft wie möglich auf die Krone des Kopfes. Machen Sie sich mit den subtilen Empfindungen der Kopfhaut bekannt. Folgen Sie den Empfindungen in den Raum über dem Kopf. Praktizieren Sie mit Freude und dem Gefühl, der Frage, was stirbt und was nicht stirbt, neu nachzugehen. Praktizieren Sie in Leichtigkeit und wachsender Offenheit für das Unbekannte. Schaffen Sie Raum für die Wahrheit, damit sie sich zeigen kann - und sie wird es tun. Halten Sie auch daran nicht fest.

Dies ist der letzte Monat Ihres restlichen Lebens. Kombinieren Sie die verschiedenen Praktiken. Verabschieden Sie sich im Herzen von geliebten Menschen. Danken Sie Ihrem Körper für seine Beharrlichkeit unter schwierigen Umständen und seien Sie gütig gegen ihn, wenn er darum bittet, vom Schmerz befreit zu werden. Freundlich und voller Klarheit verabschieden Sie sich von diesem Leben und bereiten sich auf die Erneuerung des Todes vor.

Lösen Sie die Gruppe am Ende des Jahres auf. Die Teilnehmer, welche mit dem Prozess der Bewusstseinserforschung fortfahren wollen, können eine neue Gruppe zum Thema »nach dem Tod« gründen.

> Viele der Meditationen und Praktiken, die in diesem Buch vorgeschlagen wurden, können als Originalaufnahmen auf Kassette bei der folgenden Adresse bestellt werden:
>
> Warm Rock Tapes
> P.O.Box 108
> Chamisal, NM 87521
> USA

...ohne Beispiel

von Ondrea & Stephen Levine

*Erfüllend, erleichternd, beglückend
und tröstend,
wenn Sie sich mit dem Leben,
mit Krankheit, Heilung und Tod
auseinander setzen wollen
oder müssen!*

Stephen & Ondrea Levine

In Liebe umarmen
Beziehung als Weg der
Selbstverwirklichung

330 S., gebunden
ISBN 3-926257-21-0
44,– DM / 41,– sFr / 326 öS

Stephen Levine ist engagierter Dichter und Meditationslehrer, der gemeinsam mit Ram Dass und Elisabeth Kübler-Ross an verschiedenen Sterbe-Projekten maßgeblich mitgearbeitet hat. Er und seine Frau Ondrea sind weithin bekannt für ihre initiativen Heilmethoden und widmen sich gemeinsam dem Weg der Selbstforschung.

Stephen Levine

Geleitete Meditationen
Orientierung und Heilung

350 S., Broschur
ISBN 3-926257-20-2
34,80 DM / 32,50 sFr / 258 öS

Stephen Levine

Sein lassen
Heilung im Leben und
im Sterben

365 S., Broschur
ISBN 3-926257-14-8
28,– DM / 26,– sFr / 207 öS

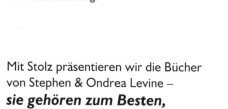

Stephen Levine

Wege durch den Tod
- Who Dies -

400 S., Broschur
ISBN 3-926257-11-3
28,– DM / 26,– sFr / 207 öS

Mit Stolz präsentieren wir die Bücher
von Stephen & Ondrea Levine –
**sie gehören zum Besten,
was es zu lesen gibt!**

Uta Bodewig • Joachim Kamphausen
Gesellschaft bürgerlichen Rechts

Stephen Levine

Schritte zum Erwachen
Meditation der Achtsamkeit

170 S., Broschur
ISBN 3-926257-17-2
24,80 DM / 23,– sFr / 184 öS

Originalausgabe
© Stephen Levine, 1997
Stephen Levine, A year to live: how to live this as it were
your last Bell Tower, Crown Publishers, Inc.

Deutsche Ausgabe – 1. Auflage 1998
© Uta Bodewig & Joachim Kamphausen GbR
Postfach 10 08 50, D- 33508 Bielefeld
Tel: 0521 / 67179; Fax 0521 / 68771

Übersetzung
Karin Petersen

Bearbeitung
Hans-Jürgen Zander

Umschlaggestaltung
Klei & Trümper

Typografie, Satz & Herstellung
Schack Verlagsherstellung, Dortmund

Druck & Verarbeitung
Kösel, Kempten

Alle Rechte vorbehalten

Lizenzausgabe mit freundlicher Genehmigung der
Rowohlt Taschenbuch Verlag GmbH, Reinbeck bei Hamburg
Copyright © 1997 by Rowohlt Taschenbuch Verlag GmbH,
Reinbeck bei Hamburg
A YEAR TO LIVE Copyright © 1997 by Steven Levin

Die Deutsche Bibliothek - CIP Einheitsaufnahme

Levine, Stephen:
Noch ein Jahr zu leben : wie wir dieses Jahr leben können, als wäre
es unser letztes / Stephen Levine. Aus dem Amerikan. von Karin
Petersen. [Bearb. Hans-Jürgen Zander]. - Orig.-Ausg., dt. Ausg., 1.
Aufl. - Bielefeld : Bodewig & Kamphausen, 1998
Einheitssacht.: A year to live <dt.>

ISBN 3-926257-34-2

Das HSI ist ein Institut
der Hans-Böckler-Stiftung

Band 53
HSI-Schriftenreihe

Die konditionierte Allgemeinverbindlicherklärung

Olaf Deinert

BUND
VERLAG

Vorwort

Seit Jahren sinkt die Zahl der tarifgebundenen Arbeitgeber kontinuierlich, immer weniger Beschäftigte profitieren von der Geltung eines Tarifvertrags. Die 2022 verabschiedete Mindestlohnrichtlinie der Europäischen Union, die bis November 2024 auch in der Bundesrepublik umzusetzen ist, sieht für Mitgliedstaaten mit einer tariflichen Abdeckung von weniger als 80 Prozent die Verpflichtung vor, Maßnahmen zu deren Erhöhung zu ergreifen. Die amtierende Bundesregierung hat sich im Koalitionsvertrag vorgenommen, „die Tarifautonomie, die Tarifpartner und die Tarifbindung [zu] stärken". Die Förderung von Tarifverhandlungen ist dabei kein Selbstzweck, sondern soll der Verbesserung der Lebens- und Arbeitsbedingungen lohnabhängiger Menschen dienen und zur gerechten Lohnfindung beitragen.

Als eine mögliche Maßnahme zur Stärkung der Tarifbindung ist die Reform der Allgemeinverbindlicherklärung wieder vermehrt im Fokus der tarifrechtlichen und verfassungsrechtlichen Diskussion. Die Allgemeinverbindlicherklärung von Tarifverträgen nach § 5 TVG ist ein wichtiges Instrument, um die Tarifwirkung auch auf solche Arbeitgeber zu erstrecken, die keinem Arbeitgeberverband angehören oder durch einen Haustarifvertrag tarifgebunden sind.

Zugleich sind exklusive Leistungen für Gewerkschaftsmitglieder und Differenzierungsklauseln wirksame Instrumente, um auf Arbeitnehmerseite die Gewerkschaftsmitgliedschaft attraktiv auszugestalten. Wenn kollektiv ausgehandelte, solidarisch durchgesetzte Tarifverträge gewerkschaftlich nichtorganisierten Beschäftigten nicht per se in demselben Umfang zukommen wie denjenigen, die die Mitgliederbasis der Gewerkschaft und damit die tarifpolitische Handlungsfähigkeit der Arbeitnehmerseite stärken, kann das einen Beitrag zur Stabilisierung des Tarifsystems leisten.

Lassen sich also mit dem Ziel, sowohl die Geltung von Tarifverträgen auszuweiten als auch die tarifautonome Betätigung zu stärken, beide Instrumente miteinander verbinden?

Prof. Dr. Olaf Deinert, Georg-August-Universität Göttingen, bejaht diese Frage und erörtert die Möglichkeit einer Konditionierung der Allgemeinverbindlicherklärung zur Stützung des Tarifsystems. Der Tarifvertrag bleibt demnach für alle Arbeitgeber innerhalb seines Geltungsbereichs unabhängig von der Verbandsmitgliedschaft bindend, allerdings in Hinblick auf die konditionierten tarifvertraglichen Leistungen nur im Verhältnis zu den kraft Mitgliedschaft tarifgebundenen Arbeitnehmerinnen und Arbeitnehmern. So wären Arbeitgeber weiterhin vor „Schmutzkonkurrenz" geschützt, auf Arbeitnehmerseite bliebe aber ein Anreiz für die Mitgliedschaft in den Gewerkschaften.

Im vorliegenden Gutachten erörtert Prof. Dr. Olaf Deinert verschiedene Möglichkeiten zur Umsetzung einer solchen konditionierten Allgemeinverbindlicherklärung unter ausführlicher Prüfung des rechtlichen Rahmens. Sie reichen von einer Gesetzesänderung des § 5 Abs. 4 TVG bis hin zu verschiedenen Möglichkeiten, bereits auf der Grundlage des bestehenden Rechts vorzugehen: durch die Beschränkung der Allgemeinverbindlicherklärung als solcher oder durch verschiedene Möglichkeiten der Gestaltung des Tarifvertrags selbst. Die Untersuchung bereichert die Diskussion um die Wiederbelebung und Reform der Allgemeinverbindlicherklärung und die Stärkung des Tarifvertragssystems somit um konkrete tarif- und rechtspolitische Instrumente.

Wir wünschen eine anregende Lektüre!

Prof. Dr. Johanna Wenckebach
Wissenschaftliche Direktorin des Hugo Sinzheimer Instituts

Inhaltsübersicht

Vorwort 5
I. Konditionierte Allgemeinverbindlicherklärung zur
   Stützung des Tarifsystems 13
II. Mögliche Konstruktionen 18
III. Rechtliche Zulässigkeit der konditionierten
    Allgemeinverbindlicherklärung 32
IV. Entsenderechtliche Konsequenzen der konditionierten
    Allgemeinverbindlicherklärung 79
V. Ergebnisse 81
Literaturverzeichnis 83

Inhaltsverzeichnis

Vorwort   5

I. Konditionierte Allgemeinverbindlicherklärung zur Stützung des Tarifsystems   13

II. Mögliche Konstruktionen   18
  1. Gesetzesänderung   19
  2. Beschränkung des persönlichen Geltungsbereichs   20
  3. Einfache Differenzierungsklausel   22
     a) Konzeption   22
     b) Rechtmäßigkeit einfacher Differenzierungsklauseln   24
     c) Reichweite der Bindungswirkung der abweichenden Entscheidung des Großen Senats   25
     d) Nötigung zur Offenlegung der Gewerkschaftszugehörigkeit   26
  4. Einbindung Dritter   27
  5. Spannenklauseln   28
     a) Konzeption   28
     b) Rechtmäßigkeit von Spannenklauseln   29
     c) Reichweite der Bindungswirkung der Entscheidung des Großen Senats   31

III. Rechtliche Zulässigkeit der konditionierten Allgemeinverbindlicherklärung   32
  1. Tarifvertragsrechtliche Zulässigkeit   32
     a) Tarifvertrag   32
        (1) Grundsatz   32
        (2) Tarifvertrag mit Geltungsbereichsbeschränkung   33
        (3) Tarifvertrag mit Differenzierungsklausel   33
        (4) Tarifvertrag mit Spannenklausel   35
        (5) Einbindung Dritter in die Abwicklung   35
     b) Öffentliches Interesse   35
        (1) Überwiegende Bedeutung des Tarifvertrages in seinem Geltungsbereich   36

		(2)	Erforderlichkeit zur Absicherung der Wirksamkeit der tarifvertraglichen Normsetzung	37
		(3)	Keine entgegenstehenden besonderen Umstände oder gewichtigen Interessen	39
		(4)	Öffentliches Interesse zur Sicherung der Funktionsfähigkeit einer gemeinsamen Einrichtung	40
		(5)	Sonstiges öffentliches Interesse: Funktionsfähigkeit der Tarifautonomie	41
	c)	Weitere Voraussetzungen		43
		(1)	Insbesondere: gemeinsamer Antrag	43
		(2)	Insbesondere: Ausübung normativen Ermessens	44
	d)	Vereinbarkeit mit dem Wesen der Allgemeinverbindlicherklärung		45
	e)	Blick auf die Konsequenzen für Außenseiter-Arbeitgeber		47
	f)	Zwischenfazit		49
2.	Verfassungs- und völkerrechtliche Zulässigkeit			50
	a)	Zum Prüfungsmaßstab: Kontrolle eines staatlichen Erstreckungsaktes, nicht eines Tarifvertrages an sich		50
	b)	Exkurs: Sonderproblem Art. 80 GG		51
	c)	Negative Tarifvertragsfreiheit der Außenseiter?		52
		(1)	Negative Koalitionsfreiheit	52
		(2)	Gewährleistungsort	53
		(3)	Gewährleistungsinhalt	54
	d)	Fernbleiberecht		56
		(1)	Prüfungsmaßstab	56
		(2)	Eingriff durch konditionierte Allgemeinverbindlicherklärung	58
		(3)	Rechtfertigung	61
		(4)	Grenzen	63
	e)	Vertragsfreiheit der Außenseiter		64
	f)	Gegnerunabhängigkeit		66
	g)	Staatsneutralität		68

h)	Positive Koalitionsfreiheit anders organisierter Arbeitnehmer	69
i)	Gleichheitssatz	71
j)	Zusammenfassung	72
3. Unionsrechtliche Zulässigkeit		72
a)	Entsenderichtlinie	73
b)	Primärrecht	74
	(1) Dienstleistungsfreiheit	74
	(2) Verbot der Diskriminierung wegen der Staatsangehörigkeit	76
	(3) Kartellverbot	77
c)	Mindestlohnrichtlinie	77

IV. Entsenderechtliche Konsequenzen der konditionierten Allgemeinverbindlicherklärung   79

V. Ergebnisse   81

Literaturverzeichnis   83

I. Konditionierte Allgemeinverbindlicherklärung zur Stützung des Tarifsystems

Die Idee der konditionierten Allgemeinverbindlicherklärung ist aus der Überlegung heraus entwickelt, das Tarifvertragsystem durch eine Verbindung von exklusiven Regelungen für Gewerkschaftsmitglieder und Allgemeinverbindlicherklärung von Tarifverträgen zu stützen, indem die Mitgliedschaft im Tarifträgerverband gestärkt wird. Die Allgemeinverbindlicherklärung ist dann eine konditionierte, weil sie Anreiz für die Mitgliedschaft setzt.

Die Allgemeinverbindlicherklärung von Tarifverträgen nach § 5 TVG ist ein wichtiges Instrument zur Stützung der Funktionsfähigkeit der Tarifautonomie.[1] Sie erfolgt durch das Bundesministerium für Arbeit und Soziales, wenn sie im öffentlichen Interesse geboten erscheint. Mit ihr erfassen die Rechtsnormen des Tarifvertrages gemäß § 5 Abs. 4 TVG auch die bisher nicht tarifgebundenen Arbeitgeber und Arbeitnehmer im Geltungsbereich des Tarifvertrages. Das Bundesverfassungsgericht sieht daher die verfassungsrechtliche Fundierung nicht von ungefähr in Art. 9 Abs. 3 GG.[2]

Die Allgemeinverbindlicherklärung hat eine besondere Funktion im deutschen Tarifvertragsrecht. Im Hinblick darauf, dass den Tarifvertragsparteien durch die Verfassung nicht etwa ein beliebiges Normsetzungsrecht gewährt wird, sondern die Normsetzung erst durch die Mitgliedschaft der jeweiligen Verbandsmitglieder legitimiert wird, beschränkt sich die Normsetzungsmacht im Allgemeinen, jedenfalls für Inhalts-, Abschluss- und Beendigungsnormen, auf die Rechtsetzung für die Mitglieder der Verbände.[3] Das entspricht nach den Worten des Bundesverfassungsgerichts auch einem historisch gewachsenen Verständnis der Verfassung und dem Selbstverständnis der Koalitionen.[4] Zu Recht wurde freilich darauf hingewiesen, dass die Tarifautonomie nicht auf die Normsetzung für Mitglieder insgesamt beschränkt ist, sondern auch auf Normsetzung für Dritte (mit)angelegt ist.[5] Die Tarifbindung für Dritte ist

---

1 *Walser*, Einfluss der Rechtsordnung, S. 301 ff.
2 BVerfG 24.5.1977 – 2 BvL 11/74, BVerfGE 44, 322; BVerfG 15.7.1980 – 1 BvR 24/74 und 439/79, BVerfGE 55, 7.
3 BVerfG 24.5.1977 – 2 BvL 11/74, BVerfGE 44, 322, 347 f.; BAG 23.3.2011 – 4 AZR 366/09, NZA 2011, 920, Rn. 42; BAG 15.4.2015 – 4 AZR 796/13, NZA 2015, 1388, Rn. 47; vgl. auch *Kingreen*, Exklusive Tariföffnungsklauseln, S. 9 f.; *Höpfner*, Die Tarifgeltung im Arbeitsverhältnis, S. 308 ff.; *Deinert*, SR Sonderausgabe 2017, 24, 25 f.
4 BVerfG 24.5.1977 – 2 BvL 11/74, BVerfGE 44, 322, 347 f.
5 *Waltermann*, SR 2021, 177, 179 f.; *Rödl*, SR 2022, 217 ff.; *ders.*, WSI-Mitt. 2023, 168 ff.

etwa vorgesehen für Tarifnormen über Betriebs- und betriebsverfassungsrechtliche Fragen in § 3 Abs. 2 TVG, ferner für Ausgetretene in § 3 Abs. 3 TVG, für die Ablösung durch Erwerbertarifbindung nach Betriebsübergang gemäß § 613a Abs. 1 Satz 2 ff. BGB, für die Erstreckung über Rechtsverordnungen nach §§ 7, 7a AEntG oder für die Allgemeinverbindlicherklärung. Eine Erstreckung auf Außenseiter bedarf aber immer einer Legitimation, die i.d.R. demokratisch erfolgt durch einen hinzutretenden staatlichen Akt,[6] vorab durch Gesetz oder nachträglich durch Erstreckung im Wege der Allgemeinverbindlicherklärung oder durch Rechtsverordnung. Wenn im Folgenden von Tarifmacht die Rede ist, soll damit explizit die hier erörterte Befugnis angesprochen sein, Rechtsnormen für Dritte (Arbeitnehmer und Arbeitgeber) zu setzen.[7]

Diese Wirkung für und gegen jeden innerhalb des Geltungsbereichs des Tarifvertrags trägt eine gewisse Ambivalenz in sich.[8] Einerseits werden die Tarifgebundenen vor Unterbietungskonkurrenz durch Außenseiter geschützt.[9] Die Allgemeinverbindlicherklärung stützt insoweit die Tarifautonomie.[10] Denn die Vereinbarung untertariflicher Arbeitsbedingungen ist Arbeitgebern wie Arbeitnehmern, ob organisiert oder nicht, wegen der zwingenden Wirkung des Tarifvertrages nach § 4 Abs. 1 TVG nicht möglich. Ein Verbandsaustritt verliert zudem insoweit seinen Reiz, als dadurch der Tarifbindung nicht zu entkommen ist.[11] Andererseits erscheint für die bislang noch nicht organisierten Arbeitgeber und Arbeitnehmer ein Beitritt zu den Verbänden im Interesse der autonomen Regulierung der Arbeitsbedingungen nicht geboten, weil sie auch ohne Beitritt an der Nominierung teilhaben. Auf Arbeitgeberseite dürfte dies weniger ein Problem sein. Denn nur im Wege der Ausübung von Mitgliedschaftsrechten lässt sich durch Mitgestaltung der Tarifpolitik aus Arbeitgebersicht „Schlimmeres" (teurere Arbeitsbedingungen) verhindern. Das schafft für Arbeitgeber einen Anreiz zum Beitritt.[12] Anders sieht es auf Arbeitnehmerseite aus: Der Vorteil der garantierten Arbeitsbedingungen ist im Falle der Allgemeinverbindlicherklärung auch den Außenseitern gewiss, sodass ein Beitritt um des Vorteils dieser Arbeitsbedingungen willen nicht geboten erscheint. Auch wenn die Empirie nicht bestätigt, dass die Allgemeinverbindlichkeit eine

---

6 *Breschendorf*, Zweiteilung der Belegschaft, S. 34 ff.
7 Krit. zum Begriff im Hinblick auf sehr unterschiedliche mögliche Inhalte *Ulber*, AuR 2023, 6 ff.
8 Vgl. auch BVerfG 10.1.2020 – 1 BvR 4/17, NZA 2020, 253, Rn. 20; *Waltermann*, SR 2021, 177, 178 f.
9 *Höpfner*, Die Tarifgeltung im Arbeitsverhältnis, S. 466 ff.; *Waltermann*, RdA 2018, 137, 138 ff.
10 *Preis/Povedano Peramato*, Das neue Recht der Allgemeinverbindlicherklärung, S. 16 f.; *Greiner*, FS v. Hoyningen-Huene, 2014, S. 103, 109. Vgl. auch zum Schutz der Effektivität tarifvertraglicher Normsetzung vor Unterlaufen allgemeinverbindlicher Tarifverträge durch Leiharbeit BVerfG 6.10.1987 – 1 BvR 1086, 1468 und 1623/82, BVerfGE 77, 84, 114 f.
11 *Deinert/Walser*, Tarifvertragliche Bindung, S. 155 f.
12 *Traxler*, Das deutsche Tarifsystem, S. 3 f.; *Deinert/Walser*, Tarifvertragliche Bindung, S. 155.

Gefährdung der Mitgliederbasis der Gewerkschaften zur Folge hat,[13] liegt doch die Ambivalenz auf der Hand, weil jedenfalls der Schutz vor Unterbietungskonkurrenz auf Arbeitnehmerseite einen wichtigen Vorteil der Verbandsmitgliedschaft infrage stellt.[14]

Unter dem Brennglas der Allgemeinverbindlicherklärung wird damit ein Dilemma sichtbar, das – zumindest beim tarifgebundenen Arbeitgeber – auch ohne diese zum Problem für die auf Mitgliedschaft basierende Tarifautonomie wird. Der tarifgebundene Arbeitgeber hat kein Interesse daran, im eigenen Betrieb nach der Gewerkschaftsmitgliedschaft zu differenzieren – im Allgemeinen schon nicht, um den Betriebsfrieden nicht zu gefährden (berechtigt oder nicht), im Besonderen nicht, um die Außenseiter nicht zu veranlassen, in die Gewerkschaft einzutreten, damit sie nun doch die vorenthaltene Leistung beanspruchen können, nur nunmehr als Gewerkschaftsmitglieder. Verbreitet ist daher die arbeitsvertragliche Bezugnahme auf den Tarifvertrag. Über sie wird über den Kreis der nach § 3 Abs. 1 TVG Tarifgebundenen hinaus auf Arbeitnehmerseite eine Quasi-erga-omnes-Wirkung erzeugt. *Waltermann* fasst dies zusammen als „Killer der Tarifbindung" und „Belohnung des Trittbrettfahrens".[15] Für die Allgemeinverbindlicherklärung bedeutet das, dass sie, obwohl zur Stärkung der aktualisierten Tarifautonomie gewünscht, sich umso mehr als Killer der Tarifautonomie als Institution erweisen kann. Darauf ist noch zurückzukommen.

Vor diesem Hintergrund sind Überlegungen zur sog. konditionierten Allgemeinverbindlicherklärung zu sehen. Die Allgemeinverbindlicherklärung bietet Schutz vor allem vor Unterbietungswettbewerb auf Arbeitgeberseite.[16] Der Arbeitgeber, der tarifgebunden ist, soll dadurch im Wettbewerb keine Nachteile erleiden. Schon im „*Lemgoer Entwurf*" zum TVG aus März 1948 hieß es, es sei nicht hinnehmbar, „daß undisziplinierte Außenseiter die Möglichkeit haben, das demokratische Gesetzgebungswerk der überwiegenden Mehrheit der Beteiligten zu durchkreuzen".[17] Pointierter ausgedrückt: Die Beschäftigung von Gewerkschaftsmitgliedern wird damit als Wettbewerbsfaktor neutralisiert. Andererseits soll „Trittbrettfahren" auf Arbeitnehmerseite zumindest nicht erzwungen werden: Wer nicht organisiert ist, soll nicht schon allein wegen der Allgemeinverbindlicherklärung Anspruch auf die von der Gewerkschaft ausgehandelten Arbeitsbedingungen haben.

---

13 *Behrens/Schulten*, WSI-Mitt. 2023, 159, 164.
14 Vgl. *Waltermann*, RdA 2018, 137, 138
15 *Waltermann*, ZFA 2020, 211, 213.
16 BVerfG 24.5.1977 – 2 BvL 11/74, BVerfGE 44, 322, 342, Wiedemann-*Wank*, § 5 Rn. 8; *Walser*, Einfluss der Rechtsordnung, S. 303 f.; *Waltermann*, SR 2021, 177, 183; *Deinert*, SR Sonderausgabe 2017, 24, 27.
17 Materialien zur Entstehung des Tarifvertragsgesetzes, ZfA 1973, 129, 135.

Die konditionierte Allgemeinverbindlicherklärung soll den Vorteil der Außenseiterbindung auf Arbeitgeberseite verbinden mit der Schaffung von Anreiz zum Gewerkschaftsbeitritt und damit zur Stabilisierung des Tarifträgerverbandes. Der Gedanke einer Stärkung der Mitgliederbasis der Gewerkschaften als Tarifträgerverbände muss nicht als Stärkungs- und Machtstreben von Gewerkschaften begriffen werden. Vielmehr ist zu erkennen, dass es durchaus weiße Flecken auf der Karte der Tariflandschaft gibt und diese je nach Branche und Mitgliederzahlen zunehmen können. Die Folge wäre ein – vermutlich – unwiederbringlicher Verlust der Funktionsfähigkeit der Tarifautonomie. Stützung der tariflichen Normierung durch Allgemeinverbindlicherklärung einerseits und Exklusivvorteile für Organisierte auf Arbeitnehmerseite andererseits sind daher keineswegs ein Widerspruch in sich, sondern können sich bei geschicktem Einsatz wechselseitig ergänzen. Dass die Motivation zum Gewerkschaftsbeitritt verschiedene Gründe haben kann und andererseits eine Differenzierung nach der Gewerkschaftszugehörigkeit nicht zwingend eine solche Motivation befördern muss,[18] stellt die grundsätzliche Eignung als Anreiz zum Beitritt nicht infrage.

Diese Konzeption ließe sich erreichen durch eine auf die Arbeitgeberseite beschränkte Allgemeinverbindlichkeit von Tarifverträgen. Anders als zumindest dem gedanklichen Modell des § 5 Abs. 4 TVG entsprechend wäre das Ziel, dass ein Tarifvertrag für alle Arbeitgeber innerhalb seines Geltungsbereichs unabhängig von der Verbandsmitgliedschaft bindend ist, allerdings nur im Verhältnis zu den kraft Mitgliedschaft tarifgebundenen Arbeitnehmern. Das würde immerhin auf das System der Mitgliederbezogenheit des Tarifvertragssystems – jedenfalls – auf Arbeitnehmerseite – aufsatteln.[19] So bestünde auf Arbeitgeberseite Schutz vor „Schmutzkonkurrenz"[20], während auf Arbeitnehmerseite ein Anreiz zum Beitritt bliebe, wenn nur auf diesem Wege der Vorteil tarifvertraglicher Regelungen zu bekommen wäre.

Die nachfolgende Darstellung erörtert zunächst die möglichen Konstruktionen einer solchen konditionierten Allgemeinverbindlicherklärung (sogleich II). Sodann wird deren rechtliche Zulässigkeit untersucht. Dabei soll die Zulässigkeit von Differenzierungsklauseln in Tarifverträgen nicht im Ganzen erneut diskutiert werden.[21] Vielmehr gilt es, an den diesbezüglichen Diskussionsstand (s.u. II 3 und II 5) zu knüpfen und speziell mit Blick auf die Frage der

---

18 Vgl. *Behrens/Schulten*, WSI-Mitt. 2023, 159, 162, 165.
19 Zu diesem Gedanken allg. für Differenzierungsklauseln *Waltermann*, Differenzierungsklauseln, S. 25.
20 Der Begriff wird bereits verwendet bei BVerfG 24.5.1977 – 2 BvL 11/74, BVerfGE 44, 322, 323; BAG 20.9.2017 – 10 ABR 42/16, NZA 2018, 186, Rn. 31.
21 Dazu aus jüngerer Zeit vor allem ausführlich *Leydecker*, Der Tarifvertrag als exklusives Gut; *Neumann*, Tarifboni; *Waltermann*, Differenzierungsklauseln.

konditionierten Allgemeinverbindlicherklärung von Differenzierungsklauseln die wesentlichen rechtlichen Bedenken zu erörtern, aber mit besonderem Fokus auf die konditionierte Allgemeinverbindlicherklärung (s.u. III). Abschließend ist dann kurz auf die entsenderechtlichen Konsequenzen einer möglichen konditionierten Allgemeinverbindlicherklärung einzugehen (s.u. IV). Dass es dabei nur um eines von mehreren Elementen einer Stärkung der Tarifautonomie geht, liegt auf der Hand. Weitere Instrumente waren bereits Gegenstand verschiedener Untersuchungen.[22] In diesem Kontext ist auch die europäische Mindestlohnrichtlinie (s.u. III 3 c) zu sehen.

Nicht eingegangen wird in dieser Untersuchung auf Möglichkeiten einer konditionierten Allgemeinverbindlicherklärung, die auf eine Erweiterung der Tarifbindung auf Arbeitgeberseite verzichtet.[23] Das würde etwa Sinn machen, wenn bei dispositivem Gesetzesrecht die vom Gesetz abweichende Regelung im Tarifvertrag tatbestandlich auf die Mitglieder des Arbeitgeberverbandes enggeführt wird.[24]

---

[22] *Bepler*, Gutachten B zum 70. Deutschen Juristentag; *Walser*, Einfluss der Rechtsordnung; *Deinert/Walser*, Tarifvertragliche Bindung; *Deinert*, SR Sonderausgabe 2017, 24 ff.; *Waltermann*, ZFA 2020, 211 ff.; partiell auch *Höpfner*, ZFA 2020, 178, 188 ff.
[23] Vgl., auch zum Folgenden, *Waltermann*, ZFA 2020, 211, 220 ff.; *ders.*, SR 2021, 177, 182 f.
[24] Zum Beitrittsanreiz auf Arbeitgeberseite im Falle tarifdispositiver Gesetze vgl. *Deinert/Walser*, Tarifvertragliche Bindung, S. 85 ff.; vgl. dazu auch *Kingreen*, Exklusive Tariföffnungsklauseln.

II. Mögliche Konstruktionen

An dieser Stelle ist zu erörtern, auf welchem Wege eine konditionierte Allgemeinverbindlicherklärung herbeigeführt werden kann. Die Frage lautet, welche rechtlichen Konstruktionen denkbar sind, um zu erreichen, dass exklusive Mitgliedervorteile auf Arbeitnehmerseite in Aussicht gestellt werden und die Tarifnorm zugleich auf Arbeitgeberseite unabhängig von der Mitgliedschaft im Arbeitgeberverband zur Anwendung kommt.

Insoweit käme zunächst in Betracht, die gesetzliche Regelung des § 5 Abs. 4 TVG dahingehend zu ergänzen, dass die Allgemeinverbindlicherklärung auch in der Weise erfolgen kann, dass nur auf Arbeitgeberseite der Kreis der Tarifgebundenen erweitert wird, während dies auf Arbeitnehmerseite ausbleibt. Das wäre auf rechtssichere Weise nur de lege ferenda möglich, da zweifelhaft ist, ob die derzeit gesetzlich vorgesehene Allgemeinverbindlicherklärung mit der Konsequenz der Erstreckung auf bisher nicht tarifgebundene Arbeitgeber *und* Arbeitnehmer auch die Möglichkeit einschließt, nur auf Arbeitgeberseite die Erweiterung der Tarifgebundenheit herbeizuführen (sogleich unten 1).

Derselbe Effekt ließe sich rechtstechnisch auch erreichen, indem der persönliche Geltungsbereich eines Tarifvertrages auf die Mitglieder der tarifvertragschließenden Gewerkschaft beschränkt wird. Der Tarifvertrag könnte dann auf dem herkömmlichen Wege für allgemeinverbindlich erklärt werden, wobei die Erstreckung auf Arbeitnehmerseite ins Leere ginge, weil Außenseiter zwar eigentlich tarifgebunden wären, der Tarifvertrag aber nicht auf sie anwendbar wäre, insoweit der Anwendungsbereich nicht eröffnet wäre (unten 2).

Einen ähnlichen Effekt hätte eine einfache Differenzierungsklausel. Der Tarifvertrag wäre kraft Allgemeinverbindlicherklärung auch für Außenseiter auf Arbeitnehmerseite maßgeblich, jedoch insoweit nicht, als Außenseiter nicht die tatbestandliche Voraussetzung der Gewerkschaftsmitgliedschaft für bestimmte Ansprüche erfüllen (unten 3).

Auf konstruktiv anderen Wegen würden die Einbindung Dritter (unten 4) und Spannenklauseln (unten 5) wirken. Der Tarifvertrag wäre auf die Außenseiter anwendbar, sie würden aber im Hinblick auf spezifische Exklusivvorteile im Tarifvertrag nicht von allen tariflichen Regelungen profitieren.

Die vorgestellten konstruktiven Wege sind im Folgenden näher zu untersuchen. Dabei hätten die zu 2-4 vorgeschlagenen Konstruktionen den Vorteil, dass eine Änderung des TVG nicht notwendig wäre. Die Fragen der rechtlichen Zulässigkeit einer konditionierten Allgemeinverbindlicherklärung im nächsten Abschnitt (unten III) werden auf die Frage einer möglichen Gesetzesänderung daher nur noch insoweit eingehen, als sich dabei Besonderheiten ergeben. Da es um eine potenzielle Gesetzesänderung geht, stehen insoweit vor allem Fragen der Vereinbarkeit mit höherrangigem Recht im Raum (s.u. III 2).

1. Gesetzesänderung

Die Zielsetzung der Allgemeinverbindlichkeit nur auf Arbeitgeberseite ließe sich prinzipiell durch eine Änderung des TVG erreichen. Dazu müsste § 5 Abs. 4 TVG in dem Sinne entsprechend ergänzt werden, dass die Allgemeinverbindlicherklärung sich auch auf eine Ausweitung der Tarifbindung nur auf Arbeitgeberseite beschränken könnte. Der Tenor könnte etwa lauten „Der Tarifvertrag (…) wird für die die in seinen Geltungsbereich fallenden Arbeitgeber für allgemeinverbindlich erklärt." Ob Entsprechendes ohne eine vorherige Gesetzesänderung möglich wäre, erscheint zweifelhaft.[25]

Allgemein wird schon in Zweifel gezogen, dass eine Einschränkung – welcher Art auch immer – der Allgemeinverbindlicherklärung des Tarifvertrages möglich sei. Denn dadurch wird letztlich eine inhaltliche Gestaltung vorgenommen, die der tarifautonomen Bestimmung durch die Tarifvertragsparteien vorbehalten ist und durch § 5 TVG nicht auf das Ministerium übertragen ist.[26] Zwar wird angenommen, dass eine Einschränkung hinsichtlich des Geltungsbereichs anders zu bewerten sei,[27] weil dies das öffentliche Interesse und nicht etwa das Normativermessen des Ministeriums betreffe.[28] Anerkannt ist insoweit eine Einschränkungsklausel zur Vermeidung von Tarifkollisionen (vgl. u. III 1 b) (3)). Die Einschränkbarkeit wird zwar grundsätzlich auch für den persönlichen Geltungsbereich angenommen.[29] Freilich liefe eine Reduzierung der Allgemeinverbindlicherklärung in Richtung auf eine Erstreckung nur auf bislang nicht tarifgebundene Arbeitgeber nicht mehr nur auf eine Einschränkung des Geltungsbereichs, sondern zumindest der Sache nach auf eine inhaltliche Umgestaltung hinaus. Vorgeschlagen[30], aber auch kritisiert (freilich mit Blick

---

25 So wohl auch Wiedemann-*Wank*, § 5 Rn. 187, wonach bei der Allgemeinverbindlicherklärung nicht nach der Gewerkschaftszugehörigkeit differenziert werden darf.
26 Vgl. Däubler-*Lakies/Rödl*, § 5 Rn. 223; Wiedemann-*Wank*, § 5 Rn. 97; *Däubler*, Tarifvertragsrecht, Rn. 1271; HWK-*Henssler*, § 5 TVG Rn. 8; a.A. ErfK-*Franzen*, § 5 TVG Rn. 7; MünchArbR-*Klumpp*, § 248 Rn. 125; *Löwisch/Rieble*, § 5 Rn. 117; NK-GA/*Forst*, § 5 TVG Rn. 100; *Sittard*, Voraussetzungen und Wirkungen der Tarifnormerstreckung, S. 135 ff.
27 *Löwisch/Rieble*, § 5 Rn. 108 ff.; Jacobs/Krause/Oetker/Schubert-*Oetker*, § 6 Rn. 95.
28 Däubler-*Lakies/Rödl*, § 5 Rn. 223, 226.
29 HWK-*Henssler*, § 5 TVG Rn. 9; Däubler-*Lakies/Rödl*, § 5 Rn. 226; Wiedemann-*Wank*, § 5 Rn. 100.
30 *Wiedemann/Arnold*, Anm. zu BAG 14.6.1989 – 4 AZR 200/89, AP Nr. 16 zu § 4 TVG Tarifkonkurrenz.

auf die Offenlegung der Gewerkschaftszugehörigkeit, nicht mit Blick auf das System der Allgemeinverbindlicherklärung)[31], wurde allerdings – zur Vermeidung von Tarifkonkurrenzen – eine Einschränkung auf Nichtorganisierte – also im diametralen Gegensatz zum hier vorgestellten Regelungsanliegen.

Die gesetzliche Rechtsfolge ist jedenfalls unbedingt formuliert und lässt nicht erkennen, dass die Allgemeinverbindlicherklärung mit der Folge einer Erweiterung des Kreises der Tarifgebundenen nur auf Arbeitgeberseite ebenfalls möglich wäre. Zudem wäre unklar, wer darüber entscheidet, dass es zur Allgemeinverbindlichkeit nur auf Arbeitgeberseite kommen soll. Denkbar wäre, dass eine solche Entscheidung bereits im gemeinsamen Antrag der Tarifvertragsparteien nach § 5 Abs. 1 TVG enthalten wäre, sodass das Bundesministerium für Arbeit und Soziales nur noch darüber entscheiden könnte, ob auch diese Form von Allgemeinverbindlicherklärung im öffentlichen Interesse geboten ist. Denkbar wäre aber auch, dass das Bundesministerium für Arbeit und Soziales darüber zu entscheiden hätte, ob die eine oder andere Form der Allgemeinverbindlichkeit die Rechtsfolge sein soll.

Insgesamt ist jedenfalls nicht eindeutig, dass die Allgemeinverbindlicherklärung des Tarifvertrages nur für Arbeitgeber bei gleichzeitiger Abhängigkeit der Tarifgebundenheit der Arbeitnehmer von der Verbandsmitgliedschaft ohne gesetzliche Änderung möglich wäre. De lege ferenda wäre eine solche gesetzliche konditionierte Allgemeinverbindlicherklärung denkbar (unter dem Vorbehalt der Vereinbarkeit mit höherrangigem Recht, näher dazu III). Da sie mit einer inhaltlichen Änderung eines Tarifvertrages, der keine Differenzierungsklausel enthält, verbunden wäre, sollte diese Möglichkeit an einen gemeinsamen Antrag der Tarifvertragsparteien geknüpft werden.

2. Beschränkung des persönlichen Geltungsbereichs

Möglicherweise ließe sich derselbe Effekt konstruktiv aber auch bereits im Rahmen der geltenden Regelung durch geschickte Tarifpolitik erreichen. Die Allgemeinverbindlicherklärung ist nach ihrem Mechanismus darauf angelegt, den Tarifvertrag, so, wie er ist, auf Außenseiter zu erstrecken, indem die fehlende Tarifgebundenheit (§ 3 TVG) überbrückt wird. Wenn der Tarifvertrag mithin aus sich heraus nur für organisierte Arbeitnehmer zur Anwendung kommt,

---

31 *Gamillscheg*, Kollektives Arbeitsrecht I, S. 892.

ändert die Allgemeinverbindlicherklärung daran nichts,[32] das Ministerium könnte eine Erstreckung nicht einmal erzwingen. Denn das Ministerium bleibt darauf beschränkt, die Allgemeinverbindlichkeit zu erklären oder davon Abstand zu nehmen. Auch soweit die Möglichkeit einer Einschränkung des Geltungsbereichs anerkannt wird (s.o. 1), ist dessen Erweiterung durch Allgemeinverbindlicherklärung nicht möglich[33].[34] Das Ministerium könnte also einen Tarifvertrag mit Beschränkung des Geltungsbereichs auf Organisierte nicht durch Allgemeinverbindlicherklärung erweitern auf Außenseiter.

Insofern lässt sich die konditionierte Allgemeinverbindlichkeit bereits durch eine Beschränkung des Geltungsbereichs auf die Mitglieder der tarifvertragschließenden Gewerkschaft erreichen. Die Allgemeinverbindlichkeit hätte dann zwar zur Folge, dass auch nicht organisierte Arbeitgeber verpflichtet wären, ihren organisierten Arbeitnehmern die tariflichen Leistungen zu gewähren, nicht aber den nicht organisierten, also den Außenseitern auf Arbeitnehmerseite.

Dass der Geltungsbereich eines Tarifvertrags im Allgemeinen auf die Mitglieder der vertragsschließenden Verbände beschränkt werden kann, ist anerkannt.[35] So hat das BAG eine Beschränkung des Geltungsbereichs auf Mitglieder des Arbeitgeberverbandes als möglich angesehen.[36] Ebenfalls wurde ein Tarifvertrag, dessen persönlicher Geltungsbereich auf Arbeitnehmer beschränkt war, die zu einem bestimmten Stichtag Mitglied der tarifvertragschließenden Gewerkschaft waren, in der sog. Nokia-Entscheidung für zulässig gehalten.[37] Obwohl eine solche Regelung notwendig zur Folge hat, dass auch Außenseiter davon nicht schon etwa im Falle einer Bezugnahmeklausel profitieren würden,[38] hatte das Gericht dagegen keine Bedenken, vor allem deshalb, weil Tarifverträge ohnehin in erster Linie Regelungen für Organisierte schaffen. Soweit sich damit ein Effekt ergäbe, der einer so genannten einfachen Differenzierungsklausel entspreche,[39] sei dies rechtlich unproblematisch (zur rechtlichen Bewertung sog. einfacher Differenzierungsklauseln s. sogleich unten 3, die fragliche Klausel wird auch als Binnendifferenzierungsklausel bezeich-

---

32 *Gamillscheg*, Differenzierung nach der Gewerkschaftszugehörigkeit, S. 89 f.; *Leydecker*, Der Tarifvertrag als exklusives Gut, S. 236 f.
33 BVerfG 24.5.1977 – 2 BvL 11/74, BVerfGE 44, 322, 327; ErfK-*Franzen*, § 5 TVG Rn. 5.
34 Däubler-*Lakies*/*Rödl*, § 5 Rn. 221; MünchArbR-*Klumpp*, § 248 Rn. 125; *Löwisch*/*Rieble*, § 5 Rn. 105; Wiedemann-*Wank*, § 5 Rn. 98; Deinert/Wenckebach/Zwanziger-*Deinert*, § 11 Rn. 285.
35 Vgl. Däubler-*Deinert*/*Wenckebach*, § 4 Rn. 252 und 460, je m.w.N.
36 BAG 22.3.2005 – 1 ABR 64/03, AP Nr. 26 zu § 4 TVG Geltungsbereich; BAG 16.11.2016 – 4 AZR 697/14, AP Nr. 31 zu § 3 TVG.
37 BAG 15.4.2015 – 4 AZR 796/13, NZA 2015, 1388; ebenso *Höpfner*, RdA 2019, 146, 153 f.; krit. HWK-*Henssler*, § 1 TVG Rn. 110; a.A. *Lunk*/*Leder*/*Seidler*, RdA 2015, 399, 404.
38 So die Kritik bei *Greiner*, NZA 2016, 10 ff.
39 Vgl. auch *Greiner*, NZA 2016, 10, 11; *Höpfner*, RdA 2019, 146, 153.

net[40]). Diese Entscheidung wurde der Sache nach verfassungsrechtlich gebilligt. Gegen eine in einem Parallelverfahren ergangene Entscheidung, die ihrerseits auf die hier zitierte Rechtsprechung nur knapp verwies, wurde eine Verfassungsbeschwerde erhoben, die allerdings nicht zur Entscheidung angenommen wurde.[41]

Konstruktiv ist eine konditionierte Allgemeinverbindlicherklärung durch die Beschränkung des persönlichen Geltungsbereichs des Tarifvertrages auf Gewerkschaftsmitglieder somit denkbar.

3. Einfache Differenzierungsklausel

a) Konzeption

Die vorstehend erwähnte Form der konditionierten Allgemeinverbindlichkeit ist für eine Gewerkschaft allerdings tarifpolitisch problematisch. Denn mit ihr besteht die Gefahr, dass Arbeitgeber interessiert bleiben, ihren Betrieb „sauber" zu halten, also möglichst gewerkschaftsfrei. Denn diese hätten im Wettbewerb mit Arbeitgebern, die in nennenswertem Umfang organisierte Arbeitnehmer beschäftigen, wiederum einen Preisvorteil. Aus gewerkschaftlicher Sicht besteht daher durchaus ein Interesse, dass ein systematischer und radikaler Nachteil für Außenseiter als Kehrseite des Wettbewerbsvorteils ihrer Arbeitgeber nicht entsteht.

Damit geht es um eine Frage der „Dosierung". Auch Außenseiter sollen nicht systematisch unter Tarif beschäftigt werden können, ein Anreiz zum Gewerkschaftsbeitritt soll auf der anderen Seite bleiben. Damit ist das Feld der Differenzierungsklauseln angesprochen. Wenn beispielsweise eine Gratifikation oder Zulage nur unter der tatbestandlichen Voraussetzung der Gewerkschaftsmitgliedschaft beansprucht werden kann, während zugleich die tarifvertraglichen Bedingungen im Übrigen allgemeinverbindlich sind, bleibt der Wettbewerbsvorteil durch untertarifliche Bedingungen für Arbeitnehmer-Außenseiter auf Arbeitgeberseite moderat, während zugleich ein Beitrittsanreiz entsteht, wenn der Arbeitgeber nicht freiwillig an den Außenseiter leistet.

Genau genommen hat man es hier mit einer spezifischen Geltungsbereichsbeschreibung für eine bestimmte tarifliche Leistung zu tun, wie das auch bei-

---

40 Däubler-*Heuschmid/Klug*, § 1 Rn. 1059; Berg/Kocher/Schumann-*Dierßen*, § 3 Rn. 195a.
41 BVerfG 14.11.2018 – 1 BvR 1278/16, NZA 2019, 112; dazu *Creutzfeldt*, AuR 2019, 354 ff.

spielsweise bei Vergütungsgruppen der Fall ist: Jede Vergütungsgruppe ist letztlich durch einen verfeinerten Geltungsbereich gegenüber dem allgemeinen persönlichen Geltungsbereich des Tarifvertrages gekennzeichnet.[42] Die Austauschbarkeit von Regelungen zu einem eingeschränkten persönlichen Geltungsbereich mit tatbestandlichen Voraussetzungen einzelner Leistungen nach persönlichen Eigenschaften wird in der Entscheidung zur stichtagsbezogenen Geltungsbereichsbestimmung[43] deutlich. In dieser gab es zwei Tarifverträge, wobei der zweite Tarifvertrag eine ergänzende Leistung mit eingeschränkter Geltungsbereichsbestimmung enthielt. Wäre beides in einem Tarifvertrag zusammengefasst worden, liefe das – wenn von dem Umstand der Stichtagsregelung einmal abgesehen wird – auf eine einfache Differenzierungsklausel hinaus.

Das ist der Mechanismus der einfachen Differenzierungsklausel: Die Allgemeinverbindlicherklärung erfasst auch den Außenseiter, aber nur soweit Ansprüche nicht tatbestandlich die Gewerkschaftsmitgliedschaft voraussetzen[44].[45]

Der Gedanke ihrer Verknüpfung mit einer Allgemeinverbindlicherklärung ist tarifpolitisch aufgekommen, nachdem durch Neufassung der Entsenderichtlinie im Wege der Richtlinie (EU) 2018/957[46] Entlohnung insgesamt und nicht mehr nur eine Mindestentlohnung über das Entsenderecht erstreckt werden konnte. Der Befürchtung der Bauarbeitgeber, angesichts der bußgeldbewehrten Erstreckung entstehe die Gefahr, sich Ordnungswidrigkeitenverfahren im Hinblick auf komplizierte Systeme der Erschwerniszulage auszusetzen, wollte die Gewerkschaft mit einer allgemeinverbindlichen Regelung eines Bestandslohns für die bereits bisher Tarifgebundenen, also die Organisierten, begegnen. Der „charmante" Effekt wäre gewesen, dass organisierte Arbeitnehmer unabhängig von der Tarifgebundenheit des Arbeitgebers weiterhin in den Genuss der Zulage kommen, während diese für Außenseiter nicht erzwungen wäre. Von daher ergäbe sich für beide Seiten ein Interesse einerseits an der Differenzierungsklausel, andererseits aber auch an der Allgemeinverbindlichkeit.

---

42 Vgl. Däubler-*Deinert/Wenckebach*, § 4 Rn. 340; Wiedemann-*Wank*, § 4 Rn. 184; Jacobs/Krause/Oetker/Schubert-*Jacobs*, § 5 Rn. 70; *Hueck/Nipperdey*, Arbeitsrecht II/1, S. 520.
43 S.o. Fn. 37.
44 Vgl. zu dieser Qualifizierung der einfachen Differenzierungsklausel BAG 18.3.2009 – 4 AZR 64/08, NZA 2009, 1028; *Benecke/Böhm/Cremer u.a.*, AuR 2021, 310, 312; *Neumann*, Tarifboni, S. 234 ff.; Berg/Kocher/Schumann-*Kocher*, § 5 Rn. 35; *Kocher*, NZA 2009,119, 120; zur Kritik mit Blick auf die Auslegung einer Bezugnahmeklausel, worum es vorliegend allerdings nicht geht, vgl. *Greiner/Suhre*, NJW 2010, 131, 132.
45 *Leydecker*, Der Tarifvertrag als exklusives Gut, S. 239 ff.; *Waltermann*, SR 2021, 177, 184.
46 Richtlinie (EU) 2018/957 des Europäischen Parlaments und des Rates v. 28.6.2018 zur Änderung der Richtlinie 96/71/EG über die Entsendung von Arbeitnehmern im Rahmen der Erbringung von Dienstleistungen, ABl. L 173/16.

Dabei darf aber nicht verkannt werden, dass kein Arbeitgeber genötigt ist, auf der Grundlage einer solchen Differenzierungsklausel Außenseiter schlechter zu behandeln. Niemand kann ihm verwehren, auch dem Außenseiter die gleichen Bedingungen zu gewähren. Er ist dazu nur nicht verpflichtet.

b) Rechtmäßigkeit einfacher Differenzierungsklauseln

Die Differenzierungsklausel ist von der Tarifmacht der Tarifvertragsparteien erfasst.[47] Sie regelt allein die rechtlichen Ansprüche der Tarifgebundenen, was übrigens – mangels Allgemeinverbindlicherklärung – Auswirkungen insbesondere für die Organisierten hat, die zwar die tatbestandlichen Ansprüche der Tarifnorm erfüllen, aber nur solange sie organisiert bleiben (was im Falle der Nachbindung nach § 3 Abs. 3 TVG ansonsten auch über den Austritt hinaus der Fall wäre). Für Außenseiter hat die Differenzierungsklausel jedenfalls nur Reflexwirkungen, weil sie nicht schon durch Bezugnahme an den Vorteilen des Tarifvertrages partizipieren können.[48]

Eine einfache Differenzierungsklausel ist zumindest nach der (neueren) Rechtsprechung des BAG, jedenfalls bei moderaten[49] Vorteilen für Organisierte, auch sonst rechtlich zulässig.[50] Sie regelt lediglich eine spezifische Anspruchsvoraussetzung für eine bestimmte tarifvertragliche Leistung.[51] Sie hindert Außenseiter nicht, eine eben solche Leistung zu vereinbaren.[52] Von daher schreibt die einfache Differenzierungsklausel nicht mehr vor, als an sich ohnehin schon aus dem Gesetz folgt, dass nämlich Außenseiter sich nicht auf tarifvertragliche Rechte berufen können.[53] Die negative Koalitionsfreiheit der Außenseiter wird dadurch nicht berührt. Dabei hat das Gericht aber auch darauf abgestellt, dass es sich um eine moderate Leistung von nicht maßgeblicher Bedeutung für den laufenden Lebensunterhalt handelte, die keinen einem Beitrittszwang gleichkommenden Druck auf Außenseiter ausübe (zu diesem Gesichtspunkt vgl. u. III 2 c) und zu-

---

47 *Benecke/Böhm/Cremer u.a.*, AuR 2021, 310, 312; *Höpfner*, RdA 2019, 146, 149.
48 *Leydecker*, AuR 2009, 338, 340; Deinert/Wenckebach/Zwanziger-*Deinert*, § 11 Rn. 145; *Waltermann*, Differenzierungsklauseln, S. 67; a.A. *Greiner*, DB 2009, 398, 399 ff.; *Greiner/Suhre*, NJW 2010, 131, 132 f.
49 In der maßgeblichen Entscheidung hat das BAG die fragliche Klausel als „in ihrer konkreten Ausgestaltung nicht rechtswidrig" bezeichnet (Rn. 46) und im amtlichen Leitsatz ausgeführt: „Eine einfache Differenzierungsklausel, durch die in einem Tarifvertrag die Mitgliedschaft in der tarifschließenden Gewerkschaft zum Tatbestandsmerkmal eines Anspruchs auf eine jährliche Sonderzahlung von 535 Euro gemacht wird, begegnet keinen grundsätzlichen tarifrechtlichen oder verfassungsrechtlichen Bedenken" (BAG 18.3.2009 – 4 AZR 64/08, NZA 2009, 102)8. Bei der Differenzierung zwischen Gewerkschaftsmitgliedern hat das BAG in der Nokia-Entscheidung (15.4.2015 – 4 AZR 796/13, NZA 2015, 1388) auch bei deutlich höheren Größenordnungen keine Bedenken geäußert.
50 BAG 18.3.2009 – 4 AZR 64/08, NZA 2009, 1028.
51 BAG 18.3.2009 – 4 AZR 64/08, NZA 2009, 1028, Rn. 25; Wiedemann-*Jacobs*, Einl. Rn. 449.
52 Däubler-*Heuschmid/Klug*, § 1 Rn. 1051; MünchArbR-*Klumpp*, § 237 Rn. 23; Wiedemann-*Wank*, § 4 Rn. 606e.
53 BAG 18.3.2009 – 4 AZR 64/08, NZA 2009, 1028, Rn. 54.

mal eine Gegenleistung für das Entgegenkommen der Gewerkschaft bei einem Sanierungstarifvertrag darstellte. Die neuere Rechtsprechung betont zudem stärker, dass die Tarifvertragsparteien ohnehin nur Regelungen für die Tarifunterworfenen schaffen können.[54] Insoweit dürfte die vorerwähnte Einschränkung seit der Anerkennung der Binnendifferenzierungsklausel in der Nokia-Entscheidung der Sache nach ohnedies erledigt sein.

Allerdings hat das BAG in der Entscheidung zur einfachen Differenzierungsklausel vom 18.3.2009 obiter dictum ausgeführt, dass es Anhaltspunkte dafür gäbe, dass der Gesetzgeber von einer Aufgabe der Tarifvertragsparteien zur Normierung von Arbeitsbedingungen nicht nur für die eigenen Mitglieder ausgehe, und dabei die Frage aufgeworfen, ob konkurrierende Rechte der Außenseiter bei der Tarifvertragsgestaltung zu berücksichtigen seien.[55] Im konkreten Fall hatte das Gericht allerdings insoweit keine Bedenken. Die Erwägung, dass die Tarifvertragsparteien eine Regelungsaufgabe auch für Dritte verfolgten, hat das Gericht aber später – zu Recht[56] – mit seiner Entscheidung zur Aufgabe der Tarifeinheitslehre (ebenfalls) aufgegeben.[57] Dass Tarifvertragsparteien auch Regeln für Außenseiter treffen können, steht auf einem anderen Blatt; um Außenseiter binden zu können, bedarf es aber einer besonderen staatlichen Anordnung (vgl. oben I).

c) Reichweite der Bindungswirkung der abweichenden Entscheidung des Großen Senats

Demgegenüber hatte der Große Senat des BAG noch ganz apodiktisch erklärt: „In Tarifverträgen darf zwischen den bei der vertragschließenden Gewerkschaft organisierten und anders oder nicht organisierten Arbeitnehmern nicht differenziert werden".[58] Anders als in der Konstellation einer einfachen Differenzierungsklausel ging es dabei allerdings um eine Differenzierung hinsichtlich eines Urlaubsgeldes, das über einen Treuhänder auszuzahlen war. Die Allgemeinverbindlicherklärung einer solchen einfachen Differenzierungsklausel, in der die Gewerkschaftsmitgliedschaft lediglich Tatbestandsmerkmal eines Anspruchs ist, hat damit zur Folge, dass nur die organisierten Arbeitnehmer, die bisher bei einem Außenseiterarbeitgeber beschäftigt waren, von dieser pro-

---

54 BAG 18.3.2009 – 4 AZR 64/08, NZA 2009, 1028, Rn. 51; BAG 23.3.2011 – 4 AZR 366/09, NZA 2011, 920, Rn. 21; BAG 15.4.2015 – 4 AZR 796/13, NZA 2015, 1388, Rn. 47; vgl. auch BVerfG 14.11.2018 – 1 BvR 1278/16, NZA 2019, 112, Rn. 10.
55 BAG 18.3.2009 – 4 AZR 64/08, NZA 2009, 1028, Rn. 60 ff.
56 Vgl. *Däubler/Heuschmid*, RdA 2013, 1, 5; Deinert/Wenckebach/Zwanziger-*Deinert*, § 11 Rn. 3; a.A. *Greiner*, NZA 2016, 10, 12, 13 ff.
57 BAG 7.7.2010 – 4 AZR 549/08, NZA 2010, 1068, Rn. 63 ff.; bestätigt durch BAG 15.4.2015 – 4 AZR 796/13, NZA 2015, 1388, Rn. 50 ff.
58 BAG 29.11.1967 – GS 1/67, BAGE 20, 175, Leitsatz 6 zu I.

fitieren würden.⁵⁹ Auch eine Bezugnahme auf den Tarifvertrag im Arbeitsvertrag eines Außenseiters auf Arbeitnehmerseite ginge ins Leere.⁶⁰ Anders wäre dies nur, wenn ausdrücklich auch arbeitsvertragliche Ansprüche auf die den Gewerkschaftsmitgliedern vorbehaltenen Leistungen begründet werden sollten.⁶¹ In seiner Entscheidung vom 18.3.2009 hat der 4. Senat des BAG aber jedenfalls klargestellt, dass die Entscheidung des Großen Senats sich im Einzelnen nur mit Spannenklauseln befasst habe bzw. die tragenden Erwägungen unverzichtbar an Spannenklauseln gebunden seien, sodass eine Bindung nach § 45 Abs. 2 und 3 ArbGG ausscheide. Er hat zwar auch in einer Alternativbegründung die Wirksamkeit der fraglichen Klausel auf die – alte – Rechtsprechung des Großen Senats gestützt. Nachdem der zuständige Senat eine Bindungswirkung verneint hat, soll diese Sicht aber auch für die nachfolgenden Ausführungen eingenommen werden. Denn damit ist immerhin von dem insoweit zuständigen Senat die Frage der Vorlagepflicht geklärt.⁶²

d) Nötigung zur Offenlegung der Gewerkschaftszugehörigkeit

Kehrseite einer solchen einfachen Differenzierungsklausel, die für allgemeinverbindlich erklärt wird, ist aber, dass der Arbeitgeber zumindest in Anwendung der Differenzierungsklausel den Organisationsgrad in seinem Betrieb ermitteln kann. Denn er kann grundsätzlich jedem Arbeitnehmer gegenüber die Anspruchsvoraussetzungen der Gewerkschaftsmitgliedschaft in Zweifel ziehen und nur an diejenigen die durch Differenzierungsklausel vorgesehene Leistung gewähren, die ihm gegenüber die Anspruchsvoraussetzungen nachweisen. So erhält er auch ohne diesbezügliches Fragerecht eine ungefähre Vorstellung vom Organisationsgrad in seinem Betrieb – ungefähr insofern, als er verlässliche Kenntnis nur von denjenigen hat, die bereit sind, um die Leistung zu erhalten ihre Mitgliedschaft auch offenzulegen.⁶³

Dass die Kenntnis des Arbeitgebers vom Organisationsgrad im Betrieb an sich zu vermeiden ist,⁶⁴ ist zwar richtig, liegt im vorliegenden Fall allerdings in der Hand der betroffenen Gewerkschaft selber und sollte bei der Frage des Einsatzes einer Differenzierungsklausel generell im Auge behalten werden. Insoweit ist es eine andere Lage, als wenn eine staatliche Regelung die Offenlegung von Mehrheitsverhältnissen im Betrieb verlangt.

---

59 BAG 29.11.1967 – GS 1/67, BAGE 20, 175, 188.
60 BAG 29.11.1967 – GS 1/67, BAGE 20, 175, 188 f.
61 Däubler-*Heuschmid/Klug*, § 1 Rn. 1064; a.A. *Löwisch/Rieble*, § 1 Rn. 2131.
62 A.A. mit Anwürfen, die in Richtung Rechtsbeugung deuten, indes *Löwisch/Rieble*, § 1 Rn. 2129.
63 Zur notwendigen Offenlegung vgl. BAG 7.7.2010 – 4 AZR 549/08, NZA 2010, 1086, Rn. 46; *Waltermann*, ZFA 2020, 211, 220.
64 BVerfG 11.7.2017 – 1 BvR 1571/15 u.a., NZA 2017, 915, Rn. 198.

4. Einbindung Dritter

Das vorerwähnte Problem ließe sich aber vermeiden, indem die Auszahlung des Sondervorteils aus einer Differenzierungsklausel über Dritte erfolgt, sodass der Arbeitgeber nicht erfahren muss, wie viele und welche Belegschaftsangehörigen Mitglieder der Gewerkschaft sind. Das wäre etwa denkbar in Form einer treuhänderischen Abwicklung durch Dritte. Eine solche ist grundsätzlich möglich.[65] Das BAG hat in seiner Entscheidung vom 21.5.2014 zum Saarverein klargestellt, dass der Arbeitgeber einen Beitrag etwa an einen Verein leisten kann, der daraus Vorteile exklusiv für organisierte Arbeitnehmer des Arbeitgebers auskehrt.[66] Außenseiter können sich in diesem Fall nicht auf den arbeitsrechtlichen Gleichbehandlungsgrundsatz stützen, um vergleichbare Leistungen zu fordern, weil der Gleichbehandlungsgrundsatz mangels struktureller Ungleichgewichtslage im Falle der Anwendung einer tarifvertraglichen Verpflichtung nicht eingreift.[67] Umgekehrt ist der Arbeitgeber aber auch nicht gehindert, Außenseitern vergleichbare Leistungen zu erbringen.[68]

Das ist aber wohl nicht ohne Pferdefüße. Zumindest auf die Zahl der Organisierten wäre rückzuschließen, wenn die Höhe der vom Arbeitgeber zu leistenden Zahlungen an den Treuhänder von der Zahl der Organisierten abhängt. Umgekehrt wäre eine Lösung über einen Festbetrag, der unter den Organisierten aufgeteilt wird, mit dem organisationspolitischen Nachteil behaftet, dass die organisierten Arbeitnehmer jedenfalls vordergründig kein Interesse an weiteren Organisierten haben können, weil, je größer die Zahl wird, ihr Anteil am zu verteilenden „Kuchen" sinkt.

Ähnliche Probleme ergäben sich, wenn die Abwicklung über eine – ggf. bereits bestehende – gemeinsame Einrichtung der Tarifvertragsparteien (§ 4 Abs. 2 TVG) erfolgen würde.[69] Auch hier wäre mit der Problematik zu kämpfen, dass entweder an die Zahl der organisierten Arbeitnehmer des Betriebes geknüpft wird oder aber eine „Umverteilung" erfolgt. Auch hier ist der Arbeitgeber nicht gehindert, Außenseiter auf Arbeitnehmerseite entsprechend zu behandeln. Dies kann geschehen, indem er entweder Leistungen in vergleichba-

---

65 Vgl. *Wiedemann*, RdA 2007, 65, 67; *Deinert/Wenckebach/Zwanziger-Deinert*, § 11 Rn. 147; *Däubler/Heuschmid*, RdA 2013, 1, 8; a.A. *Bauer/Arnold*, NZA 2011, 945, 949.
66 BAG 21.5.2014 – 4 AZR 50/13, NZA 2015, 115.
67 Bestätigt durch BAG 15.4.2015 – 4 AZR 796/13, NZA 2015, 1388, Rn. 52 ff.
68 Insoweit richtig *Lunk/Leder/Seidler*, RdA 2015, 399, 405.
69 Zu dieser Möglichkeit *Bötticher*, Die Gemeinsamen Einrichtungen der Tarifvertragsparteien, S. 105 ff.; *Gamillscheg*, Differenzierung nach der Gewerkschaftszugehörigkeit, S. 100 ff.; *Däubler/Heuschmid*, RdA 2013, 1, 8 f.; *Waltermann*, Differenzierungsklauseln, S. 88 ff.

rem Umfang, wie sie sonst die gemeinsame Einrichtung erbringt, verspricht,[70] oder aber indem er eine vergleichbare Einrichtung gründet und finanziert.[71]

Eine solche Konstellation lag der Entscheidung des Großen Senats des BAG zur Unzulässigkeit von Differenzierungsklauseln zu Grunde. Dabei ging es gleichsam um eine Mischform, denn es sollte sich zwar um eine Urlaubskasse handeln, die Verwaltung aber durch einen von einer Tarifvertragspartei bestellten Treuhänder erfolgen, während der andere lediglich Kontrollrechte haben sollte.[72]

5. Spannenklauseln

a) Konzeption

Würde über die oben beschriebenen einfachen Differenzierungsklauseln hinaus angestrebt, einen exklusiven Vorteil für organisierte Arbeitnehmer zu erreichen, der für Außenseiter in rechtlich garantierter Weise ausgeschlossen ist, ginge das nur durch Tarifausschlussklauseln. Da es sich bei solchen nach überwiegender Ansicht um einen Übergriff in die Vertragsgestaltungsfreiheit zwischen Arbeitgeber und Außenseiter-Arbeitnehmer handelt, sodass eine solche Klausel von der Tarifmacht nicht gedeckt wäre,[73] wäre eine Allgemeinverbindlicherklärung ausgeschlossen (vgl. näher u. III 1 a). Teils werden Tarifausschlussklauseln von vornherein, offenbar wegen der fehlenden Tarifmacht, nur als schuldrechtliche Verpflichtungen diskutiert.[74] Der schuldrechtliche Teil eines Tarifvertrages kann aber nicht für allgemeinverbindlich erklärt werden.[75] Eine konditionierte Allgemeinverbindlicherklärung ist über eine Tarifausschlussklausel also nicht zu erhalten.

Das vermeidet eine Spannenklausel. Sie zielt nicht darauf ab, den Inhalt des Arbeitsvertrages von Außenseitern zu regeln, sondern interessiert sich für die-

---

70 Insoweit richtig *Löwisch/Rieble*, § 1 Rn. 2138
71 Däubler-*Heuschmid/Klug*, § 1 Rn. 1076.
72 BAG 29.11.1967 – GS 1/67, BAGE 20, 175.
73 *Benecke/Böhm/Cremer u.a.*, AuR 2021, 310, 312; *Hueck/Nipperdey*, Arbeitsrecht II/1, S. 169; MünchArbR-*Klumpp*, § 237 Rn. 25; *Löwisch/Rieble*, § 1 Rn. 2147; *Waltermann*, Differenzierungsklauseln, S. 68; *Höpfner*, RdA 2019, 146, 149; *Kocher*, NZA 2009, 119, 123.
74 Däubler-*Heuschmid/Klug*, § 1 Rn. 1053; Berg/Kocher/Schumann-*Dierßen*, § 3 Rn. 194; Jacobs/Krause/Oetker/Schubert-*Krause*, § 1 Rn. 81; *Däubler/Heuschmid*, RdA 2013, 1, 8; *Lunk/Leder/Seidler*, RdA 2015, 399, 403.
75 NK-GA/*Forst*, § 5 TVG Rn. 73; HWK-*Henssler*, § 5 TVG Rn. 36; *Löwisch/Rieble*, § 5 Rn. 85; MünchArbR-*Klumpp*, § 248 Rn. 122; Berg/Kocher/Schumann-*Kocher*, § 5 Rn. 18; Kempen/Zachert-*Seifert*, § 5 Rn. 81; Wiedemann-*Wank*, § 5 Rn. 193.

sen nur mittelbar, indem sie einen exklusiven Vorteil für organisierte Arbeitnehmer sichert. Die Vereinbarung mit dem Außenseiter wird lediglich zum Anknüpfungspunkt der Tarifnorm für Organisierte gemacht.[76]

b) Rechtmäßigkeit von Spannenklauseln

Dieser Vorteil als Spannensicherung im Arbeitsverhältnis der Organisierten ist Gegenstand der tarifvertraglichen Regelung und mithin von der Tarifmacht der Tarifvertragsparteien gedeckt.[77] Das BAG[78] sieht das zwar mit einem Teil der Literatur[79] anders, kann dafür aber keine überzeugenden Argumente bieten.[80] Nach Ansicht des BAG fehlt es den Tarifvertragsparteien an der Tarifmacht, weil sie in die Vertragsgestaltung der Arbeitsvertragsparteien übergriffen, insoweit es diesen „rechtlich-logisch" unmöglich gemacht werde, mit Organisierten gleichzuziehen. Das Gericht verkennt, dass den Vertragsparteien eine jede Vertragsgestaltung möglich ist, die gewünscht wird.[81] Freilich können die Arbeitsvertragsparteien nur den Inhalt ihres eigenen Arbeitsvertrages gestalten und nicht den Inhalt des Vertrages mit dem Organisierten. Sie können ebenso wenig vertraglich absichern, dass andere nicht mehr bekommen, wie diese anderen das Gegenteil absichern könnten.[82] Insofern unterliegt die Rechtsprechung eben jenem Fehlverständnis, das sie der Gegenansicht zu Unrecht vorwirft.[83] Soweit das BAG sich im Übrigen auf das Günstigkeitsprinzip des § 4 Abs. 3 TVG beruft, verkennt es, dass diese Kollisionsregel im Verhältnis zum Außenseiter gar nicht zur Anwendung kommt.[84] Denn insoweit fehlt es schon an der vorausgesetzten zwingenden Wirkung des Tarifvertrages (§ 4 Abs. 1 TVG) gegenüber dem Außenseiter. Der – explizit oder latent erhobene – Vorwurf schließlich, die Spannensicherungsklausel wolle dem nicht Organi-

---

76 *Benecke/Böhm/Cremer u.a.*, AuR 2021, 310, 312; *Waltermann*, Differenzierungsklauseln, S. 67 f.
77 *Benecke/Böhm/Cremer u.a.*, AuR 2021, 310, 311 ff.; Berg/Kocher/Schumann-*Dierßen*, § 3 Rn. 206b; *Strauß*, Anm. zu BAG 23.3.2011 – 4 AZR 366/09, EzA GG Art. 9 Nr. 104; *Schubert*, ZTR 20211, 579, 583 f.; *Jacobs/Malorny*, SR 2022, 1, 5 ff.; Jacobs/Krause/Oetker/Schubert-*Krause*, § 1 Rn. 77; vgl. auch *Neumann*, Tarifboni, S. 158 f., 199; ähnl. *Leydecker*, AuR 2012, 195, 198.
78 BAG 23.3.2011 – 4 AZR 366/09, NZA 2011, 920.
79 Wiedemann-*Jacobs*, Einl. Rn. 454 f.; *Löwisch/Rieble*, § 1 Rn. 2155; NK-GA/*Frieling*, § 1 TVG Rn. 178, 181; ErfK-*Franzen*, § 1 TVG Rn. 62; MünchArbR-*Klumpp*, § 237 Rn. 25; *Franzen*, RdA 2006, 1, 6; Greiner, DB 2009, 398 ff.; Lunk/Leder/Seidler, RdA 2015, 399, 402 f.; *Hartmann/Lobinger*, NZA 2010, 421; *Greiner*, NZA 2016, 10.
80 Zur Kritik an der Rspr. ausf. *Deinert/Walser*, Tarifvertragliche Bindung, S. 80 ff.
81 Von daher überzeugt der Einwand einer Beeinträchtigung der Vertragsgestaltungschancen nicht, so aber *Franzen*, RdA 2006, 1, 6
82 Vgl. *Deinert*, RdA 2014, 129, 131 f.; zust. *Waltermann*, Differenzierungsklauseln, S. 74; *ders.*, SR 2021, 177, 182; a.A. unter Berufung auf Art. 3 Abs. 1 GG (sic!) *Breschendorf*, Zweiteilung der Belegschaft, S. 99 f.
83 Nach *Kempen*, FS Bepler, 2012, S. 255, 262 ff., läge darin sogar ein Angriff auf die positive Koalitionsfreiheit.
84 Jacobs/Krause/Oetker/Schubert-*Krause*, § 1 Rn. 77; Kempen/Zachert-*Kempen*, Grundl. Rn. 224; vgl. auch *Waltermann*, Differenzierungsklauseln, S. 55.

sierten etwas vorenthalten,[85] liegt neben dem Kern der Sache, denn es geht darum, einen Vorteil zu sichern, nicht anderen einen Nachteil zu verschaffen. Die Organisierten würden von einem solchen Nachteil nichts haben, sondern im Gegenteil besonders profitieren, wenn Außenseiter weitere Leistungen erhalten – ein „Abwürgen" solcher Zusatzleistungen ist keineswegs angestrebt, sondern nur Begleiteffekt. Diese (positive) Zielsetzung ist aber durch die Koalitionsfreiheit geschützt.[86] Von daher konnte auch schon die Annahme des Großen Senats nicht überzeugen, dass mit einer Differenzierungsklausel den Außenseitern ein Ausgleich für die Vorteile aus dem Tarifvertrag abverlangt werde.[87]

In dem anderen Zusammenhang einer Differenzierung zwischen Gewerkschaftsmitgliedern nach Stichtag hat das BAG dies sehr viel klarer erkannt. In Bezug auf die Vertragsfreiheit von Arbeitgeber und Außenseiter auf Arbeitnehmerseite hat es ausgeführt: „Ihnen bleibt es unbenommen, ihre vertraglichen Beziehungen frei zu gestalten und durchzuführen. Soweit eine Tarifnorm sich auf das Arbeitsverhältnis von Außenseitern (…) auswirkt, beruht dies vorliegend nicht auf der normativen Wirkung des Tarifvertrages, sondern auf der privatautonom gestalteten Arbeitsvertragsbeziehung der Arbeitsvertragsparteien."[88]

Es trifft zwar zu, dass eine Spannenklausel eine (Er-)Drosselungswirkung erzeugt, weil der Arbeitgeber aus wirtschaftlichen Gründen irgendwann aufgeben wird, den Außenseitern weitergehende Leistungen zu versprechen. Davor, dass ein potenzieller Vertragspartner nur eingeschränkt leistungsfähig ist, weil er seine ökonomischen Möglichkeiten durch Vertragsbindungen mit Dritten reduziert hat, bietet die Verfassung allerdings keinen Schutz.[89] Letztlich sind die Grenzen der vertraglichen Gestaltungsfreiheit für die Arbeitsverträge von Außenseitern nicht rechtlich durch die Spannenklausel bestimmt, sondern wirtschaftlich durch die Leistungsfähigkeit des Arbeitgebers.[90]

Dass eine Spannenklausel aus sonstigen Gründen nicht rechtswidrig ist, hat das BAG unter verschiedenen Gesichtspunkten bereits geprüft und festgestellt, etwa hinsichtlich der Bestimmtheit der Tarifklausel[91] oder hinsichtlich der

---

85 *Löwisch/Rieble*, § 1 Rn. 2113; *Greiner*, DB 2009, 398, 400; *Lunk/Leder/Seidler*, RdA 2015, 399,402; ebenso *Höpfner*, RdA 2019, 146, 150; zu pauschal insoweit auch *Creutzfeldt*, AuR 2019, 354.
86 Vgl. *Strauß*, Anm. zu BAG 23.3.2011 – 4 AZR 366/09, EzA Art. 9 GG Nr. 104.
87 BAG 29.11.1967 – GS 1/67, BAGE 20, 175, 219.
88 BAG 15.4.2015 – 4 AZR 796/13, NZA 2015, 1388, Rn. 48.
89 Vgl. *Schubert*, ZTR 2011, 579, 584; *Berg/Kocher/Schumann-Dierßen*, § 3 Rn. 206b; *Gamillscheg*, NZA 2005, 146, 148; *Waltermann*, SR 2021, 177, 182; *Deinert*, RdA 2014, 129, 131.
90 *Benecke/Böhm/Cremer u.a.*, AuR 2021, 310, 313; zust. *Jacobs/Malorny*, SR 2022, 1, 6 f.
91 A.A. *Löwisch/Rieble*, § 1 Rn. 2156.

Schriftformgebots.[92] Auf diese Fragen muss an dieser Stelle daher nicht weiter eingegangen werden.

Nach allem ist eine Spannenklausel nicht rechtswidrig. Es wurde auch bereits vorgeführt, dass und wie eine entsprechende gesetzliche Klarstellung möglich wäre.[93] Eine Allgemeinverbindlicherklärung einer Spannensicherungsklausel wäre daher aus diesem Grunde jedenfalls nicht unzulässig. Ob es ein öffentliches Interesse an der Allgemeinverbindlicherklärung einer Spannensicherungsklausel gibt und das politische Ermessen hinsichtlich der Allgemeinverbindlicherklärung im bejahenden Sinne ausgeübt wird, kann an dieser Stelle aber jedenfalls offengelassen werden.

c) Reichweite der Bindungswirkung der Entscheidung des Großen Senats

Zu betonen ist allerdings, dass die Bindungswirkung der Entscheidung des Großen Senats von 1967 (vgl. o. 3) nach § 45 Abs. 2 ArbGG fortbesteht und bislang nicht durch eine abweichende Entscheidung des Großen Senats beseitigt worden ist. Auch auf dem Boden der vorliegenden Erkenntnis, dass die bisherige Rechtsprechung nicht zu überzeugen vermochte, wäre eine Neuausrichtung der Rechtsprechung nur nach Anrufung des Großen Senats nach § 45 Abs. 2 und 3 ArbGG möglich.

---

92 BAG 23.3.2011 – 4 AZR 366/09, NZA 2011, 920, Rn. 24 ff., 35 ff.
93 *Benecke/Böhm/Cremer u.a.*, AuR 2021, 310 ff.; dazu zust. *Jacobs/Malorny*, SR 2022, 1 ff.

III. Rechtliche Zulässigkeit der konditionierten Allgemeinverbindlicherklärung

Nachdem die rechtstechnischen Möglichkeiten einer konditionierten Allgemeinverbindlicherklärung ausgelotet wurden, geht es im Folgenden um die Frage, ob diese Wege auch in rechtlich zulässiger Weise beschritten werden können. Die Erwägungen unten zu 2 und 3 können auch eine Rolle für eine Gesetzesänderung im Sinne einer Erstreckung des Tarifvertrags nur auf Arbeitgeberseite (s.o. II 1) spielen. Der Fokus wird aber vor allem auf die Konstruktionen mittels einfacher Differenzierungsklauseln, Spannenklauseln und Einbindung Dritter in die Abwicklung tarifvertraglicher Leistungen (s.o. II 3–5) gerichtet, da dies die praktisch wichtigsten Wege sein dürften. Insoweit scheint auch eine Einschränkung des persönlichen Geltungsbereichs des Tarifvertrags auf organisierte Arbeitnehmer (s.o. II 2) eine eher theoretische Möglichkeit.

Damit eine konditionierte Allgemeinverbindlicherklärung möglich ist, müssen die tarifvertragsrechtlichen Voraussetzungen für eine Allgemeinverbindlicherklärung gemäß § 5 TVG erfüllt sein (unten 1). Darüber hinaus dürfte die Allgemeinverbindlicherklärung weder gegen Verfassungs- und unmittelbar anwendbares Völkerrecht (EMRK) verstoßen (unten 2), noch gegen unmittelbar anwendbares Europäisches Unionsrecht (unten 3).

1. Tarifvertragsrechtliche Zulässigkeit

a) Tarifvertrag

(1) Grundsatz

Die Allgemeinverbindlicherklärung setzt einen wirksamen Tarifvertrag voraus.[94] Gäbe es keinen Tarifvertrag, wäre nichts für allgemeinverbindlich zu erklären. Würde gleichwohl eine Allgemeinverbindlicherklärung erfolgen, ginge sie ins Leere.[95] Denn mangels Tarifvertrages können auch keine tarifvertraglichen Bindungen im Sinne des § 5 Abs. 4 TVG erstreckt werden. Von daher wird zu Recht betont, dass eine Allgemeinverbindlicherklärung die Unwirk-

---

94 *Sittard*, Voraussetzungen und Wirkungen der Tarifnormerstreckung, S. 132 f.; MünchArbR-*Klumpp*, § 248 Rn. 45.
95 NK-GA/*Forst*, § 5 TVG Rn. 71.

samkeit einer Tarifnorm nicht heilen kann.[96] Demgegenüber wird teils davon ausgegangen, dass die inhaltliche Rechtmäßigkeitsüberprüfung von Tarifnormen der Gerichtsbarkeit vorbehalten sei, dem Ministerium fehle ein materielles Prüfungsrecht.[97] Das überzeugt nicht. Das Ministerium ist als Spitze der Exekutive an Recht und Gesetz gemäß Art. 20 Abs. 3 GG gebunden (Gesetzmäßigkeit der Verwaltung). Der Verzicht auf die (erweiternde) Exekution eines nichtigen Tarifvertrages ist nicht Tarifzensur,[98] sondern in rechtsstaatlicher Hinsicht geboten.[99] Unabhängig davon bestünde kein öffentliches Interesse (sogl. u. b) an der Allgemeinverbindlicherklärung eines unwirksamen Tarifvertrages. Anders kann es sein, wenn es um eine Tarifnorm geht, deren Rechtswidrigkeit keineswegs zweifelsfrei ist, insbesondere wenn es an höchstrichterlicher Rechtsprechung fehlt. Dann aber kann gleichwohl das öffentliche Interesse an der Allgemeinverbindlicherklärung einer rechtlich fragwürdigen Tarifnorm verneint werden.

(2) Tarifvertrag mit Geltungsbereichsbeschränkung
Auch ein Tarifvertrag, der seinen Geltungsbereich auf die Mitglieder eines oder beider tarifvertragschließender Verbände beschränkt, ist nach Vorstehendem ein wirksamer Tarifvertrag und daher grundsätzlich einer Allgemeinverbindlicherklärung zugänglich. Ebenso hat das BAG für einen Tarifvertrag entschieden, der zwischen Gewerkschaftsmitgliedern differenziert, die vor oder nach einem bestimmten Stichtag Mitglied waren bzw. wurden, dass die Geltungsbereichsbeschränkung zulässig ist. Soweit der Stichtag nicht willkürlich gewählt wird, sondern ein sachlicher Grund für diese Wahl besteht, wird die staatliche Schutzpflichtfunktion der Grundrechte im Hinblick auf den Gleichheitssatz nicht aktiviert, sodass der Tarifvertrag wirksam ist, auch wenn Außenseiter reflexhaft von diesem nicht profitieren können, weil sie erst recht nicht zum Stichtag Gewerkschaftsmitglieder waren.[100]

(3) Tarifvertrag mit Differenzierungsklausel
Ähnliches gilt für spezifische Vorteilsregelungen in einem Tarifvertrag, die nur einzelne Leistungen betreffen und nicht hinsichtlich der Tarifgeltung insgesamt differenzieren, wie dies bei einfachen Differenzierungsklauseln und Spannenklauseln der Fall ist. Selbst wenn eine solche Klausel unwirksam ist, stellt das die Existenz eines Tarifvertrages als Ganzes nicht infrage. Denn für Tarif-

---

96 Däubler-*Lakies/Rödl*, § 5 Rn. 62; HWK-*Henssler*, § 5 TVG Rn. 7; Jacobs/Krause/Oetker/Schubert-*Oetker*, § 6 Rn. 92; vgl. ferner für den vorliegenden Zusammenhang auch *Bötticher*, Die Gemeinsamen Einrichtungen der Tarifvertragsparteien, S. 118 ff., 123.
97 Däubler-*Lakies/Rödl*, § 5 Rn. 62; a.A. *Löwisch/Rieble*, § 5 Rn. 156.
98 So aber Däubler-*Lakies/Rödl*, § 5 Rn. 62.
99 Ebenso Kempen/Zachert-*Seifert*, § 5 Rn. 43.
100 BAG 15.4.2015 – 4 AZR 796/13, NZA 2015, 1388, Rn. 28 ff.

verträge gilt der Grundsatz, dass die Unwirksamkeit einzelner Teile nicht die Gesamtunwirksamkeit des Tarifvertrages zur Folge hat.[101] Im Übrigen wäre auch eine Allgemeinverbindlicherklärung als solche davon nicht betroffen.[102]

Für einfache Differenzierungsklauseln ist ohnehin zu konstatieren, dass sie nach der höchstrichterlichen Rechtsprechung zulässige Tarifvertragsinhalte darstellen und mithin unter diesem Gesichtspunkt in jeder Hinsicht unproblematisch sind. Das BAG hat zudem betont, dass sie auch in einem für allgemeinverbindlich erklärten Tarifvertrag enthalten sein können.[103] Der Sache nach bewirke eine Allgemeinverbindlicherklärung auch nicht mehr als eine vertragliche Bezugnahme, der Unterschied bestehe lediglich in der normativen Wirkung der Erstreckung. Letztlich verweist des BAG auf das Ermessen (s.u. c) des Bundesministeriums.

Im Übrigen betont das BAG, dass im Wege einer Einschränkungsklausel die Differenzierungsklausel von der Allgemeinverbindlicherklärung ausgenommen werden könnte.[104] Das wäre aber für die konditionierte Allgemeinverbindlicherklärung gerade keine Option. Überdies überzeugt es aber auch nicht, dem Ministerium insoweit ein „Kürzungsrecht" zuzugestehen.[105] Auch wenn es „nur" um den staatlichen Erstreckungsakt auf Dritte geht, ist die Streichung einzelner Bestimmungen als Veränderung des Inhaltsgefüges Tarifzensur, die im Hinblick darauf, dass die Allgemeinverbindlicherklärung ihre verfassungsrechtliche Grundlage in der Tarifautonomie findet (s.o. I), unzulässig ist (vgl. auch o. II 1). Das Bundesministerium für Arbeit und Soziales kann den Tarifvertrag daher nur so, wie er ist, also unter Einschluss der Differenzierungsklauseln, für allgemeinverbindlich erklären – oder eben darauf verzichten. Verstärkt werden die Bedenken, wenn Folgendes in den Blick genommen wird. Jede Differenzierungsklausel bedeutet der Sache nach eine Beschreibung des Geltungsbereichs hinsichtlich eines Teils des Tarifvertrages, nämlich der konkreten Tarifnorm, die mit der tatbestandlichen Voraussetzung der Gewerkschaftsmitgliedschaft verknüpft ist (s.o. II 1). Die vermeintliche „Einschränkung" der Allgemeinverbindlicherklärung durch Verzicht auf die Differenzierungsklausel läuft dann im Ergebnis auf eine Erweiterung des persönlichen Geltungsbereichs des Tarifvertrages hinsichtlich dieser Klausel hinaus.[106] Die

---

101 BAG 16.11.2011 – 4 AZR 856/09, NZA-RR 2012, 208, 309; BAG 21.3.2018 – 10 ABR 62/16, BB 2018, 2231, Rn. 57; BAG 20.11.2018 – 10 ABR 12/18, NZA 2019, 628, Rn. 32 f.; Deinert/Wenckebach/Zwanziger-*Deinert*, § 11 Rn. 26.
102 BAG 21.3.2018 – 10 ABR 62/16, BB 2018, 2231, Rn. 57; BAG 20.11.2018 – 10 ABR 12/18, NZA 2019, 628, Rn. 32; NK-GA/*Forst*, § 5 TVG Rn. 71.
103 BAG 18.3.2009 – 4 AZR 64/08, NZA 2009, 1028, Rn. 65.
104 BAG 18.3.2009 – 4 AZR 64/08, NZA 2009, 1028, Rn. 65.
105 *Leydecker*, Der Tarifvertrag als exklusives Gut, S. 240; a.A. *Waltermann*, SR 2021, 177, 185.
106 *Leydecker*, Der Tarifvertrag als exklusives Gut, S. 240 f.

Erweiterung des Geltungsbereichs des Tarifvertrages im Wege der Allgemeinverbindlicherklärung ist aber nach dem TVG nicht möglich.

(4) Tarifvertrag mit Spannenklausel
Die vorstehenden Erwägungen gelten gleichermaßen für Spannenklauseln, wenn man sie entgegen der bisherigen Rechtsprechung für zulässige Tarifvertragsinhalte an sich hält. Wenn das Bundesministerium für Arbeit und Soziales allerdings mit Rücksicht auf die Rechtsprechung des BAG von der Rechtswidrigkeit einer Spannenklausel ausgeht, wird es von der Allgemeinverbindlicherklärung zumindest der Spannenklausel absehen müssen.

(5) Einbindung Dritter in die Abwicklung
Soweit Dritte in die Abwicklung tarifvertragliche Rechte eingebunden sind, ist auch dies grundsätzlich kein Hindernis für die Allgemeinverbindlicherklärung aus dem Gesichtspunkt der Wirksamkeit des Tarifvertrages heraus. In diesem Sinne hat die Rechtsprechung die Möglichkeit von Zuwendungen an treuhänderisch gebundene Dritte über eine Vereinslösung gebilligt (s.o. II 4). Soweit dies mit einer Differenzierung nach der Gewerkschaftsmitgliedschaft verbunden war, hat das BAG auch insoweit keine Bedenken gehabt. Ausdrücklich hat es betont, dass die Tarifnormsetzung im Ausgangspunkt ohnehin nur für die Tarifunterworfenen möglich ist (begrenzte Legitimation der Rechtsetzungsmacht, s.o. I). Explizit hat es Außenseitern einen Anspruch auf Gleichbehandlung versagt (vgl. zu diesem Gesichtspunkt im Übrigen aber auch noch u. 2 g). Das Bundesverfassungsgericht hatte insoweit keine verfassungsrechtlichen Einwände gegen die Versagung von Ansprüchen für ausgeklammerte Außenseiter.[107]

b) Öffentliches Interesse

Die Allgemeinverbindlicherklärung muss nach § 5 Abs. 1 TVG im öffentlichen Interesse geboten erscheinen. Bei dessen Prüfung kommt dem Bundesministerium für Arbeit und Soziales ein weiter Beurteilungsspielraum zu.[108] Dabei sind Vor- und Nachteile abzuwägen und die Interessen tarifgebundener und nicht tarifgebundener Arbeitnehmer und Arbeitgeber einzustellen.[109] Das öf-

---

107 S.o. bei Fn. 54.
108 BAG 25.1.2017 – 10 ABR 43/15, NZA 2017, 731, Rn. 43; BAG 20.9.2017 – 10 ABR 42/16, NZA 2018, 186, Rn. 28; BAG 21.3.2018 – 10 ABR 62/16, BB 2018, 2231, Rn. 112; Berg/Kocher/Schumann-*Kocher*, § 5 Rn. 22; *Waltermann*, RdA 2018, 137, 141.
109 BAG 21.3.2018 – 10 ABR 62/16, BB 2018, 2231, Rn. 104; BAG 21.9.2016 – 10 ABR 33/15, NZA Beilage 1/2017, 12, Rn. 124.

fentliche Interesse ist auf die konkrete Situation in Bezug auf die Allgemeinverbindlicherklärung zu prüfen.[110]

(1) Überwiegende Bedeutung des Tarifvertrages in seinem Geltungsbereich

Das erste Regelbeispiel des öffentlichen Interesses betrifft die überwiegende Bedeutung des Tarifvertrages für die Gestaltung der Arbeitsbedingungen in seinem Geltungsbereich. Dabei betont das BAG, dass es auf die überwiegende Bedeutung des Tarifvertrages in seinem Geltungsbereich ankomme, nicht etwa in dem Geltungsbereich, der durch eine Einschränkungsklausel der Allgemeinverbindlicherklärung reduziert wurde.[111] Dieses Regelbeispiel knüpft an die Vorgängerregelung an, die ein verbindliches Quorum der Tarifgeltung für die Allgemeinverbindlicherklärung vorsah. Wurde das Quorum verfehlt, war eine Allgemeinverbindlicherklärung aus rechtlichen Gründen nicht möglich.[112]

Im Zuge des Tarifautonomiestärkungsgesetzes[113] wurde diese Regelung in zweierlei Hinsicht relativiert. Zum einen handelt es sich nicht mehr um ein festes Quorum, es kommt nur auf die überwiegende Bedeutung an. Dabei kann auch darauf abgestellt werden, in welchem Umfang der Tarifvertrag zur Anwendung kommt, obwohl es an Tarifvertragsgebundenheit nach § 3 TVG fehlt, etwa indem im Arbeitsvertrag auf den Tarifvertrag Bezug genommen wird.[114] Wer sich auf dieses Regelbeispiel beruft, das öffentliche Interesse zur Begründung der Wirksamkeit einer Allgemeinverbindlicherklärung also darauf stützen möchte, muss dieses belegen. Allerdings gesteht die Rechtsprechung dem Bundesministerium die Möglichkeit zu, auf gefestigter Grundlage die Bedeutung des Tarifvertrags sorgfältig zu schätzen.[115] Das ist überzeugend, da die Führung eines exakten Beweises kaum möglich sein wird.

---

110 BAG 21.3.2018 – 10 ABR 62/16, BB 2018, 2231, Rn. 104; BAG 21.9.2016 – 10 ABR 33/15, NZA Beilage 1/2017, 12, Rn. 125.
111 BAG 21.3.2018 – 10 ABR 62/16, BB 2018, 2231, Rn. 126; krit. allerdings mit Recht *Preis/Povedano Peramato*, Das neue Recht der Allgemeinverbindlicherklärung, S. 39 f.; *Ulber*, NZA Beilage 1/2018, 3, 5.
112 BAG 21.9.2016 – 10 ABR 33/15, NZA Beilage 1/2017, 12, Rn. 186 ff.; BAG 25.1.2017 – 10 ABR 43/15, NZA 2017, 731, Rn. 52 ff.
113 Gesetz zur Stärkung der Tarifautonomie (Tarifautonomiestärkungsgesetz) v. 11.8.2014, BGBl. I 1348.
114 BAG 21.3.2018 – 10 ABR 62/16, BB 2018, 2231, Rn. 122; BT-Drs. 18/1558, S. 48 f.; *Forst*, RdA 2015, 25, 29; *Henssler*, RdA 2015, 43, 50; *Berg/Kocher/Schumann-Kocher*, § 5 Rn. 19a; *Löwisch/Rieble*, § 5 Rn. 191; *Preis/Povedano Peramato*, Das neue Recht der Allgemeinverbindlicherklärung, S. 40 f.; *Prokop*, Die Allgemeinverbindlicherklärung nach § 5 TVG, S. 62; *Jöris*, NZA 2014, 131, 1315; *Waltermann*, RdA 2018, 137, 142; so bereits *Hanau*, SR 2011, 3, 10 f.
115 BAG 21.3.2018 – 10 ABR 62/16, BB 2018, 2231, Rn. 124; Berg/Kocher/Schumann-*Kocher*, § 5 Rn. 19; *Preis/Povedano Peramato*, Das neue Recht der Allgemeinverbindlicherklärung, S. 89; *Prokop*, Die Allgemeinverbindlicherklärung nach § 5 TVG, S. 70; so bereits zur alten 50%-Quote BAG 21.9.2016 – 10 ABR 33/15, NZA Beilage 1/2017, 12, Rn. 200; BAG 20.9.2017 – 10 ABR 42/16, NZA 2018, 186, Rn. 40.

Das frühere Quorum war insoweit geboten, als es verhinderte, dass unbedeutende Tarifverträge zum Maßstab staatlicher Entgeltfestsetzung avancieren konnten.[116] Das BAG geht von einer Mehrheit von Zwecken aus, insbesondere Sicherung der Repräsentativität des Tarifvertrages und Verhinderung einer Majorisierung nicht tarifgebundener Außenseiter durch eine Minderheit.[117] All dies ist aber auch beim Erfordernis der überwiegenden Bedeutung gewährleistet, soweit nicht aus anderen Gründen ein öffentliches Interesse zu bejahen wäre. Verfassungsrechtlich geboten ist die 50 %-Quote indes nicht.[118]

Was nun die überwiegende Bedeutung im Falle von tarifvertraglichen Differenzierungen zwischen Organisierten und nicht Organisierten angeht, ist zu beachten, dass Verweisungen auf den Tarifvertrag im Arbeitsvertrag unter Umständen eine geringere Bedeutung haben könnten als sonst bei Allgemeinverbindlicherklärungen.[119] Das scheint jedenfalls relativ deutlich für den Fall einer Beschränkung des Geltungsbereichs auf Mitglieder einer bestimmten Gewerkschaft. Dann kann es für die überwiegende Bedeutung des Tarifvertrages in seinem Geltungsbereich nur auf organisierte Arbeitnehmer bei den tarifgebundenen Arbeitgebern sowie bei solchen Arbeitgebern, die Arbeitsverträge mit Verweisungsklauseln schließen, ankommen. Soweit es um einen Tarifvertrag geht, der nur hinsichtlich bestimmter Leistungen eine Differenzierungsklausel enthält, dürfte hingegen unerheblich sein, ob der Tarifvertrag seine Bedeutung über die mitgliedschaftslegitimierte Bindung entfaltet oder über Bezugnahmeklauseln. Denn auch insoweit Außenseiter von bestimmten Leistungen ausgeschlossen sind, kommt der Tarifvertrag auf ihr Arbeitsverhältnis im Falle der Bezugnahme insgesamt zur Anwendung. Ebenso würde niemand die überwiegende Bedeutung eines Tarifvertrages auch durch Bezugnahmen bestreiten, nur weil der Tarifvertrag eine Jubiläumsprämie für Arbeitnehmer enthält, die 25 Jahre Betriebszugehörigkeit aufweisen können, sodass die meisten Arbeitnehmer von dieser Klausel gar nicht profitieren würden.

(2) Erforderlichkeit zur Absicherung der Wirksamkeit der tarifvertraglichen Normsetzung

Die Allgemeinverbindlicherklärung erscheint nach § 5 Abs. 1 Satz 2 Nr. 2 TVG auch dann im öffentlichen Interesse geboten, wenn die Absicherung der Wirksamkeit der tarifvertraglichen Normsetzung gegen die Folgen wirtschaftlicher Fehlentwicklung die Allgemeinverbindlicherklärung verlangt. Beispielsweise

---

116 Vgl. Materialien zur Entstehung des Tarifvertragsgesetzes, ZfA 1973, 129, 148.
117 BAG 21.9.2016 – 10 ABR 33/15, NZA Beilage 1/2017, 12, Rn. 192.
118 BAG 21.3.2018 – 10 ABR 62/16, BB 2018, 2231, Rn. 111, 146; *Greiner/Hanau/Preis*, SR Sonderausgabe 2014, 2, 21 ff.; *Preis/Povedano Peramato*, Das neue Recht der Allgemeinverbindlicherklärung, S. 26 ff.; *Walser*, Einfluss der Rechtsordnung, S. 321 f.; *Däubler-Lakies/Rödl*, § 5 Rn. 107; *Forst*, RdA 2015, 25, 27.
119 Vgl. zu diesem Gedanken auch HWK-*Henssler*, § 5 TVG Rn. 8.

geht es darum, dass der Tarifvertrag davor geschützt wird, seine Normierungskraft einzubüßen, weil er im Wege der Unterbietungskonkurrenz unter Druck gerät.[120] Nach der Gesetzesbegründung zum Tarifautonomiestärkungsgesetz betrifft dieses Regelbeispiel explizit auch Fälle erodierender Tarifstrukturen. Es heißt in dem Zusammenhang:[121]

> „In einem solchen Fall ist die durch Artikel 9 Absatz 3 des Grundgesetzes gewährleistete Normsetzungsbefugnis der Tarifvertragsparteien im besonderen Maße beeinträchtigt. Die Erhaltung einer funktionsfähigen Tarifordnung liegt auch im öffentlichen Interesse. Ihre Grenze findet die Stützung der tariflichen Ordnung, wenn der Tarifvertrag von im konkreten Bereich völlig unbedeutenden Koalitionen abgeschlossen worden ist (BVerfG vom 18. Juli 2000, 1 BvR 948/00). Eine schützenswerte autonome Ordnung existiert in diesem Fall nicht."

Ausdrücklich ging es dem Gesetzgeber an dieser Stelle also auch um die Sicherung der Funktionsfähigkeit der Tarifautonomie.[122] Gerade in Branchen mit kleinbetrieblicher Struktur kann dieses Merkmal gegeben sein, weil ansonsten in den kleinen Betrieben ein starker Anreiz besteht, den Tarifvertrag zu unterlaufen, ohne dass eine Gewerkschaft in der Lage wäre, großflächig Tarifverhandlungen mit den Außenseitern auf Arbeitgeberseite zu erzwingen. So ist etwa das Baugewerbe durch diese Struktur geprägt. Hier ist eine erhebliche Dominanz von Kleinst- und Kleinbetrieben zu verzeichnen, deren Tätigkeiten oftmals erst durch Generalunternehmen koordiniert werden.[123] Seit 1976 hat die Tendenz zu Kleinstbetrieben noch erheblich zugenommen. Die Zahl ist von 54 % der Betriebe unter zehn Arbeitnehmern auf 72 % im Jahr 2020 gestiegen.[124] Nach Angaben der SOKA Bau sind das mit mehr als 62.000 Betrieben rund 82 % aller Betriebe. Demgegenüber haben nur 19 der insgesamt mehr als 76.000 Betriebe mehr als 500 Arbeitnehmer. Diese beschäftigen aber 6,2 % der Arbeitnehmer. Betriebe ab 100 Arbeitnehmer beschäftigen gar rund ein Viertel aller Beschäftigten. Diese Struktur drückt sich auch in der Tarifbindung aus. Diese ist seit der Jahrtausendwende rückläufig. Der Anteil der tarifgebundenen Betriebe ist von 48 % auf 28 % bis 2020 gesunken, sodass mehr als 70 % der Be-

---

120 NK-GA/*Forst*, § 5 TVG Rn. 92; Wiedemann-*Wank*, § 5 Rn. 111; *Waltermann*, RdA 2018, 137, 144 f. Vgl. die Erwägung der Bundesregierung in Bezug auf erodierende Tarifvertragsstrukturen, BT-Drs. 18/1558, S. 49. Das wird von *Prokop*, Die Allgemeinverbindlicherklärung nach § 5 TVG, S. 202, 214 f., beiseitegeschoben.
121 BT-Drs. 18/1558, S. 49.
122 A.A. *Löwisch/Rieble*, § 5 Rn. 204 ff.
123 *Bosch/Hüttenhoff*, Der Bauarbeitsmarkt, S. 77 ff.
124 *Bosch/Hüttenhoff*, Der Bauarbeitsmarkt, S. 79

triebe nicht (mehr) tarifgebunden sind.[125] Dennoch sind mehr als 52 % der Beschäftigten (noch) tarifgebunden, wobei aber auch hier ein Rückgang der Tarifbindung von 70 % seit dem Jahr 2000 zu beobachten war.[126]

Auch für andere Branchen mit ähnlicher Struktur kann das zutreffen.

(3) Keine entgegenstehenden besonderen Umstände oder gewichtigen Interessen

§ 5 Abs. 1 Satz 2 TVG normiert zwei Regelbeispiele, in denen das öffentliche Interesse an der Allgemeinverbindlicherklärung im Regelfall gegeben erscheint. Sind sie gegeben, müssen besondere Umstände oder gewichtige entgegenstehende Interessen gegeben sein, um das öffentliche Interesse zu verneinen.[127] Insoweit ließe sich gegen eine konditionierte Allgemeinverbindlicherklärung einwenden, dass sie eine eindeutige einseitige Parteinahme des Bundesarbeitsministeriums für die Gewerkschaft bedeute, mithin dem Gegner der anderen Tarifvertragsparteien stärken und diesem eine Verhandlungsübermacht verschaffe. Eine solche Argumentation kann aber letztlich nicht verfangen. Denn in tatsächlicher Hinsicht leiden Branchen, in denen von Allgemeinverbindlicherklärungen überhaupt Gebrauch gemacht wird, oftmals nicht an einer Übermacht an Gewerkschaften, sondern im Gegenteil häufig an Schwierigkeiten der Organisation der Arbeitnehmer. Auch insoweit steht die Baubranche Pate. Denn es steht zu vermuten, dass der Organisationsgrad dort vor allem aus größeren Betrieben gespeist wird. Das bringt die Gefahr mit sich, dass das Tarifsystem in kleinbetrieblichen Strukturen seine normierende Kraft verliert.

Es zeigt sich mithin, dass es durchaus ein öffentliches Interesse an der Allgemeinverbindlicherklärung gerade auch einer Differenzierungsklausel zur Sicherung der Funktionsfähigkeit der Tarifautonomie geben kann. Wenn die Tendenz zu kleinen Betrieben etwa im Baugewerbe fortgesetzt wird, während die Tarifbindung abnimmt, besteht nämlich die Gefahr eines Bedeutungsverlustes des Tarifvertrages mit der langfristigen Besorgnis, dass Tarifverträge wegen sinkender Tarifbindung nicht mehr zur Allgemeinverbindlicherklärung taugen und das Tarifsystem insgesamt versagt.

---

125 *Bosch/Hüttenhoff*, Der Bauarbeitsmarkt, S. 159.
126 *Bosch/Hüttenhoff*, Der Bauarbeitsmarkt, S. 160.
127 BAG 21.3.2018 – 10 ABR 62/16, BB 2018, 2231, Rn. 105.

(4) Öffentliches Interesse zur Sicherung der Funktionsfähigkeit einer gemeinsamen Einrichtung

Demgegenüber spielt die Regelung des § 5 Abs. 1a TVG zur Allgemeinverbindlicherklärung eines Tarifvertrags über gemeinsame Einrichtungen zur Sicherung ihrer Funktionsfähigkeit im Rahmen der vorliegend zu untersuchenden Problematik kaum eine Rolle. Der Sache nach bewirkt diese Bestimmung eine Vermutung des öffentlichen Interesses an der Allgemeinverbindlicherklärung, setzt aber eine abschließende Prüfung voraus,[128] wobei das öffentliche Interesse nur verneint werden kann, wenn besonders gewichtige Umstände oder überragende entgegenstehende Interessen bestehen.[129] Auch insoweit handelt es sich der Sache nach also um ein Regelbeispiel. Voraussetzung ist allerdings, dass es sich um einen der dort beschriebenen Regelungsgegenstände handelt,[130] von denen für die hier diskutierten Differenzierungsgegenstände regelmäßig keiner einschlägig sein wird. Zudem erfordert die Bestimmung die Allgemeinverbindlicherklärung zur Sicherung der Funktionsfähigkeit der gemeinsamen Einrichtung.[131] Das ließe sich allenfalls mittelbar begründen, denn die Attraktivität der Verbandsmitgliedschaft auf Arbeitnehmerseite ist keine unmittelbare Funktionsbedingung einer gemeinsamen Einrichtung, sondern nur insoweit, als ohne handlungsfähige Tarifvertragspartei mit dem Tarifträgerverband und der tarifvertraglichen Grundlage auch der Fortbestand der Einrichtung infrage gestellt wäre.

Soweit eine Allgemeinverbindlicherklärung nach § 5 Abs. 1a TVG allerdings infrage kommt, ist zu beachten, dass nach Satz 3 dieser Bestimmung auf § 7 Abs. 2 AEntG verwiesen wird. Das betrifft eine Konkurrenzregelung bei mehreren Tarifverträgen, die für die Allgemeinverbindlicherklärung in Betracht kommen.[132] In diesem Fall muss bei der Ausübung des Normsetzungsermessens (vgl. u. c) die Repräsentativität der verschiedenen Tarifverträge berücksichtigt werden.[133] Das ist vor dem Hintergrund der Kollisionsregel des § 5 Abs. 4 Satz 2 TVG zu sehen. Denn ein allgemeinverbindlicher Tarifvertrag über gemeinsame Einrichtungen nach Abs. 1a ist verbindlich auch für Arbeitgeber, die nach § 3 TVG an einen anderen Tarifvertrag gebunden sind. In die-

---

128 *Preis/Povedano Peramato*, Das neue Recht der Allgemeinverbindlicherklärung, S. 75.
129 BAG 21.3.2018 – 10 ABR 62/16, BB 2018, 2231, Rn. 137 ff.; BAG 20.11.2018 – 10 ABR 12/18, NZA 2019, 628, Rn. 58, 60.
130 BAG 21.3.2018 – 10 ABR 62/16, BB 2018, 2231, Rn. 135; BAG 20.11.2018 – 10 ABR 12/18, NZA 2019, 628, Rn. 56; BT-Drs. 18/1558, S. 59; *Deinert/Walser*, Tarifvertragliche Bindung, S. 158; *Preis/Povedano Peramato*, Das neue Recht der Allgemeinverbindlicherklärung, S. 64 f.; *Prokop*, Die Allgemeinverbindlicherklärung nach § 5 TVG, S. 113; rechtspolit. Kritik bei *Asshoff*, SR 2017, 190, 195.
131 BAG 21.3.2018 – 10 ABR 62/16, BB 2018, 2231, Rn. 136; BAG 20.11.2018 – 10 ABR 12/18, NZA 2019, 628, Rn. 57; *Preis/Povedano Peramato*, Das neue Recht der Allgemeinverbindlicherklärung, S. 64.
132 NK-GA/*Forst*, § 5 TVG Rn. 145 f.; *Löwisch/Rieble*, § 5 Rn. 150; *Wiedemann-Wank*, § 5 Rn. 184.
133 *Preis/Povedano Peramato*, Das neue Recht der Allgemeinverbindlicherklärung, S. 69 f.

sem Falle verdrängt er den anderen Tarifvertrag.[134] Dies korrespondiert mit der Vorrangregelung des § 8 Abs. 2 AEntG (dazu u. IV). Die in Bezug genommene Bestimmung des § 7 Abs. 2 AEntG sieht nun ihrerseits unter anderem ein Abstellen auf die Zahl der bei tarifgebundenen Arbeitgebern beschäftigten Arbeitnehmer, die unter den Geltungsbereich des Tarifvertrages fallen, vor. Im Falle einer Differenzierungsklausel reduziert sich diese Zahl auf die Zahl der organisierten Arbeitnehmer. Eine Differenzierungsklausel würde also die Repräsentativität des Tarifvertrages schwächen. Das BAG hat indes darauf hingewiesen, dass die Repräsentativitätsprüfung vermieden werden kann, wenn eine Verdrängung eines konkurrierenden Tarifvertrages schon deshalb ausscheidet, weil die Antragsteller die Allgemeinverbindlicherklärung mit einer Einschränkungsklausel, die eine Konkurrenz vermeidet, beantragt haben.[135]

Soweit die Allgemeinverbindlicherklärung in Bezug auf eine gemeinsame Einrichtung nach § 5 Abs. 1a TVG nicht in Betracht kommt, kann der Tarifvertrag über die gemeinsame Einrichtung mit der Differenzierungsklausel aber immer noch nach § 5 Abs. 1 TVG für allgemeinverbindlich erklärt werden, wenn das Bundesministerium für Arbeit und Soziales das öffentliche Interesse insoweit – über die Regelbeispiele (s.o. (1) und (2)) oder allgemein (s.u. (5)) – bejaht.[136] Es handelt sich bei der Regelung des § 5 Abs. 1a TVG nicht um eine abschließende Sonderregelung.[137]

(5) Sonstiges öffentliches Interesse: Funktionsfähigkeit der Tarifautonomie

Die in der Bestimmung des Satzes 2 genannten Regelbeispiele sind nicht abschließend. Vielmehr kann das öffentliche Interesse, das die Allgemeinverbindlicherklärung gebietet, auch aus anderen Gründen gegeben sein.[138]

Abseits allgemeiner Aspekte des öffentlichen Interesses an der Allgemeinverbindlicherklärung des Tarifvertrages im Ganzen stellt sich die Frage, ob nicht gerade auch eine Differenzierungsklausel das öffentliche Interesse begründen kann.[139] Das kann sie sicherlich nicht als solche für den ganzen Tarifvertrag iso-

---

134 Vgl. dazu BAG 21.3.2018 – 10 ABR 62/16, BB 2018, 2231, Rn. 148; *Forst*, RdA 2015, 25, 26 f., 33; *Forst*, RdA 2015, 25, 33 f.; *Henssler*, RdA 2015, 43, 53; *Ulber*, NZA Beilage 1/2018, 3, 6; *Prokop*, Die Allgemeinverbindlicherklärung nach § 5 TVG, S. 80 f.; krit. *Löwisch/Rieble*, § 5 Rn. 324 ff.
135 BAG 21.3.2018 – 10 ABR 62/16, BB 2018, 2231, Rn. 142; BAG 20.11.2018 – 10 ABR 12/18, NZA 2019, 628, Rn. 62; *Preis/Povedano Peramato*, Das neue Recht der Allgemeinverbindlicherklärung, S. 73.
136 *Henssler*, RdA 2015, 43, 52; *Waltermann*, SR 2021, 177, 185 f.
137 *Preis/Povedano Peramato*, Das neue Recht der Allgemeinverbindlicherklärung, S. 36 f.
138 BAG 21.3.2018 – 10 ABR 62/16, BB 2018, 2231, Rn. 129 ff.; *ErfK-Franzen*, § 5 TVG Rn. 11; a.A. *Prokop*, Die Allgemeinverbindlicherklärung nach § 5 TVG, S. 232 ff.
139 Nach Berg/Kocher/Schumann-*Dierßen*, § 3 Rn. 228 ff., stärken Differenzierungsklauseln insg. bei der aktuellen Verbändelandschaft die Funktionsfähigkeit der Tarifautonomie.

liert. Es könnte aber immerhin ein öffentliches Interesse gerade auch an der Differenzierungsklausel zu bejahen sein. Denn das Tarifvertragssystem als solches ist ein mitgliedschaftsbasiertes (s.o. I). Im Ausgangspunkt regeln Tarifverträge die Arbeitsbedingungen der Mitglieder der Tarifträgerverbände. Gerade auf Arbeitnehmerseite bedarf es einer hinreichenden Mitgliederbasis. Denn eine Arbeitnehmerkoalition kann überhaupt nur eine Gewerkschaft und damit tariffähig sein, wenn sie eine hinreichende soziale Mächtigkeit aufweist. Diese wird maßgeblich über die Mitgliederbasis vermittelt.[140] Der Tarifvertrag kann seine Aufgabe eine Überwindung der strukturellen Unterlegenheit der Arbeitnehmer durch kollektives Verhandeln,[141] nur bei einer hinreichenden Mächtigkeit erlangen.[142] Nur aus diesem Grunde wird ihm (in den Worten der jüngeren Rechtsprechung) eine „Richtigkeitsvermutung"[143] oder „Angemessenheitsvermutung"[144] zugestanden.[145] Von daher gibt es ein öffentliches Interesse am Erhalt der Attraktivität von Gewerkschaften, um die Funktionsfähigkeit der Tarifautonomie als solche zu erhalten. Dies begründet besonders bei drohendem Mitgliederverlust auf Arbeitnehmerseite das öffentliche Interesse gerade auch an einer Differenzierungsklausel oder einer anderen Form der tarifvertraglichen Differenzierung nach der Gewerkschaftszugehörigkeit.

Das ist nicht zwingend für jede Branche gleich zu bewerten. Gerade aber in Branchen, die aufgrund ihrer Struktur auf Allgemeinverbindlicherklärungen zur Abstützung der tarifvertraglichen Ordnung angewiesen sind, zugleich aber die Attraktivität der Mitgliedschaft in den Verbänden gefährdet wird, weil die Arbeitsbedingungen durch Allgemeinverbindlichkeit gewährleistet sind, ist die Funktionsfähigkeit der Tarifautonomie in besonderem Maße infrage gestellt, wenn ein drohender Mitgliederverlust langfristig die Existenz eines Tarifsystems insgesamt bedroht.

In solchen Fällen besteht ein besonderes öffentliches Interesse auch an der konditionierten Allgemeinverbindlicherklärung. Folglich können insbesondere auch Spannenklauseln zur Sicherung der Funktionsfähigkeit der Tarifautonomie im öffentlichen Interesse geboten sein.[146]

---

140 BAG 26.6.2018 – 1 ABR 37/16, NZA 2019, 188.
141 BVerfG 4.7.1995 – 1 BvF 2/86 u.a., AP Nr. 4 zu § 116 AFG; BVerfG 14.11.2018 – 1 BvR 1278/16, NZA 2019, 112, Rn. 7.
142 *Benecke/Böhm/Cremer u.a.*, AuR 2021, 310, 312.
143 BVerfG 14.11.2018 – 1 BvR 1278/16, NZA 2019, 112, Rn. 8; BVerfG 11.7.2017 – 1 BvR 1571/15 u.a., NZA 2017, 915, Rn. 146.
144 BAG 22.6.2021 – 1 ABR 28/20, NZA 2022, 575, Rn. 36
145 Dazu und zum Begriff vgl. Deinert/Wenckebach/Zwanziger-*Deinert*, § 1 Rn. 24.
146 Vgl. Berg/Kocher/Schumann-*Dierßen*, § 3 Rn. 207.

Demgegenüber meinen *Löwisch* und *Rieble*, „das organisationspolitische Differenzierungsinteresse der Gewerkschaft" sei kein öffentliches Interesse im Sinne von § 5 TVG.[147] Insoweit verkennen sie, dass die konditionierte Allgemeinverbindlicherklärung keineswegs darauf ausgerichtet sein muss, Gewerkschaften um ihrer selbst willen zu stärken, sondern dass sie gerade geboten sein kann, um die Funktionsfähigkeit der Tarifautonomie zu schützen.[148] Der Einwand greift folglich insgesamt zu kurz. Demgegenüber erkannte *Sittard* zwar diesen Gesichtspunkt, ging aber nach dem alten Recht der Allgemeinverbindlicherklärung davon aus, dass die Allgemeinverbindlicherklärung ausschließlich zum Schutz der Arbeitnehmer möglich sei.[149] Letzteres aber ist spätestens seit der Neufassung des § 5 Abs. 1 Satz 2 TVG nicht mehr überzeugend.[150]

c) Weitere Voraussetzungen

Schließlich müssen die weiteren Voraussetzungen einer Allgemeinverbindlicherklärung gegeben sein. Dazu gehören die Anhörung nach § 5 Abs. 2 TVG sowie die Herstellung des Einvernehmens mit dem Tarifausschuss (§ 7 Satz 1 TVGDV). Die unterbliebene Anhörung führt ebenso zur Unwirksamkeit der Allgemeinverbindlicherklärung[151] wie das fehlende Einvernehmen des Tarifausschusses[152].

(1) Insbesondere: gemeinsamer Antrag

Die Erforderlichkeit eines gemeinsamen Antrags gibt es seit dem Tarifautonomiestärkungsgesetz. Durch die notwendige Gemeinsamkeit soll besser gewährleistet sein, dass die Allgemeinverbindlicherklärung zur Abstützung der tariflichen Ordnung tatsächlich erforderlich ist.[153] Das Antragserfordernis ist zwingende Wirksamkeitsvoraussetzung. Ohne Antrag kann das Bundesministerium für Arbeit und Soziales den Tarifvertrag nicht für allgemeinverbindlich erklären.[154] Zu einer solchen Antragstellung kann ein Arbeitgeberverband sich

---

147 *Löwisch/Rieble*, § 1 Rn. 2125; ähnl. wohl auch Wiedemann-*Wank*, § 5 Rn. 187
148 Ebenso verkürzt das Verständnis von *Prokop*, Die Allgemeinverbindlicherklärung nach § 5 TVG, S. 72 f., 239 f.
149 *Sittard*, Voraussetzungen und Wirkungen der Tarifnormerstreckung, S. 215 f.
150 Wiedemann-*Wank*, § 5 Rn. 8 f.
151 *Sittard*, Voraussetzungen und Wirkungen der Tarifnormerstreckung, S. 160 f.; HWK-*Henssler*, § 5 TVG Rn. 26; *Löwisch/Rieble*, § 5 Rn. 271.
152 BAG 21.3.2018 – 10 ABR 62/16, BB 2018, 2231, Rn. 92; BAG 20.11.2018 – 10 ABR 12/18, NZA 2019, 628, Rn. 46; Jacobs/Krause/Oetker/Schubert-*Oetker*, § 6 Rn. 100; zu rechtspolitischen und verfassungsrechtlichen Zweifeln vgl. etwa *Waltermann*, RdA 2018, 137, 144 ff.; rechtspolit. krit. auch *Seifert*, FS Kempen, 2013, S. 196, 210 ff.
153 BAG 21.3.2018 – 10 ABR 62/16, BB 2018, 2231, Rn. 109; BT-Drs. 18/1558, S. 31; *Löwisch/Rieble*, § 5 Rn. 244; rechtspolit. Kritik bei *Seifert*, in: FES/HBS (Hrsg.), Demokratisierung von Gesellschaft und Arbeitswelt, S. 43, 50.
154 Däubler-*Lakies/Rödl*, § 5 Rn. 81.

auch in dem schuldrechtlichen Teil des Tarifvertrages verpflichten.[155] Eine solche Verpflichtung kann auch im Wege des Arbeitskampfes erzwungen werden:[156] Richtiger Ansicht nach ist jeder Tarifvertrag mit nach dem TVG zulässigem Inhalt, und zwar hinsichtlich aller seiner Bestandteile, zulässiger Gegenstand des Arbeitskampfes.[157] Eine Einschränkung lässt sich weder sachlich begründen, noch aus der Struktur des Tarifvertragsrechts herleiten. Von daher ist auch eine obligatorische Verpflichtung zur Antragstellung auf Allgemeinverbindlicherklärung erstreikbar.

Das gilt auch für Arbeitgeberverbände, die im so genannten Stufenmodell OT-Mitgliedschaften anbieten. In einem solchen Modell bedarf es einer strikten Trennung zwischen OT-Mitgliedern und regulären Mitgliedern, die am Tarifgeschäft beteiligt werden (T-Mitglieder).[158] Der Umstand des Stufenmodells kann angesichts der gebotenen Trennung nicht dazu zwingen, im Tarifgeschäft Abstriche mit Rücksicht auf OT-Mitglieder zu machen.[159] Könnten die OT-Mitglieder insoweit Einfluss auf die tarifpolitische Bewertung dieser Frage unter den T-Mitgliedern gewinnen, wäre der vom BAG geforderte Gleichlauf von Verantwortlichkeit und Betroffenheit[160] dahingehend zu vollziehen, dass auch OT-Mitglieder schon von vornherein und unabhängig von einer eventuellen Allgemeinverbindlicherklärung an den abzuschließenden Tarifvertrag nach § 3 Abs. 1 TVG gebunden wären.

(2) Insbesondere: Ausübung normativen Ermessens

Die Allgemeinverbindlicherklärung setzt im Übrigen die Ausübung eines staatlichen Normsetzungsermessens voraus.[161] Das Bundesverfassungsgericht hat betont, dass nur so die hinreichende demokratische Legitimation der Rechtsetzung für Außenseiter gewährleistet ist.[162] Ausdrücklich hat das Ge-

---

155 NK-GA/*Forst*, § 5 TVG Rn. 40; Däubler-*Lakies/Rödl*, § 5 Rn. 84; *Löwisch/Rieble*, § 5 Rn. 257; Wiedemann-*Wank*, § 5 Rn. 124; HWK-*Henssler*, § 5 TVG Rn. 21; *Prokop*, Die Allgemeinverbindlicherklärung nach § 5 TVG, S. 82 f.
156 *Däubler*, Gemeinsame Beantragung einer AVE – ein zulässiges Streikziel (unveröff. Gutachten, 2023); *Rödl*, Antrag auf Allgemeinverbindlicherklärung als zulässiges Streikziel (unveröff. Gutachten, 2023); als jedenfalls nicht offensichtlich rechtswidrig angesehen von LAG Nürnberg 20.7.2023 – 3 SaGa 3/23; LAG Nürnberg 20.7.2023 – 3 SaGA 6/23, NZA-RR 2023, 539; ArbG Köln 6.6.2023 – 17 Ga 27/23, NZA-RR 2023, 428; a.A. ohne Begründung *Löwisch/Rieble*, § 5 Rn. 258.
157 Vgl. m.w.N. Däubler-*Däubler*, AKR, § 13 Rn. 10 f.
158 Berg/Kocher/Schumann-*Dierßen*, § 3 Rn. 53.
159 Vgl. *Däubler*, Gemeinsame Beantragung einer AVE – ein zulässiges Streikziel (unveröff. Gutachten, 2023), S. 33 f.; *Rödl*, Antrag auf Allgemeinverbindlicherklärung als zulässiges Streikziel (unveröff. Gutachten, 2023), S. 11 f.; a.A. *Prokop*, Die Allgemeinverbindlicherklärung nach § 5 TVG, S. 83 f.
160 BAG 4.6.2008 – 4 AZR 419/07, DB 2008, 2712, 2713; BAG 20.5.2009 – 4 AZR 230/08, AP Nr. 42 zu § 3 TVG Rn. 71.
161 BAG 20.11.2018 – 10 ABR 12/18, NZA 2019, 628, Rn. 59; BAG 21.9.2016 – 10 ABR 33/15, NZA Beilage 1/2017, 12, Rn. 123 ff.; BAG 21.9.2016 – 10 ABR 48/15, AP Nr. 36 zu § 5 TVG, Rn. 106 ff.; Däubler-*Lakies/Rödl*, § 5 Rn. 115; *Preis/Povedano Peramato*, Das neue Recht der Allgemeinverbindlicherklärung, S. 86 ff.; *Sittard*, Voraussetzungen und Wirkungen der Tarifnormerstreckung, S. 164 ff.
162 BVerfG 10.1.2020 – 1 BvR 4/17, NZA 2020, 253, Rn. 15.

richt in diesem Zusammenhang festgestellt, dass die Tarifvertragsparteien keinen Anspruch auf eine Allgemeinverbindlicherklärung haben. Ein solcher Anspruch würde das Rechtsetzungsermessen des Staates insgesamt infrage stellen. Im Verständnis des Bundesarbeitsgerichts geht dieses Normsetzungsermessen in dem Beurteilungsspielraum (s. o. b) hinsichtlich des öffentlichen Interesses, das die Allgemeinverbindlicherklärung gebietet, auf.[163]

Die Rechtsprechung verlangt darüber hinaus, eine inhaltliche Befassung des zuständigen Ministers bzw. Staatssekretärs, damit die Tarifnormenerstreckung auf diejenigen, die die Tarifgeltung nicht durch Mitgliedschaft legitimiert haben, demokratisch legitimiert ist (zur Legitimationsfrage s. auch u. 2 b).[164] Eine dagegen gerichtete Verfassungsbeschwerde wurde mangels Erfolgsaussicht nicht zur Entscheidung angenommen.[165]

d) Vereinbarkeit mit dem Wesen der Allgemeinverbindlicherklärung

Einwenden ließe sich, dass es mit dem Wesen der Allgemeinverbindlicherklärung unvereinbar wäre, einen Tarifvertrag, der anders als durch § 5 Abs. 4 TVG intendiert gar nicht auf uneingeschränkte Anwendbarkeit auf alle Arbeitnehmer in seinem Geltungsbereich ungeachtet Organisationszugehörigkeit abzielt, für allgemeinverbindlich zu erklären.[166] Dies könnte als hinkende Allgemeinverbindlichkeit bezeichnet werden. Dem lässt sich freilich – ganz formal – entgegenhalten, dass auch diese Form die Allgemeinverbindlichkeit bewirkt und die Allgemeinverbindlicherklärung die anderen Voraussetzungen der Anspruchsnormen des Tarifvertrages nicht zu überbrücken vermag und auch nicht überbrücken soll.[167]

Bötticher zog diese Erwägung allerdings weitergehend noch heran, um aus der mangelnden Eignung einer Differenzierungsklausel zur Allgemeinverbindlicherklärung deren Unzulässigkeit abzuleiten.[168] Es wurde allerdings bereits darauf hingewiesen, dass das Bundesarbeitsgericht dies schon im Kontext der

---

163 BAG 21.9.2016 – 10 ABR 33/15, NZA Beilage 1/2017, 12, Rn. 126; BAG 21.3.2018 – 10 ABR 62/16, BB 2018, 2231, Rn. 113. *Löwisch/Rieble*, § 5 Rn. 165, führen aus, dass Beurteilung und Abwägung zusammenfallen.
164 BAG 21.9.2016 – 10 ABR 33/15, NZA Beilage 1/2017, 12, Rn. 138 ff.; BAG 25.1.2017 – 10 ABR 43/15, NZA 2017, 731, Rn. 47; BAG 21.3.2018 – 10 ABR 62/16, BB 2018, 2231, Rn. 110; BAG 20.11.2018 – 10 ABR 12/18, NZA 2019, 628, Rn. 39.
165 BVerfG 10.1.2020 – 1 BvR 4/17, NZA 2020, 253.
166 *Zöllner*, Gutachten G zum 48. Deutschen Juristentag (1970), S. G 98; *Hueck/Nipperdey*, Arbeitsrecht II/1, S. 668.
167 *Neumann*, Tarifboni, S. 225; wohl auch bereits *Gamillscheg*, Differenzierung nach der Gewerkschaftszugehörigkeit, S. 93.
168 *Bötticher*, Die Gemeinsamen Einrichtungen der Tarifvertragsparteien, S. 111 ff.

einfachen Differenzierungsklausel anders gesehen hat (s.o. a). Die Überlegung kann auch inhaltlich nicht überzeugen.[169] Die Allgemeinverbindlicherklärung ist ein Instrument, das seinerseits in der Koalitionsfreiheit des Art. 9 Abs. 3 GG angelegt ist (s.o. I). Sie stützt die Tarifautonomie, ist aber nicht darauf angelegt, sie zu beschränken.[170] Auch die Weiterführung und Übersteigerung dieses Gedankens durch *Zöllner*, der eine Gesamtrepräsentationsfunktion der Gewerkschaften angenommen hat,[171] überzeugt nicht. Das BAG hat diese Erwägung bereits wie ausgeführt zurückgewiesen (s.o. II 3). Gewerkschaften vertreten in erster Linie die Interessen ihrer Mitglieder.

Aber auch der Zweck der Allgemeinverbindlicherklärung lässt dieses Argument nicht durchgreifend erscheinen. Die Allgemeinverbindlicherklärung soll den Tarifvertrag vor Aushöhlung durch Unterbietungskonkurrenz schützen.[172] Das mag nachhaltiger erscheinen, wenn sowohl auf Arbeitgeberseite als auch auf Arbeitnehmerseite Außenseiterwirkungen erzeugt werden. Durch eine Reduzierung der Außenseiterwirkungen lediglich auf Arbeitgeberseite wird der Schutz vor „Schmutzkonkurrenz" und „Lohndrückerei"[173] zwar ein Stück weit reduziert, nicht aber vollständig beseitigt.[174] Insofern ist eine konditionierte Allgemeinverbindlicherklärung ein Minus gegenüber dem Standardmodell, stellt den Charakter als Allgemeinverbindlicherklärung im Sinne einer Erweiterung der Tarifgebundenheit über den Kreis der kraft Mitgliedschaft Tarifgebundenen hinaus aber nicht infrage. Die Behauptung, die Allgemeinverbindlicherklärung ziele auf Gleichheit der Arbeitsbedingungen,[175] ist insoweit zu holzschnittartig und trifft folglich nicht zu.[176] Auch mit Blick auf die Tarifvertragsparteien macht die Konditionierung der Allgemeinverbindlicherklärung Sinn. Wenn sie durch gemeinsamen Antrag darüber entscheiden, ob es überhaupt zu einer Allgemeinverbindlicherklärung kommen kann, spricht das dafür, dass sie auch für eine Konditionierung statt der vollständigen Allgemeinverbindlichkeit optieren können.[177]

Auch wer eine wettbewerbsschützende Funktion der Allgemeinverbindlicherklärung verneint und daher den (Außenseiter-)Arbeitnehmerschutz in das

---

169 *Waltermann*, Differenzierungsklauseln, S. 79 f.
170 *Leydecker*, Der Tarifvertrag als exklusives Gut, S. 236 ff.; ähnlich auch *Neumann*, Tarifboni, S. 222 ff.; ebenso i.E. *Däubler/Heuschmid*, RdA 2013, 1, 5.
171 *Zöllner*, Tarifvertragliche Differenzierungsklauseln, S. 49 ff.
172 Vgl. etwa ausf. *Greiner/Hanau/Preis*, SR Sonderausgabe 2014, 2, 7; *Höpfner*, Die Tarifgeltung im Arbeitsverhältnis, S. 466 ff.; *Däubler-Lakies/Rödl*, § 5 Rn. 12 ff.; *Kempen/Zachert-Seifert*, § 5 Rn. 5; *Waltermann*, RdA 2018, 137, 138 ff.
173 S.o. Fn. 20.
174 So auch i.E. *Waltermann*, SR 2021, 177, 183 f.
175 *Löwisch/Rieble*, § 1 Rn. 2137.
176 Richtig daher *Leydecker*, Der Tarifvertrag als exklusives Gut, S. 243.
177 *Leydecker*, Der Tarifvertrag als exklusives Gut, S. 242 f.

Zentrum der Betrachtungen stellt,[178] kommt vorliegend nicht umhin, einzuräumen, dass eine konditionierte Allgemeinverbindlicherklärung eine arbeitnehmerschützende Wirkung hat, insoweit jedenfalls die organisierten Arbeitnehmer, die bei bisher tariffreien Arbeitgebern beschäftigt sind, nunmehr die tariflichen Bedingungen genießen können.

Schließlich folgt auch nicht daraus, dass die Allgemeinverbindlicherklärung im öffentlichen Interesse geboten sein muss, dass die Tarifvertragsparteien nicht einschränkend über die Anwendbarkeit auf alle Arbeitgeber und Arbeitnehmer verfügen könnten.[179] Dass auch der Wille der Tarifvertragsparteien für die Allgemeinverbindlicherklärung bedeutsam ist, folgt bereits aus der Notwendigkeit eines gemeinsamen Antrags.[180] Ob ein öffentliches Interesse an der Allgemeinverbindlicherklärung besteht, ist dann durch das Ministerium gesondert zu prüfen (s.o. b).

e) Blick auf die Konsequenzen für Außenseiter-Arbeitgeber

Für Arbeitgeber, die nicht Mitglied der tarifvertragschließenden Partei sind, bewirkt die konditionierte Allgemeinverbindlicherklärung wie jede andere Allgemeinverbindlicherklärung gemäß § 5 Abs. 4 Satz 1 TVG die Bindung an den Tarifvertrag mit der Folge, dass sie allen Arbeitnehmern die Leistungen gewähren müssen, die im Tarifvertrag vorgesehen sind. Hinsichtlich einer Leistung, die mit einer Differenzierungsklausel versehen ist, bedeutet dies, dass sie lediglich verpflichtet sind, den organisierten Arbeitnehmern diese Leistung zu erbringen. Von daher belastet die konditionierte Allgemeinverbindlicherklärung den Außenseiter-Arbeitgeber sogar weniger als eine nicht konditionierte Allgemeinverbindlicherklärung. Es ist ihm aber nicht versagt, diese auch den Außenseitern zu gewähren, im Falle einer Spannenklausel allerdings um den Preis des Auslösens des Spannenmechanismus.

Für OT-Mitglieder im Arbeitgeberverband gilt prinzipiell nichts anderes.[181] Denn die OT-Mitgliedschaft ist – entgegen früherer Rechtsprechung[182] – keine Frage einer personell beschränkten Tarifzuständigkeit (mit der Folge, dass OT-Mitglieder

---

178 So *Löwisch/Rieble*, § 5 Rn. 16 ff., 32 ff.; ErfK-*Franzen*, § 5 TVG Rn. 2; MünchArbR-*Klumpp*, § 248 Rn. 14, 22; *Prokop*, Die Allgemeinverbindlicherklärung nach § 5 TVG, S. 202 ff.; *Sittard*, Voraussetzungen und Wirkungen der Tarifnormerstreckung, S. 103 ff.; a.A. *Höpfner*, Die Tarifgeltung im Arbeitsverhältnis, S. 472 ff.; Berg/Kocher/Schumann-*Kocher*, § 5 Rn. 20; Wiedemann-*Wank*, § 5 Rn. 8 f.; *Preis/Povedano Peramato*, Das neue Recht der Allgemeinverbindlicherklärung, S. 18 ff.; *Walser*, Einfluss der Rechtsordnung, S. 303 f.; *Waltermann*, RdA 2018, 137, 138 ff.
179 *Bötticher*, Die Gemeinsamen Einrichtungen der Tarifvertragsparteien, S. 112.
180 *Leydecker*, Der Tarifvertrag als exklusives Gut, S. 250 f.
181 *Sittard*, Voraussetzungen und Wirkungen der Tarifnormerstreckung, S. 252 f., 298.
182 BAG 23.2.2005 – 4 AZR 186/04, AP Nr. 42 zu § 4 TVG Nachwirkung.

vom Geltungsbereich des Tarifvertrages ausgenommen wären), sondern allein eine Frage der Tarifgebundenheit.[183] Sie haben sich zwar gegen eine Tarifgebundenheit entschieden. Für sie gilt aber dieselbe Rechtsfolge, die in § 5 Abs. 4 Satz 1 TVG vorgesehen ist: nunmehr „erfassen die Rechtsnormen des Tarifvertrags in seinem Geltungsbereich auch die bisher nicht tarifgebundenen Arbeitgeber", zu denen auch OT-Mitglieder gehören. Die OT-Mitgliedschaft schützt nicht vor einer Tarifgebundenheit kraft Allgemeinverbindlicherklärung. Diese gesetzliche Rechtsfolge kann nicht durch das mitgliedschaftliche Rechtsgeschäft zwischen dem OT-Mitglied und seinem Verband ausgeschlossen werden.[184]

Auch für Außenseiter auf Arbeitgeberseite, die an einen anderen Tarifvertrag gebunden sind, tritt zunächst diese Rechtsfolge ein.[185] Dadurch kommt es zu einer Tarifpluralität, die nicht nach § 4a TVG aufzulösen ist.

Das bedeutet für alle Arbeitnehmer, die nicht auch an diesen zweiten Tarifvertrag, der nicht für allgemeinverbindlich erklärt wurde, gebunden sind, dass ihr Arbeitsverhältnis durch den allgemeinverbindlichen Tarifvertrag regiert wird. Mit Blick auf die Differenzierungsklausel können sie unter Umständen gleichwohl von bestimmten tarifvertraglichen Leistungen ausgenommen sein.

Für Arbeitnehmer, die gleichermaßen an den zweiten, nicht allgemeinverbindlichen Tarifvertrag gebunden sind, ergibt sich eine Tarifkonkurrenz, die nach allgemeinen Grundsätzen aufzulösen ist, nach teils vertretener Ansicht nach dem Spezialitätsprinzip.[186] Dieses passt indes nur zur Lösung einer Kollision von Normen derselben Normgeber. Insoweit sprechen die besseren Argumente dafür, die Tarifkollision (zumindest) in diesem Falle nach dem Vorrang eines mitgliedschaftlich legitimierten Tarifvertrages aufzulösen.[187] Außenseiterschutz und Schutz des Tarifvertrages vor Unterbietungskonkurrenz rechtfertigen den Vorrang des allgemeinverbindlichen Tarifvertrages vor einem anderen Tarifvertrag nämlich nicht. Von daher muss sich das Ergebnis der Ausübung der individuellen positiven sowie der kollektiven Koalitionsfreiheit der tarifschließenden Ge-

---

183 BAG 18.7.2006 – 1 ABR 36/05, NZA 2006, 1225; vgl. Deinert/Wenckebach/Zwanziger-*Deinert*, § 11 Rn. 7 m.w.N.
184 *Sittard*, Voraussetzungen und Wirkungen der Tarifnormerstreckung, S. 252 f.
185 Vgl. etwa ErfK-*Franzen*, § 5 TVG Rn. 5, h.M.; a.A. *Sittard*, Voraussetzungen und Wirkungen der Tarifnormerstreckung, S. 247 ff.: nur die bislang nicht anderweitig tarifgebundenen Vertragsparteien.
186 *Hippmann*, S. 94 ff.; HWK-*Henssler*, § 5 TVG Rn. 35; Berg/Kocher/Schumann-*Kocher*, § 5 Rn. 41; Löwisch/Rieble, § 5 Rn. 324; Kempen/Zachert-*Seifert*, § 5 Rn. 82; vgl. auch NK-GA/*Bepler*, § 4 TVG Rn. 59: jedenfalls bei Kollision von Verbandstarifvertrag und Firmentarifvertrag; a.A. Däubler-*Lakies/ Rödl*, § 5 Rn. 208 ff.: nach dem Mehrheitsprinzip.
187 ErfK-*Franzen*, § 4a TVG Rn. 33; NK-GA/*Forst*, § 5 TVG Rn. 144; Preis/Povedano Peramato, Das neue Recht der Allgemeinverbindlicherklärung, S. 52 f.; *Sittard*, Voraussetzungen und Wirkungen der Tarifnormerstreckung, S. 273 f.; *Walser*, Einfluss der Rechtsordnung, S. 314; für Vorrang des allgemeinverbindlichen Tarifvertrags hingegen *Waltermann*, RdA 2018, 137, 149 f.

werkschaft mit Rücksicht auf Art. 9 Abs. 3 GG durchsetzen. Im Falle einer Differenzierungsklausel ließe sich insoweit auch das Problem einer gegen eine andere Gewerkschaft gerichteten Maßnahme entschärfen (dazu vgl. unten 2 f). Ohnehin wäre eine Vermeidung dieser Kollision durch Einschränkung der Allgemeinverbindlicherklärung durch das Bundesministerium für Arbeit und Soziales möglich. Dass eine solche Einschränkung zulässig ist, ist anerkannt.[188]

Abschließend ist die Frage aufzuwerfen, welche Leistungen ein Außenseiter auf Arbeitgeberseite im Falle der Abwicklung über eine gemeinsame Einrichtung oder sonstige Dritte zu erbringen hat. Die vordergründig naheliegende Annahme, der Arbeitgeber werde zu Beiträgen herangezogen, denen kein Leistungsäquivalent entspreche, überzeugt am Ende allerdings nicht. Denn der Arbeitgeber wird, auch als Außenseiter, zu einer Leistung herangezogen, die von vornherein nur für diejenigen vorgesehen ist, die die tatbestandlichen Voraussetzungen, konkret: die Gewerkschaftsmitgliedschaft, erfüllen.[189] Nur für diese Leistung zahlt er. Die Leistung ist das Äquivalent zu seiner Zahlung. Auf diese Erwägung ist an späterer Stelle noch einmal zurückzukommen, nämlich bei der verfassungs- und völkerrechtlichen Zulässigkeit der konditionierten Allgemeinverbindlicherklärung (s.u. 2 c) (2)).

Nach allem zeigt der Blick auf die Konsequenzen für Außenseiter auf Arbeitgeberseite, dass sich auch aus diesen keine durchgreifenden Bedenken gegen die konditionierte Allgemeinverbindlicherklärung ergeben.

f) Zwischenfazit

Die konditionierte Allgemeinverbindlicherklärung ist grundsätzlich tarifrechtlich möglich. Das betrifft sowohl eine Regelung über den persönlichen Geltungsbereich hinsichtlich der Gewerkschaftsmitgliedschaft, als auch klassische Differenzierungsklauseln, soweit sie in rechtlicher Hinsicht möglich sind. Auch im Wege einer Abwicklung über Dritte wäre eine konditionierte Allgemeinverbindlicherklärung möglich. Voraussetzung ist, wie auch sonst, dass die allgemeinen gesetzlichen tatbestandlichen Erfordernisse verwirklicht sind. Dazu gehört etwa ein gemeinsamer Antrag der Tarifvertragsparteien. Auch ein öffentliches Interesse, das die Allgemeinverbindlicherklärung gebietet, ist notwendig, kann je nach Lage aber auch bejaht werden. Wesen und Zweck der Allgemeinverbindlicherklärung stehen auch einer konditionierten Allgemeinverbindlicherklärung nicht entgegen. Auch andere durchgreifende Bedenken sind nicht erkennbar.

---

188 BAG 21.9.2016 – 10 ABR 33/15, NZA Beilage 1/2017, 12, Rn. 195; NK-GA/*Forst*, § 5 TVG Rn. 99 f.; MünchArbR-*Klumpp*, § 248 Rn. 126; Berg/Kocher/Schumann-*Kocher*, § 5 Rn. 41; Kempen/Zachert-*Seifert*, § 5 Rn. 83.
189 Vgl. auch *Leydecker*, Der Tarifvertrag als exklusives Gut, S. 253.

2. Verfassungs- und völkerrechtliche Zulässigkeit

a) Zum Prüfungsmaßstab: Kontrolle eines staatlichen Erstreckungsaktes, nicht eines Tarifvertrages an sich

Eine konditionierte Allgemeinverbindlicherklärung regelt zwar Rechtsbeziehungen zwischen Privatrechtssubjekten, nämlich den Arbeitsvertragsparteien. Eventuelle Grundrechtsverstöße wären gleichwohl nicht im Hinblick auf eine mittelbare Drittwirkung der Grundrechte zu prüfen. Denn durch die Allgemeinverbindlicherklärung handelt es sich um eine staatliche Maßnahme,[190] die die Verpflichtung des Außenseiters auf Arbeitgeberseite herbeiführt. In den Worten des Bundesverfassungsgerichts handelt es sich bei der Allgemeinverbindlicherklärung um einen „Rechtsetzungsakt eigener Art zwischen autonomer Regelung und staatlicher Rechtsetzung"[191]. Wie auch immer man den staatlichen Anteil an diesem Rechtsetzungsakt bewerten möchte, ist jedenfalls klar, dass ohne dieses Handeln die Erstreckung auf Außenseiter nicht stattfinden kann[192] und es sich insoweit gegenüber den Außenseitern um Ausübung von Staatsgewalt handelt.

Insoweit ist zwar im Blick zu behalten, dass die Verpflichtungen für Außenseiter auf tarifvertraglichen Regelungen beruhen, die nach der aktuellen höchstrichterlichen Rechtsprechung des BAG und herrschenden Meinung in der Literatur nur mittelbar im Sinne des Schutzpflichtkonzeptes an Grundrechten überprüft werden können.[193] Insoweit wäre Prüfungsmaßstab die Frage, ob der Staat bei drohenden Grundrechtsverletzungen durch Private zum Einschreiten zum Schutz der Grundrechte der Betroffenen verpflichtet ist.[194] Darum aber geht es an dieser Stelle nicht. Denn es wurde bereits oben (II 2-5) ausgeführt, dass die Tarifvertragsinhalte, die im Wege der Allgemeinverbindlicherklärung auf Außenseiter erstreckt werden, grundsätzlich rechtlich zulässig sind, nach hier vertretener Ansicht auch im Falle einer Spannenklausel.

---

190 BVerfG 24.5.1977 – 2 BvL 11/74, BVerfGE 44, 322, 340 ff.; BVerfG 15.7.1980 – 1 BvR 24/74 und 439/79, BVerfGE 55, 7, 21 ff.; BAG 21.9.2016 – 10 ABR 33/15, NZA Beilage 1/2017, 12, Rn. 154 ff.; BAG 25.1.2017 – 10 ABR 43/15, NZA 2017, 731, Rn. 47; *Schwarze*, ZfA 2011, 867, 871.
191 BVerfG 24.5.1977 – 2 BvL 11/74, BVerfGE 44, 322, 340 sowie LS 1.
192 *Walser*, Einfluss der Rechtsordnung, S. 306.
193 BAG 25.2.1998 – 7 AZR 641/96, AP Nr. 11 zu § 1 TVG Tarifverträge: Luftfahrt; BAG 11.3.1998 – 7 AZR 700/96, AP Nr. 12 zu § 1 TVG Tarifverträge: Luftfahrt; BAG 27.5.2004 – 6 AZR 129/03, AP Nr. 5 zu § 1 TVG Gleichbehandlung; Wiedemann-*Jacobs*, Einl. Rn. 261 ff., 347 ff.; Deinert/Wenckebach/Zwanziger-*Deinert*, § 11 Rn. 152 ff.; krit. etwa ErfK-*Franzen* § 1 TVG Rn. 11; *Jacobs*, RdA 2023, 9 ff.
194 Vgl. zusammenfassend Deinert/Wenckebach/Zwanziger-*Deinert*, § 1 Rn. 14 ff.

An dieser Stelle geht es vielmehr um die Frage, ob der staatliche Akt der Erstreckung auf Außenseiter seinerseits Grundrechte verletzen kann, freilich immer mit dem Fokus, dass das, was zulässiger Inhalt eines Tarifvertrages sein kann, nunmehr im Wege staatlicher Geltungserstreckung auf Außenseiter angewendet wird. Dabei handelt es sich um eine staatliche Maßnahme, die mit Rücksicht auf die unmittelbare Grundrechtsbindung des Staates nach Art. 1 Abs. 3 GG einer uneingeschränkten Grundrechtsprüfung zugänglich ist.[195] Dementsprechend hat das Bundesverfassungsgericht in seiner zentralen Entscheidung auf Verfassungsbeschwerden gegen die Allgemeinverbindlicherklärung von Tarifverträgen über gemeinsame Einrichtungen eine klassische Grundrechtsprüfung vorgenommen.[196]

Was eine mögliche Gesetzesänderung im Hinblick auf die Schaffung einer rechtlichen Möglichkeit zu einer konditionierten Allgemeinverbindlicherklärung unabhängig von eventuellen inhaltlichen Differenzierungen des Tarifvertrages nach Mitgliedschaften angeht, ergibt sich kein anderer Maßstab. Denn eine solche gesetzliche Regelung würde gleichermaßen eine Ermächtigungsgrundlage schaffen, um durch staatliche Regelung, dem Bürger (Arbeitgeber) gegenüberzutreten.

b) Exkurs: Sonderproblem Art. 80 GG

Allerdings ergibt sich bei einer hypothetischen gesetzlichen Regelung der konditionierten AVE das Problem, dass die Allgemeinverbindlicherklärung der Ansicht des Bundesverfassungsgerichts zufolge nicht unproblematisch im Hinblick auf die Anforderungen des Art. 80 GG ist, weil es an jeder Bestimmtheit hinsichtlich des Inhalts der zu erstreckenden Normen fehle, außerdem werde den Vorgaben des Art. 82 GG (a.F.) hinsichtlich der Publizität nicht genügt.[197] Das Gericht hielt diese Bestimmungen allerdings nicht für anwendbar auf die Allgemeinverbindlicherklärung, weil sie keine Rechtsverordnung sei. Es handelt sich letztlich um ein vom Verfassungsgeber vorgefundenes und akzeptiertes vorkonstitutionelles Konstrukt. Dem Publizitätsbedenken, das nach den Ausführungen des Bundesverfassungsgerichts nicht nur nach Art. 82 Abs. 1 Satz 2 GG (a.F.) für Rechtsverordnungen, sondern als rechtsstaatliches Erfordernis für jede Form der Normsetzung gilt,[198] ist in der Zwischenzeit ohnehin nach § 5 Abs. 7 Satz 2 TVG entsprochen worden. Darüber hinaus spricht alles dafür, dass eine gesetzliche Gestattung der konditionierten Allgemeinverbind-

---

195 Ebenso *Löwisch/Rieble*, § 5 Rn. 146; ErfK-*Franzen*, § 5 TVG Rn. 18; a.A. *Leydecker*, Der Tarifvertrag als exklusives Gut, S. 244 ff.
196 BVerfG 15.7.1980 – 1 BvR 24/74 und 439/79, BVerfGE 55, 7, 21 ff.
197 BVerfG 24.5.1977 – 2 BvL 11/74, BVerfGE 44, 322, 343 f.
198 BVerfG 24.5.1977 – 2 BvL 11/74, BVerfGE 44, 322, 350; vgl. auch BVerfG 10.9.1991 – 1 BvR 561/89, ZTR 1992, 21, 22.

licherklärung nicht Art. 80 GG unterfällt, weil es sich zwar um ein artverwandtes Instrument handelt, das aber in seinen Wirkungen hinter der „klassischen" Allgemeinverbindlicherklärung zurückbleibt.[199] Unabhängig davon wäre es allerdings fraglos vorzugswürdig in einer solchen Regelung den Zweck der Stützung der Funktionsfähigkeit der Tarifautonomie niederzulegen.

c) Negative Tarifvertragsfreiheit der Außenseiter?

(1) Negative Koalitionsfreiheit

Außenseiter könnten geltend machen, durch die konditionierte Allgemeinverbindlicherklärung einem Regelungsregime unterworfen zu sein, das entgegen ihrer Entscheidung gegen die Mitgliedschaft in einer Koalition von dieser Koalition verhandelt wurde und im Wege staatlichen Anwendungsbefehls auf sie erstreckt wurde.

Die Koalitionsfreiheit umfasst das Recht der koalitionsspezifischen Betätigung,[200] und zwar nicht nur in einem Kernbereich.[201] Dieses schließt auch den Abschluss von Tarifverträgen ein.[202] Die Tarifautonomie ist damit Bestandteil der kollektiven Koalitionsfreiheit.[203] Daraus ließe sich ein Kehrseitenargument gewinnen: Das verfassungsrechtliche Recht, im Schutzbereich eines bestimmten Grundrechts zu handeln, umfasse auch das negative Recht, auf ein solches Handeln zu verzichten (vgl. sogleich weiter unten für die negative Koalitionsfreiheit). Freilich: Genau genommen fließt aus der Tarifautonomie bestenfalls eine negative Tarifautonomie in dem Sinne, dass auf den Abschluss von Tarifverträgen verzichtet wird.

Allerdings folgt aus Art. 9 Abs. 3 GG auch die individuelle Koalitionsfreiheit,[204] die ihrerseits auch das Recht umfasst, sich in koalitionsspezifischer Weise an Betätigungen der Koalition zu beteiligen.[205] Doch auch hier stellt sich die Frage, was eine negative Koalitionsfreiheit für Konsequenzen hätte. Sie umfasst das Recht, nicht zu koalieren, also einer Koalition gar nicht erst beizutreten,

---

199 Für eine Übertragung der Grundsätze auch auf eine de lege ferenda zu schaffende Ermächtigung zur Erweiterungserklärung vgl. *Deinert/Walser*, Tarifvertragliche Bindung, S. 217.
200 BVerfG 26.5.1970 – 2 BvR 664/65, BVerfGE 28, 295, 304; BVerfG 15.7.1980 – 1 BvR 24/74 und 439/79, BVerfGE 55, 7, 21.
201 Klargestellt durch BVerfG 14.11.1995 – 1 BvR 601/92, BVerfGE 93, 352.
202 BVerfG, 19.10.1966 – 1 BvL 24/65 – BVerfGE 20, 312, 317, 320; BVerfG 24.5.1977 – 2 BvL 11/74, BVerfGE 44, 322, 340 f.; BVerfG 15.7.1980 – 1 BvR 24/74 und 439/79, BVerfGE 55, 7, 23.
203 BVerfG 18.11.1954 – 1 BvR 629/52, BVerfGE 4, 96, 106; BVerfG 19.10.1966 – 1 BvL 24/65, BVerfGE 20, 312, 317; BVerfG 11.7.2017 – 1 BvR 1571/15 u.a., NZA 2017, 915, Rn. 130 f.; BAG 27.3.2019 – 10 AZR 211/18, NZA 2019, 1512, Rn. 35.
204 BVerfG 26.5.1970 – 2 BvR 664/65, BVerfGE 28, 295, 304.
205 Vgl. m.w.N. Dürig/Herzog/Scholz-*Scholz*, Art. 9 Rn. 222.

der Koalition fernzubleiben.[206] Ob sie auch für Koalitionsmitglieder das Recht umfassen würde, sich nicht an koalitionsspezifischen Betätigungen zu beteiligen, etwa einem Streikaufruf, nicht zu folgen, muss an dieser Stelle nicht erörtert werden, da es vorliegend um die Frage geht, ob Außenseiter Schutz vor der Tarifregelung genießen, die im Wege der konditionierten Allgemeinverbindlicherklärung zu erstrecken wäre.

(2) Gewährleistungsort

Im Ausgangspunkt ist schon fraglich, wo die negative Koalitionsfreiheit des Einzelnen grundrechtlich verankert sein könnte. Dies blieb in der Rechtsprechung teils offen,[207] teils wurde ihre Gewährleistung in Rechtsprechung und Literatur in der Regelung über die Koalitionsfreiheit aus Art. 9 Abs. 3 GG gesehen.[208] Von anderer Seite wird indes zu Recht die Erwägung stark gemacht, dass das Kehrseiten- oder Spiegelbildargument, wonach der positiven immer auch eine negative Freiheit korrespondieren muss, zu formalistisch sei und den Zweck eines Grundrechts nicht hinreichend würdige; für die Koalitionsfreiheit habe die Geschichte gezeigt, dass es niemals um die Frage des Schutzes vor Koalitionszwang gegangen sei, sondern vielmehr um die Abwehr von Repressalien gegen die Koalitionen beziehungsweise ihre (potentiellen) Mitglieder.[209] Auch dient die negative Koalitionsfreiheit kaum der „Wahrung und Förderung der Arbeits- und Wirtschaftsbedingungen", wie Art. 9 Abs. 3 GG den Vereinigungszweck einer Koalition definiert.[210] Da es im Kern darum geht, dass niemand gezwungen werden soll, Mitglied einer Vereinigung zu werden, der er oder sie nicht angehören möchte, spricht viel mehr dafür, die negative Koalitionsfreiheit als negative Organisationsfreiheit zu begreifen und dementsprechend in der grundrechtlichen Gewährleistung des Vereinigungsrechts in Art. 9 Abs. 1 GG zu suchen.[211] Denn Art. 9 Abs. 1 GG schützt nach der Rechtsprechung des Bundesverfassungsgerichts auch vor Vereinigungszwang.[212] An-

---

206 BVerfG 1.3.1979 – 1 BvR 532/77, 1 BvR 533/77, 1 BvR 419/78, 1 BvL 21/78, BVerfGE 50, 290, 367; BVerfG 15.7.1980 – 1 BvR 24/74 und 439/79, BVerfGE 55, 7, 21.
207 Vgl. BVerfG 20.7.1971 – 1 BvR 13/69, BVerfGE 31, 297, 302; BVerfG 24.5.1977 – 2 BvL 11/74, BVerfGE 44, 322, 352; offen gelassen auch bei BAG 18.3.2099 – 4 AZR 64/08, NZA 2009, 1028; BAG 15.4.2015 – 4 AZR 796/13, NZA 2015, 1388, Rn. 45.
208 BVerfG 14.11.2018 – 1 BvR 1278/16, NZA 2019, 112; BVerfG 1.3.1979 – 1 BvR 532/77, 1 BvR 533/77, 1 BvR 419/78, 1 BvL 21/78, BVerfGE 50, 290, 367; BVerfG 15.7.1980 – 1 BvR 24/74, BVerfGE 55, 7, 21; BVerfG 3.7.2000 – 1 BvR 945/00, AP Nr. 36 zu § 4 TVG Nachwirkung; BAG 29.11.1967 – GS 1/67, BAGE 20, 175, 213; Dürig/Herzog/Scholz-*Scholz*, Art. 9 Rn. 221; *Neumann*, RdA 1989, 243, 245.
209 Vgl. zum gesamten Komplex ausf. *Gamillscheg*, Kollektives Arbeitsrecht I, S. 382 ff.; *ders.*, Differenzierung nach der Gewerkschaftszugehörigkeit, S. 54 ff.; *ders.*, NZA 2005, 146, 149 f.; *Radke*, AuR 1971, 4, 8 ff.; *Arndt*, FS Kunze, 1969, S. 265 ff.; *Deinert*, RdA 2014, 132 ff.
210 *Deinert*, RdA 2014, 129, 132.
211 *Däubler*, in: Däubler/Hege, Koalitionsfreiheit, Rn. 169 ff.; *Deinert*, RdA 2014, 129, 132 ff.
212 BVerfG 1.3.1979 – 1 BvR 532/77, 1 BvR 533/77, 1 BvR 419/78, 1 BvL 21/78, BVerfGE 50, 290, 354.

dere wiederum wollen stattdessen auf die allgemeine Handlungsfreiheit in Art. 2 Abs. 1 GG abstellen.[213]

(3) Gewährleistungsinhalt

Ungeachtet des Gewährleistungsortes der negativen Koalitionsfreiheit entspricht es inzwischen gesicherter Erkenntnis, dass diese ein Fernbleiberecht des Einzelnen von Koalitionen garantiert.[214] Entsprechend hat der EGMR das Fernbleiberecht auf Art. 11 EMRK gestützt.[215]

Ein Recht, im Sinne einer negativen Tarifvertragsfreiheit[216] nicht durch tarifvertragliche Normen „behelligt" zu werden, folgt daraus allerdings nicht,[217] wenngleich dies bisweilen infrage gestellt wird.[218] Die negative Koalitionsfreiheit meint nicht Freiheit von der Geltung tarifvertraglich geregelter Arbeitsbedingungen.[219] Die Tariferstreckung, konditioniert oder nicht, betrifft den Einzelnen weder in seiner Freiheit, sich einer Koalition anzuschließen oder dies bleiben zu lassen, noch sich für eine Koalition zu betätigen oder dies zu unterlassen.[220] Auch wird der Einzelne nicht der Normsetzung der Koalitionen ausgesetzt. Vielmehr ist es der Akt der staatlichen Tariferstreckung, der den Außenseiter in seiner Sphäre berührt. Der Tarifvertrag ist insoweit nur der vorgefundene Standard, den der Staat zum Ausgangspunkt seiner Rechtsetzung nimmt.[221] Von daher kann die Allgemeinverbindlicherklärung unter dem Aspekt einer negativen Tarifvertragsfreiheit nicht die negative Koalitionsfreiheit berühren. Denn diese umfasst nicht das Recht, anderen Arbeitsbedingungen zu unterliegen als die Organisierten.

---

213 *Gamillscheg*, Kollektives Arbeitsrecht I, S. 382 ff.; *Hueck/Nipperdey*, Arbeitsrecht II/1, S. 154 ff., *Radke*, AuR 1971, 4 ff.; *Stein*, GS Zachert, 2010, S. 645 ff.
214 Vgl. Fn. 206.
215 EGMR 2.6.2016 – 23646/09, NZA 2016, 1519 – Geotech Kancev.
216 EuGH 9.3.2006 – C-499/04, NZA 2006, 376 – Werhof; BGH 18.1.2000 – KVR 23/98, AP Nr. 1 zu § 20 GWB; *Bauer/Arnold*, NZA 2005, 1209, 1211; *Hanau*, FS Scholz, 2010, S. 1035, 1043 ff.; *Schüren*, RdA 1988, 138 ff.; vgl. auch *Kissel*, FS Hanau, 1999, 547 ff.; wohl auch BAG 23.9.2009 – 4 AZR 331/08, NZA 2010, 513, Rn. 26
217 *Gamillscheg*, Kollektives Arbeitsrecht I, S. 376; Jacobs/Krause/Oetker/Schubert-*Krause*, § 1 Rn. 52; *Kingreen*, Exklusive Tariföffnungsklauseln, S. 39 f.; *Borchard*, Verfassungsrechtliche und einfachgesetzliche Grenzen, S. 53 f.; *Walser*, Einfluss der Rechtsordnung, S. 39 ff.; *Löwisch/Rieble*, § 5 Rn. 149; *Deinert*, RdA 2014, 129, 133 f.; *ders.*, SR Sonderausgabe 2017, 24, 25; relativierend *Höpfner*, Die Tarifgeltung im Arbeitsverhältnis, S. 341 ff.
218 Etwa *Hartmann/Lobinger*, NZA 2010, 421 ff.; *Hartmann*, Negative Tarifvertragsfreiheit, S. 212 ff.; *Prokop*, Die Allgemeinverbindlicherklärung nach § 5 TVG, S. 176 ff.; *Sittard*, Voraussetzungen und Wirkungen der Tarifnormerstreckung, S. 42 ff.
219 BVerfG 11.7.2006 – 1 BvL 4/00, AP Nr. 129 zu Art. 9 GG; Däubler-*Lakies/Rödl*, § 5 Rn. 47.
220 BVerfG 24.5.1977 – 2 BvL 11/74, BVerfGE 44, 322, 351 f.; BAG 27.3.2019 – 10 AZR 211/18, NZA 2019, 1512, Rn. 41.
221 Vgl. BVerfG 11.8.2020 – 1 BvR 2654/17, NZA 2020, 1338, Rn. 33; BAG 21.3.2018 – 10 ABR 62/16, BB 2018, 2231, Rn. 110.

Aus dem Umstand, dass es eine negative Tarifvertragsfreiheit als solche nicht gibt, folgt allerdings nicht, dass jede Tarifnormenerstreckung auf Außenseiter legitim wäre. Die vorstehenden Überlegungen haben gezeigt, dass der Einzelne auch im Falle der konditionierten Allgemeinverbindlicherklärung nicht etwa tariflicher Normierung ausgesetzt ist, sondern staatlicher Rechtsetzung, die wiederum demokratischer Legitimation bedarf.[222] Diese staatliche Rechtsetzung darf ihrerseits nicht gegen Grundrechte verstoßen. Nicht der Umstand der Tarifnormerstreckung auf Dritte als solche könnte sich damit also als grundrechtswidrig erweisen, sondern vielmehr die inhaltliche Gestaltung der Arbeitsbedingungen.

Vor diesem Hintergrund ist es richtiger Ansicht nach nicht die negative Koalitionsfreiheit, die durch eine Erstreckung von Arbeitsbedingungen auf nicht organisierte Vertragsparteien berührt wird, sondern es kommen vielmehr sonstige Freiheitsrechte, in erster Linie Art. 12 Abs. 1 GG (vgl. unten d), in Betracht.[223] Anders ist es nur, wenn auch das Fernbleiberecht durch die inhaltliche Gestaltung des Tarifvertrages berührt ist (s.u. c).

Auch in der Rechtsprechung des EGMR ist anerkannt, dass die Allgemeinverbindlicherklärung das Fernbleiberecht des Arbeitgebers, der nicht Mitglied eines Arbeitgeberverbandes ist, nicht verletzt. Allerdings hat der EGMR in der fraglichen Entscheidung in der Sache Geotech besonders betont, dass die Sozialkassen im Baugewerbe im Interesse aller Arbeitnehmer zur Zahlung verpflichteten. Der beabsichtigte soziale Schutz setze voraus, dass alle Arbeitgeber und Arbeitnehmer im Baugewerbe, vor allem die nicht-tarifgebundenen, einbezogen werden.[224] Am Ende spielte das aber gar keine Rolle für die Bewertung eines möglichen Eingriffs in die negative Koalitionsfreiheit. Der faktische Anreiz war nach Einschätzung des EGMR zu schwach, um den Wesensgehalt des Art. 11 EMRK anzutasten.[225] Insoweit kann für eine konditionierte Allgemeinverbindlicherklärung prinzipiell nichts anderes gelten. Der Sache nach hat der EGMR mit dieser Rechtsprechung eine „negative Tarifvertragsfreiheit" ebenfalls verneint.[226] In ähnlicher Weise hatte der EGMR bereits früher ent-

---

222 BVerfG 24.5.1977 – 2 BvL 11/74, BVerfGE 44, 322, 347 ff.; *Gamillscheg*, Kollektives Arbeitsrecht I, S. 376.
223 Vgl. *Hellermann*, Die sogenannte negative Seite der Freiheitsrechte, S. 234 ff.; *Schubert*, RdA 2001, 199, 206 f.; *Hartmann/Lobinger*, NZA 2010, 421, 422; *Deinert*, RdA 2014, 129, 133. *Hartmann*, Negative Tarifvertragsfreiheit, S. 212 ff., sieht allerdings neben der Arbeitsvertragsfreiheit und dem Demokratieprinzip auch die negative Koalitionsfreiheit angesprochen.
224 EGMR 2.6.2016 – 23646/09, NZA 2016, 1519, Rn. 54 – Geotech Kancev; dazu *Buchholtz/Heuschmid*, Anm. zu EGMR 2.6.2016 – 23646/09, AuR 2016, 512; *Walser*, NZA 2016, 1510.
225 EGMR 2.6.2016 – 23646/09, NZA 2016, 1519, Rn. 57 – Geotech Kancev.
226 *Kingreen*, Exklusive Tariföffnungsklauseln, S. 32 f.; *Buchholtz/Heuschmid*, Anm. zu EGMR 2.6.2016 – 23646/09, AuR 2016, 512; *Walser*, NZA 2016, 1510 1513.

schieden, dass Art. 11 EMRK kein Recht gewährleistet, einem Tarifvertrag fernzubleiben.[227] In dem Kontext war allerdings vorrangig das Problem angesprochen, dass der Arbeitgeber Schutz vor dem Druck der Gewerkschaft, die einen Tarifvertrag schließen wollte, verlangte.

d) Fernbleiberecht

(1) Prüfungsmaßstab

Auch wenn aus der negativen Koalitionsfreiheit keine negative Tarifvertragsfreiheit als solche folgt, wäre die Argumentation denkbar, dass die Tarifnormenerstreckung zu einer Gefährdung der negativen Koalitionsfreiheit im Sinne des Fernbleiberechts führt. In dem Zusammenhang hat das Bundesverfassungsgericht zunächst klargestellt, dass von der Außenseiterwirkung womöglich ein Anreiz zum Beitritt abzuleiten sein könnte, der aber regelmäßig für einen Grundrechtseingriff nicht genügt. Das Bundesverfassungsgericht sieht einen Eingriff in das Fernbleiberecht noch nicht, wenn aus der Regelung nur „ein gewisser Druck, Mitglied einer Koalition zu werden," folgt.[228] Der Druck muss vielmehr ein Ausmaß entfalten, dass daraus ein Beitrittszwangs entsteht. Das soll bei der klassischen Allgemeinverbindlicherklärung regelmäßig nicht der Fall sein.[229] Nichts anderes würde im Falle einer gesetzlichen Änderung gelten, die auch eine konditionierte Allgemeinverbindlicherklärung nur für Außenseiter auf Arbeitgeberseite ermöglichen würde. Hinzuweisen ist schließlich darauf, dass das BVerfG denselben Maßstab für Austritt bzw. Übertritt in eine andere oder noch zu gründende Koalition anlegt.[230]

Problematisch ist die verwendete Terminologie. Während das BVerfG insoweit noch einen gewissen Druck in Richtung auf die Mitgliedschaft für zulässig hielt,[231] wird an anderer Stelle der Druck zum Beitritt als unzulässig bezeichnet.[232] Demgegenüber soll der Beitrittsanreiz noch zulässig sein.[233] Damit sind aber erkennbar keine unterschiedlichen Maßstäbe gemeint. Entscheidende Größe muss am Ende sein, ob der Außenseiter das Fernbleiben nicht mehr

---

227 EGMR 25.4.1996 – 18/1995/524/610, AuR 1997, 408, Rn. 52 – Gustafsson.
228 BVerfG 15.7.1980 – 1 BvR 24/74 und 439/79, BVerfGE 55, 7, 22; BVerfG 10.9.1991 – 1 BvR 561/89, ZTR 1992, 21, 22.
229 BVerfG, ebd. (Fn. 228); BAG 27.3.2019 – 10 AZR 211/18, NZA 2019, 1512, Rn. 41; BAG 30.10.2019 – 10 AZR 38/18, NZA 2020, 127, Rn. 22; NK-GA/*Forst*, § 5 TVG Rn. 30; MünchArbR-*Klumpp*, § 248 Rn. 34; Däubler-*Lakies/Rödl*, § 5 Rn. 47; Kempen/Zachert-*Seifert*, § 5 Rn. 28; Wiedemann-*Wank*, § 5 Rn. 67.
230 BVerfG 19.10.1966 – 1 BvL 24/65, BVerfGE 20, 312, 321 f.
231 Vgl. auch BVerfG 19.10.1966 – 1 BvL 24/65, AP Nr. 24 zu § 2 TVG.
232 BVerfG 14.11.2018 – 1 BvR 1278/16, NZA 2019, 112, Rn. 4; vgl. auch BAG 18.3.2009 – 4 AZR 64/08, NZA 2009, 1028, Rn. 37.
233 BVerfG 20.7.1971 – 1 BvR 13/69, BVerfGE 31, 297, 302.

als vernünftige Alternative zum Beitritt ansieht.[234] Auch wenn formale Beitrittsfreiheit existiert, wird die negative Koalitionsfreiheit in Gestalt des Fernbleiberechts dann verletzt, wenn der Druck ein Maß entfaltet, dass er effektiv dem Beitrittszwang gleichkommt. Für die Zwecke der weiteren Untersuchung soll deswegen allein das Wort Zwang für unzulässige Veranlassungen zum Beitritt verwendet werden.

Das terminologische Problem steht in einem engen Zusammenhang mit einer unklaren Dogmatik. Denn die Frage, auf welcher Ebene die Prüfung sich bewegt, wird, soweit ersichtlich, kaum diskutiert. Wenn nach vorstehenden Maßstäben der Beitrittsanreiz Ausmaße annimmt, die faktisch einem unwiderstehlichen Beitrittszwang gleichkommen, scheidet eine Rechtfertigung der konditionierten Allgemeinverbindlicherklärung aus.[235] Es stellt sich dann die Frage, ob der Beitrittszwang, der ohnehin nur in ungewöhnlichen Konstellationen vorkommen wird, als in einer zweistufigen Prüfung angelegt begriffen wird, oder – dem herkömmlichen Prüfungsmaßstab entsprechend – als Umschreibung der Schranken-Schranke oder als Umschreibung eines Ergebnisses, bei dem eine verfassungsrechtliche Rechtfertigung im Rahmen einer Abwägung unter jedem Gesichtspunkt ausscheiden muss[236]. Vorzugswürdig ist in vorliegendem Zusammenhang eine Orientierung an dem klassischen Prüfungsschema für Grundrechtsprüfungen:[237]

1. Der *Schutzbereich* betrifft das Fernbleiben (Unterlassen des Eintritts, Austritt, Wechsel) von einer Koalition.
2. Jeder Nachteil im Hinblick auf den Verzicht auf die Mitgliedschaft kann als *Eingriff* begriffen werden.[238] An dieser Stelle kann die Differenzierung zwischen Anreiz und Druck gewinnbringend genutzt werden.[239] Der bloße Anreiz stellt noch keinen Eingriff in das Fernbleiberecht dar. Denn das Verhalten im Schutzbereich wird durch den Anreiz nicht erschwert. Anders sieht es aus, wenn ein „gewisser Druck" entfaltet wird.
3. Es ist allerdings eine *Rechtfertigung* möglich. Wenn der herrschenden Ansicht gefolgt wird, wonach die negative Koalitionsfreiheit durch Art. 9 Abs. 3 GG gewährleistet ist, kann dieser aus kollidierendem Verfassungs-

---

234 *Däubler/Heuschmid*, RdA 2013, 1, 7; *Deinert/Walser*, Tarifvertragliche Bindung, S. 82 f.; *Kocher*, NZA 2009, 119, 122; *Waltermann*, ZFA 2020, 211, 219; *Jacobs/Malorny*, SR 2022, 1, 7; *Schubert*, ZTR 2011, 579, 582; ähnl. *Höpfner*, RdA 2019, 146, 152.
235 A.A. *Waltermann*, ZFA 2020, 211, 219.
236 In der Konstellation einer unmittelbaren Grundrechtswirkung wie hier – oder als Abwägungsvorrang im Rahmen einer mittelbaren Drittwirkung, zu Letzterem *Borchard*, Verfassungsrechtliche und einfachgesetzliche Grenzen, S. 104 ff.
237 Ebenso *Jacobs*, FS Bauer, 2010, S. 479, 488.
238 Vgl. auch *Breschendorf*, Zweiteilung der Belegschaft, S. 108 f.
239 Vgl. auch *Jacobs*, FS Bauer, 2010, S. 479, 488, allerdings mit etwas abweichender Terminologie.

recht folgen. Als Rechtfertigungsgrund kommt dann der Schutz der Funktionsfähigkeit der Tarifautonomie durch Schaffung von Beitrittsanreiz (sogleich u. (2)) in Betracht. Die Rechtfertigung einer zwangsweisen Mitgliedschaft scheint aber nicht denkbar. Denn anderenfalls wäre das Grundrecht in seinem Wesensgehalt angetastet, was nach Art. 19 Abs. 2 GG ausscheiden muss. Das kann nach den vorstehenden Erwägungen realistischerweise aber überhaupt nur für Spannenklauseln in Betracht kommen. Ob bei nicht für allgemeinverbindlich erklärten Spannenklauseln die Abwägung zu einem anderen Ergebnis kommen könnte, muss in vorliegendem Zusammenhang nicht geklärt werden.

(2) Eingriff durch konditionierte Allgemeinverbindlicherklärung

Der gewöhnliche Beitrittsanreiz für Außenseiterarbeitgeber zur Gestaltung der Arbeitsbedingungen, wenn deren Geltung schon nicht abwendbar ist, verletzt wie eingangs erwähnt nicht deren negative Koalitionsfreiheit.

Einen stärkeren Beitrittsdruck für Außenseiter auf Arbeitnehmerseite könnte die konditionierte Allgemeinverbindlicherklärung allerdings erzeugen, wenn der Vorteil, den die Organisierten genießen, anders nicht zu haben ist, weil der Arbeitgeber freiwillig nicht bereit ist, diesen auch an Außenseiter zu erbringen. Unter diesem Aspekt wird die Zulässigkeit von Differenzierungsklauseln – unabhängig von einer Allgemeinverbindlicherklärung – auch sonst diskutiert.[240]

Nur am Rande sei erwähnt, dass Überlegungen des Großen Senats des Bundesarbeitsgerichts, wonach es auf die Sozialadäquanz des Beitrittsdrucks ankommt, keine Entsprechung in der verfassungsgerichtlichen Rechtsprechung finden und auch in der späteren Rechtsprechung keine Bestätigung gefunden haben. Für den Großen Senat war die Sozialadäquanz letztlich auch nur ein Vehikel, um allgemeine Gerechtigkeitserwägungen durchzusetzen.[241] Demgegenüber wird in der Rechtsprechung des Bundesverfassungsgerichts betont, dass der Druck jedenfalls einen solchen Druck übersteigen müsse, der sich allgemein schon daraus ergibt, dass Abreden von Außenseitern hinter tarifvertraglichen Arbeitsbedingungen zurückbleiben.[242] Von daher kann der Nachteil eines geringeren Urlaubsgeldes nicht für sich als Eingriff in das Fernbleiberecht verstanden werden, auch wenn dies als sozial inadäquat betrachtet würde. Ebenso wenig konnte daher die Entscheidung des BAG vom 9.5.2007 über-

---

240 *Benecke/Böhm/Cremer u.a.*, AuR 2021, 310, 311; *Waltermann*, Differenzierungsklauseln, S. 45 ff.; *Lunk/Leder/Seidler*, RdA 2015, 399, 402 f.; *Jacobs*, FS Bauer, S. 479, 488 ff.
241 BAG 29.11.1967 – GS 1/67, BAGE 20, 175. 228: „verletzt es das Gerechtigkeitsempfinden gröblich".
242 BVerfG 14.11.2018 – 1 BvR 1278/16, NZA 2019, 112, Rn. 5, im Anschluss an BAG 15.4.2015 – 4 AZR 796/13, NZA 2015, 1388, Rn. 45 ff.

zeugen, wonach eine einfache Differenzierungsklausel (genau genommen wohl Differenzierung im Geltungsbereich, was aber konstruktiv ohnehin keinen Unterschied macht, vgl. o. II 3), deren tatbestandliche Voraussetzung mit dem Gewerkschaftsaustritt entfällt, in unzulässiger Weise in die negative Koalitionsfreiheit im Sinne eines Austrittsrechts eingreift.[243]

Sowohl bei einfachen Differenzierungsklauseln, die allgemeinverbindlich sind, als auch bei allgemeinverbindlichen Tarifverträgen mit einem auf die Organisierten beschränkten Geltungsbereich, aber auch bei der Einbindung Dritter in die Leistung für Organisierte, ist der Arbeitgeber nicht gehindert, auch Außenseiter in den Genuss des tarifvertraglich nur für Organisierte vorgesehenen Vorteils – oder zumindest eines Teils davon – kommen zu lassen. Das wird besonders deutlich bei Tarifverträgen, die den persönlichen Geltungsbereich auf organisierte Arbeitnehmer beschränken. Denn solche Regelungen haben ja nicht zur Folge, dass Außenseiter gar keine Arbeitsverträge erhalten oder keine Gegenleistungen. Das bedeutet zugleich, dass die jüngere Rechtsprechung des BAG zu einfachen Differenzierungsklauseln (vgl. o. II 3) übertrieben vorsichtig anmutet, wenn sie betont, dass es um eine moderate Leistung ging, die nicht maßgeblich für den laufenden Lebensunterhalt war: Wäre es um mehr gegangen, wäre der Außenseiter nicht auf sittenwidrige Hungerlöhne zurückgeworfen, sondern hätte anderweitig von seiner Vertragsautonomie Gebrauch gemacht/machen müssen. Im Übrigen schützt ihn die Rechtsprechung auch dann noch, indem sie massiv untertarifliche Löhne für sittenwidrig erklärt, wenn der Tarifvertrag die übliche Vergütung repräsentiert.[244]

Insgesamt ist ein Eingriff in die negative Koalitionsfreiheit durch einfache Differenzierungsklauseln,[245] aber auch etwa durch Beschränkungen des persönlichen Geltungsbereichs eine nur theoretische Größe – gleichgültig, ob in Gestalt einer konditionierten Allgemeinverbindlicherklärung oder nicht. Wenn in der Literatur darüber nachgedacht wird, wann eine einfache Differenzierungsklausel einen Beitrittszwang auslösen kann,[246] wird dabei ebenso wie seinerzeit vom BAG übersehen, dass die Tarifvertragsparteien zur Gestaltung der Arbeitsbedingungen der Außenseiter nicht nur nicht legitimiert sind, sondern sich um diese Bedingungen auch nicht scheren müssen – nicht einmal ein wenig. Um auskömmliche Bedingungen für Außenseiter müssen diese sich

---

243 BAG 9.5.2007 – 4 AZR 275/06, NZA 2007, 1439, Rn. 35.
244 BAG 22.4.2009 – 5 AZR 436/08, DB 2009, 1599; BAG 16.12.2012 – 5 AZR 268/11, NZA 2012, 974.
245 Wie hier Jacobs/Krause/Oetker/Schubert-*Krause*, § 1 Rn. 74; *Jacobs/Malorny*, SR 2022, 1, 4; *Höpfner*, RdA 2019, 146, 152; wohl auch MünchArbR-*Klumpp*, § 237 Rn. 23a; *Waltermann*, SR 2021, 177, 181.
246 So etwa *Lunk/Leder/Seidler*, RdA 2015, 399, 400 f.

selber kümmern, einen Anspruch auf Aushandlung von Leistungen, die die Tarifvertragsparteien für ihre Mitglieder vereinbaren, haben sie gerade nicht.[247]

Die Austrittsfreiheit organisierter Arbeitnehmer als weiterer Aspekt der negativen Koalitionsfreiheit wird im Übrigen unter keinem Gesichtspunkt stärker durch Differenzierungsklauseln (und mithin auch nicht durch konditionierte Allgemeinverbindlicherklärungen) infrage gestellt als das Fernbleiberecht als solches.[248] Die Situation stellt sich für den künftigen Außenseiter nicht anders dar als für den aktuellen Außenseiter: Die tarifvertraglich exklusiv vorgesehenen Leistungen sind für Außenseiter nicht vorgesehen. Es mag psychologisch schwieriger sein, auf eine Leistung zu verzichten, auf die ein Anspruch bestand bzw. bestünde, als auf eine solche, auf die ein Anspruch noch nie bestand. Tatsächlich geht es aber um dasselbe. Der Anreiz zum Verbleib für den einen ist nicht anders als der Anreiz zum Eintritt für den anderen.

Nach allem kann über den unbeachtlichen Anreiz zum Gewerkschaftsbeitritt durch den Vorteil der garantierten Arbeitsbedingungen hinaus im Falle der konditionierten Allgemeinverbindlicherklärung ein rechtlich relevanter Beitrittsdruck als Eingriff nur durch Spannenklauseln erzeugt werden. Insoweit wäre die Frage nach einer verfassungsrechtlichen Rechtfertigung spezifisch dahin aufzuwerfen, dass die Allgemeinverbindlicherklärung gerade auf Arbeitnehmerseite ausbleibt. Ganz grundsätzlich ließe sich argumentieren, dass eben kein Anspruch auf Allgemeinverbindlicherklärung bestehe (s.o. 1 c) (2)), wie das Bundesverfassungsgericht zwar nicht für die Außenseiter, aber für die Tarifvertragsparteien klargestellt hat. Bislang ist auch noch niemand auf die Idee gekommen, Spannenklauseln deswegen für verfassungswidrig zu halten, weil sie nicht durch das Ministerium überwunden werden. Es gibt also gute Gründe für die Annahme, dass auch eine konditionierte Allgemeinverbindlicherklärung von Spannenklauseln in Wahrheit gar keinen Eingriff bedeutet und daher gar nicht rechtfertigungsbedürftig ist, sondern allein die Frage einer zulässigen tarifvertraglichen Regelung betrifft. Andererseits gibt es aber auch gute Gründe, die konditionierte Allgemeinverbindlicherklärung als Eingriff anzusehen. Zumindest für die Arbeitnehmer, deren Arbeitgeber bislang nicht tarifgebunden war, wird durch sie nämlich Tarifbindung hergestellt und gleichwohl eine Teilhabe der Außenseiter auf Arbeitnehmerseite ausgeschlossen, obwohl im Grundsatz das öffentliche Interesse bejaht wurde. Insgesamt lässt sich argumentieren, dass das Ministerium sich durch die Allgemeinverbindlicherklärung auch den Beitrittsdruck durch eine Spannenklausel zu eigen macht.

---

247 Dies übersieht auch *Greiner*, NZA 2016, 10, 12 f.; wie hier *Däubler/Heuschmid*, RdA 2013, 1, 5.
248 Unklar insoweit *Löwisch/Rieble*, § 1 Rn. 2128.

(3) Rechtfertigung

Es verdient Beachtung, dass die konditionierte Allgemeinverbindlicherklärung gewichtige Zwecke verfolgt. Denn die Allgemeinverbindlicherklärung dient dem Schutz der Tarifautonomie vor Aushöhlung durch Unterbietungskonkurrenz auf Arbeitgeberseite. Das ist nach der Rechtsprechung des Bundesverfassungsgerichts ein in Art. 9 Abs. 3 GG angelegter Schutzzweck.[249] Andererseits hat das Gericht auch darauf abgestellt, dass die Allgemeinverbindlicherklärung daneben dem Ziel diene, „den Außenseitern angemessene Arbeitsbedingungen zu sichern".[250] Freilich hat das Gericht auch nicht umgekehrt betont, dass nur das Zusammentreffen beider Zwecke die Allgemeinverbindlicherklärung zulasse. Das ergibt in sachlicher Hinsicht auch keinen Sinn. Denn schon die Abstützung der tarifvertraglichen Normsetzung ist ein Aspekt der Sicherung der Tarifautonomie und damit der Koalitionsfreiheit nach Art. 9 Abs. 3 GG.

Der Verzicht auf die explizite Sicherung angemessener Arbeitsbedingungen für nicht organisierte Arbeitnehmer findet zudem seinerseits eine Rechtfertigung in einem wichtigen Gut von Verfassungsrang. Denn der Verzicht auf Allgemeinverbindlichkeit für Außenseiter auf Arbeitnehmerseite hat den Zweck, einen Anreiz zum Beitritt zu setzen, um die Erosion eines Tarifpartners auf Arbeitnehmerseite und damit die Infragestellung des Tarifsystems als Ganzes zu verhindern.[251] In diesem Sinne hat das BAG – in Bezug auf eine einfache Differenzierungsklausel – ausgeführt:

> „Die Legitimität ihres Organisationsinteresses an Verhinderung weiterer Schwächung durch die Sicherung des Mitgliederbestandes muss vor diesem Hintergrund [rückgängiger Organisationsgrad, O.D.] hoch bewertet werden. Sie kann um der Effektivität des Tarifvertragssystems als Ganzen auch bei der Erfüllung der den Gewerkschaften gemeinsam mit den Arbeitgebern und Arbeitgeberverbänden obliegenden Aufgabe der Regelung der Arbeitsbedingungen Berücksichtigung finden."

Mithin stützt die Konditionierung der Allgemeinverbindlicherklärung ihrerseits ebenfalls die Funktionsfähigkeit der Tarifautonomie,[252] folglich ein zur Rechtfertigung taugliches Gut.[253] Es ist zwar richtig, dass Erhalt und Verbreiterung der Mitgliederbasis der Verbände in erster Linie deren eigene Aufgabe

---

249 BVerfG 24.5.1977 – 2 BvL 11/74, BVerfGE 44, 322, 341 f.
250 BVerfG 24.5.1977 – 2 BvL 11/74, BVerfGE 44, 322, 342.
251 Vgl. für Differenzierungsklauseln im Allgemeinen *Benecke/Böhm/Cremer u.a.*, AuR 2021, 310, 311.
252 Ebenso für Spannenklauseln *Waltermann*, SR 2021, 177, 181 f.
253 Vgl. auch *Höpfner*, RdA 2019, 146, 155, der bereits den Koalitionswettbewerb als rechtfertigungstaugliches Gut anerkennt.

ist.[254] Insbesondere ist der Gesetzgeber nicht verpflichtet, schwachen Verbänden im Sinne einer Optimierung der Kampfbedingungen Durchsetzungsfähigkeit bei Tarifverhandlungen zu verschaffen.[255] Der Staat kann allerdings flankierend eingreifen, um sie in die Lage zu versetzen, dass sie diese Aufgabe auch erfüllen können.[256] Das hat das Bundesverfassungsgericht beispielsweise anerkannt im Zusammenhang mit der Verfassungsmäßigkeit der Tariffähigkeit der Handwerksinnungen.[257] Wenn der Staat in Erfüllung seiner Aufgabe zur Bereitstellung eines funktionsfähigen Tarifvertragssystems[258] dieses mitgliederbasiert ausgestaltet, ist er, wenn dessen Funktionsfähigkeit durch sinkende Organisationsgrade auf Arbeitgeber- und Arbeitnehmerseite gefährdet wird, gefordert, die Verbände zu befähigen, die legitimierende Mitgliederbasis wieder zur stärken.[259] Zu betonen ist insoweit auch, dass die Verbände es selber in der Hand haben zu entscheiden, ob sie von der Option der konditionierten Allgemeinverbindlicherklärung Gebrauch machen möchten,[260] über den unter Überwindung struktureller Ungleichgewichtslagen ausgehandelten Tarifvertrag einerseits und den gemeinsamen Antrag auf Allgemeinverbindlicherklärung andererseits. Anders wäre es nur bei einer gesetzlichen Regelung (vgl. o. II 1), soweit das Ministerium auch ohne entsprechenden Antrag auf die Wirkung der Allgemeinverbindlicherklärung auf Arbeitnehmerseite verzichten könnte. Nach allem ist die konditionierte Allgemeinverbindlicherklärung gerechtfertigt durch zwei verfolgte Zwecke: Stützung der Tarifbindung durch Ausschaltung von Unterbietungskonkurrenz auf Arbeitgeberseite und andererseits Schutz der Funktionsfähigkeit der Tarifautonomie durch Anreiz zur Mitgliedschaft auf Arbeitnehmerseite.[261] Es ist – wenig verwunderlich – eben gerade das öffentliche Interesse, das die Allgemeinverbindlicherklärung des mit einer Spannenklausel versehenen Tarifvertrages gebietet (s.o. 1 b) (4)), das auch die verfassungsrechtliche Rechtfertigung für den damit verbundenen Eingriff in das Fernbleiberecht der Arbeitnehmer rechtfertigt.

Mit Blick auf die Verhältnismäßigkeit ist im Auge zu behalten, dass die konditionierte Allgemeinverbindlicherklärung einer Spannenklausel regelmäßig den Außenseitern auf Arbeitnehmerseite nicht etwa angemessene Arbeitsbedingungen insgesamt vorenthält, sondern lediglich einen spezifischen Exklu-

---

254 *Waltermann*, ZFA 2020, 211, 216.
255 BVerfG 4.7.1995 – 1 BvF 2/86 u.a., BVerfGE 92, 365, 396; BVerfG 11.7.2015 – 1 BvR 1571/15 u.a., NZA 2017, 915, Rn. 150; BVerfG 19.6.2020 – 1 BvR 842/17, NZA 2020, 1186, Rn. 21.
256 *Benecke/Böhm/Cremer u.a.*, AuR 2021, 310, 311.
257 BVerfG 19.10.1966 – 1 BvL 24/65, BVerfGE 20, 312, 318, 319.
258 BVerfG 4.7.1995 – 1 BvF 2/86 u.a., AP Nr. 4 zu § 116 AFG.
259 *Benecke/Böhm/Cremer u.a.*, AuR 2021, 310, 311.
260 Vgl. zu diesem Aspekt auch allgemein *Benecke/Böhm/Cremer u.a.*, AuR 2021, 310, 312.
261 Ebenso *Waltermann*, SR 2021, 177, 184.

sivvorteil für organisierte Arbeitnehmer, während sie ansonsten von den Arbeitsbedingungen des Tarifvertrages ebenfalls profitieren.

(4) Grenzen

Auf die Frage, wann eine Differenzierungsklausel in einen Beitrittszwang umschlägt, lassen sich allgemeingültige Antworten schwerlich geben.[262] Ein paar Gesichtspunkte sollen an dieser Stelle aber benannt werden. Teils wird versucht, Quantitätsrelationen zu entwickeln, die als Faustformel dafür herhalten sollen, ob aus dem vorenthaltenen Vorteil ein effektiver Beitrittsdruck entsteht. Insoweit sei allerdings darauf hingewiesen, dass die Benennung von Größenordnungen beim jährlichen Gewerkschaftsbeitrag oder dem doppelten davon[263] mit Rücksicht auf den höheren Aufwand des Organisierten immer alle auf einem monokausalen ökonomischen Zusammenhang fußen, der in der Realität kaum vorkommen dürfte (s.o. I). Die Entscheidung für oder gegen die Mitgliedschaft in einer Gewerkschaft ist nicht allein durch den Geldbeutel geprägt, sondern von zahlreichen anderen Erwägungen abhängig. Im Übrigen lassen sich solche Größenordnungen nur für Fallgestaltungen benennen, in denen klar ist, dass der Vorteil für Organisierte im Voraus berechenbar einen Vorsprung bestimmten Umfangs erreicht. Außer bei Spannenklauseln ist das aber regelmäßig nicht der Fall.

Umgekehrt lässt sich aber sicher für manche Konstellation relativ verlässlich davon ausgehen, dass ein Druck zum Beitritt aus dem Umfang des Vorteils gar nicht erwachsen kann. Der aus der Wissenschaft vorgelegte Entwurf eines Differenzierungsklauselgesetzes[264] sieht ausdrücklich vor, dass Sonderleistungen bis zum doppelten Gewerkschaftsbeitrag rechtlich über jeden Zweifel erhaben sind. Umgekehrt heißt das nicht, dass nicht auch weitere, darüber hinaus gehende Vorteile rechtlich unproblematisch sein können, was häufig übersehen wird. In der Literatur wurde insoweit versucht, die Rechtsprechung zur Sittenwidrigkeit untertariflicher Löhne fruchtbar zu machen. In Anlehnung hieran sollte jedenfalls auch eine Differenzierung bei monetären Größen um bis zu 1/3 möglich sein.[265]

---

262 Vgl. auch bereits in Bezug auf einfache Differenzierungsklauseln im Allgemeinen BAG 18.3.2009 – 4 AZR 64/08, NZA 2009, 1028, Rn. 38.
263 *Däubler*, BB 2002, 1643, 1647; Kempen/Zachert-*Kempen*, Grundlagen Rn. 220; ähnl. *Kamanabrou*, FS Kreutz, 2010, S. 197, 207.
264 *Benecke/Böhm/Cremer u.a.*, AuR 2021, 310 ff.
265 *Leydecker*, Der Tarifvertrag als exklusives Gut, S. 176 ff.; Jacobs/Krause/Oetker/Schubert-*Krause*, § 1 Rn. 79; *Deinert*, RdA 2014, 129, 134; wohl auch Berg/Kocher/Schumann-*Dierßen*, § 3 Rn. 240.

e) Vertragsfreiheit der Außenseiter

Die konditionierte Allgemeinverbindlicherklärung bedeutet die Bindung des Arbeitgebers an eine Vorteilsregelung für organisierte Arbeitnehmer. Das könnte problematisch unter dem Gesichtspunkt erscheinen, dass es Außenseitern erschwert wird, vergleichbare Vertragsinhalte wie diejenigen, die die Vorteilsregelung enthält, zu vereinbaren. Das berührt die Vertragsfreiheit, die für die Arbeitsvertragsparteien aus der Berufsfreiheit (Art. 12 Abs. 1 GG) folgt, ansonsten aus Art. 2 Abs. 1 GG.[266]

Insoweit ist aber nochmals zu betonen, dass der Arbeitgeber von Rechts wegen grundsätzlich nicht gehindert ist, auch Außenseitern die tariflichen Leistungen zu gewähren.[267] Die meisten der beschriebenen Konstruktionen hindern auch nicht daran, entsprechende Vertragsinhalte auf privatautonomer Ebene zu vereinbaren. Namentlich eine einfache Differenzierungsklausel oder eine Beschränkung des Geltungsbereichs des Tarifvertrages bewirkt lediglich, dass nicht schon aus einer vertraglichen Bezugnahme auf den Tarifvertrag eine vollständige Teilhabe an den Tarifinhalten folgt.[268] Aber auch dort, wo es den Außenseitern erschwert wird, eine vollständige Gleichstellung zu erreichen, wie dies bei Spannenklauseln insbesondere der Fall ist, folgt aus dem Umstand des Eingriffs in den Schutzbereich keineswegs, dass die konditionierte Allgemeinverbindlicherklärung verfassungswidrig wäre. Vielmehr ist auch insoweit eine Rechtfertigung in Abwägung mit widerstreitenden Gütern zu prüfen.[269] Auch insoweit kommt eine Rechtfertigung zur Sicherung der Funktionsfähigkeit der Tarifautonomie über die Sicherung einer hinreichenden Mitgliederbasis in Betracht. Dieses verfassungsrechtlich geschützte Rechtsgut aus Art. 9 Abs. 3 GG muss in eine Abwägung mit der Bedeutung der Vertragsfreiheit eingestellt werden.

Die Sicherung der Funktionsfähigkeit der Tarifautonomie erlangt insoweit Vorrang, ist doch der Eingriff in die Privatautonomie aus zwei Gesichtspunkten nur von geringer Intensität. Insoweit ist für die einfache Differenzierungsklausel ebenso wie für Geltungsbereichsbeschränkungen und die Einbeziehung Dritter zu konstatieren, dass der Eingriff in die Vertragsfreiheit des Außenseiters nur gering ist, weil er, wie bereits oben (II 5 b) gezeigt, keinen Anspruch auf einen Vertrag bestimmten Inhalts hat und andererseits der

---

266 Vgl. BVerfG 26.5.1981 – 1 BvL 56/78 u.a., AP Nr. 1 zu § 4 SchwbG; BVerfG 29.6.2016 – 1 BvR 1015/15, BVerfGE 142, 268. Ausführlich zur Reichweite des Schutzes der berufsbezogenen Vertragsfreiheit aus Art. 12 Abs. 1 GG *Kingreen*, Exklusive Tariföffnungsklauseln, S. 34 ff.
267 Vgl. auch BAG 23.3.2011 – 4 AZR 366/09, NZA 2011, 920, Rn. 46.
268 Vgl. für die einfache Differenzierungsklausel *Waltermann*, Differenzierungsklauseln, S. 71 f.
269 Vgl. *Deinert*, RdA 2014, 129, 134.

Arbeitgeber an einer Gleichstellung nicht gehindert wird, sodass diese Formen der Differenzierung letztlich nur das Widersetzungspotenzial des Arbeitgebers steigern.[270] Im Ausgangspunkt bedeutet das, dass der Außenseiter auf das zurückgeworfen ist, was aus dem Konzept des TVG ohnehin folgt: Anspruch auf Tarifbedingungen haben nur Organisierte.[271] Zum einen werden die Vertragsparteien nicht daran gehindert, Vertragsinhalte welcher Art auch immer zu vereinbaren. Die Spannenklausel macht es für den Arbeitgeber ab einem gewissen Punkt zwar unökonomisch, weitere Zugeständnisse zu gewähren. Dies hat allerdings ebenfalls eine geringe grundrechtliche Relevanz, weil ein Anspruch auf einen bestimmten Vertragsinhalt oder eine bestimmte Solvenz des Vertragspartners eben nicht existiert. Zudem geht es häufig um Größenordnungen, die keine existenziellen Ausmaße einnehmen, wenn etwa Erschwerniszulagen oder Gratifikationen exklusiv für Organisierte vorgesehen werden. Insoweit sind jedenfalls Sonderleistungen, soweit sie das Fernbleiberecht des Außenseiters nicht verletzen, auch im Hinblick auf dessen Vertragsfreiheit unproblematisch. Zudem ist der Eingriff in die Vertragsfreiheit des Außenseiters im Allgemeinen nicht unverhältnismäßig mit Rücksicht darauf, dass individuell ausgehandelte Vorteile des Außenseiters von einer Spannenklausel regelmäßig nicht erfasst werden, sodass die individuelle Vertragsverhandlung gar nicht berührt wird.[272] Das BAG hat klargestellt, dass eine solche Spannenklausel regelmäßig dahin zu verstehen ist, dass es um Leistungen geht, die der Arbeitgeber aufgrund eines generalisierenden Prinzips mit kollektivem Bezug erbringt.[273] Denn die Spannenklausel richtet sich gegen Maßnahmen, die einen dem Exklusivvorteil für Organisierte entgegenstehenden Zweck verfolgt.[274] Insofern ist auch im Blick zu behalten, dass die Außenseiter in solchen Konstellationen zumeist nur von betriebs- und organisationspolitischen Entscheidungen des Arbeitgebers für eine Maßnahme mit entsprechendem kollektivem Bezug profitieren.[275]

Problematisch könnte eine Spannenklausel nur sein, wenn sie an eine schon vorher verabredete Gleichstellungsvereinbarung knüpfte und damit einen niemals endenden Mechanismus auslösen würde. Das wurde als unverhältnismäßig angesehen mit der Folge, dass eine Spannenklausel, die insoweit keine Ein-

---

270 Vgl. *Gamillscheg*, Kollektives Arbeitsrecht I, S. 361.
271 *Ulber/Strauß*, DB 2008, 1970, 1973; vgl. auch *Däubler*, BB 2002, 1643, 1647.
272 *Benecke/Böhm/Cremer u.a.*, AuR 2021, 310, 313; Jacobs/Krause/Oetker/Schubert-*Krause*, § 1 Rn. 80; *Waltermann*, ZFA 2020, 211, 219; *ders.*, SR 2021, 177, 181 f.
273 BAG 23.3.2011 – 4 AZR 366/09, NZA 2011, 920, Rn. 31; vgl. auch *Benecke/Böhm/Cremer u.a.*, AuR 2021, 310, 313; Jacobs/Krause/Oetker/Schubert-*Krause*, § 1 Rn. 78, 80; *Waltermann*, SR 2021, 177, 181 f.; a.A. *Höpfner*, RdA 2019, 146, 154.
274 *Jacobs/Malorny*, SR 2022, 1, 6.
275 Vgl. *Benecke/Böhm/Cremer u.a.*, AuR 2021, 310, 311.

schränkungen enthält, unwirksam sei.[276] Richtiger Ansicht nach bedarf es in diesem Falle indes einer Abwägung der Vertragsfreit mit der kollektiven Koalitionsfreiheit, wobei Letztere den Vorrang verdient, sodass die Gleichstellungsvereinbarung lediglich für die Dauer der Kollision zurückzutreten hat.[277]

f) Gegnerunabhängigkeit

Die Gegnerunabhängigkeit ist nachfolgend sowohl mit Blick auf die Arbeitgeberseite zu prüfen als auch mit Blick auf die Gewerkschaftsseite.

Während eine konditionierte Allgemeinverbindlicherklärung für Außenseiter auf der Arbeitnehmerseite hinsichtlich des Fernbleiberechts zu prüfen war (s.o. c), stellt sich für Außenseiter auf der Arbeitgeberseite die Frage, ob es rechtlich zulässig ist, sie für eine Stabilisierung des potenziellen sozialen Gegenspielers in Anspruch zu nehmen. Da die Außenseiter sich gegen eine Verbandsmitgliedschaft und zumeist auch gegen den Abschluss von Tarifverträgen mit einer Gewerkschaft entschieden haben, geht es zumeist um die Stärkung eines nur potenziellen sozialen Gegenspielers. Gleichwohl könnte dies problematisch erscheinen unter dem Gesichtspunkt der Gegnerunabhängigkeit.[278]

Nicht betroffen ist insoweit aber die Unabhängigkeit der Arbeitgeberseite. Tatsächlich trifft es die Außenseiter in gar keiner anderen Weise als auch die organisierten Arbeitgeber, die tarifgebunden sind. Denn auch jene werden über die konditionierte Allgemeinverbindlicherklärung für das Anliegen einer Stabilisierung des sozialen Gegenspielers und damit der Funktionsfähigkeit der Tarifautonomie insgesamt in Anspruch genommen.

Mit Blick auf den Arbeitgeberverband, von dem eine konditionierte Allgemeinverbindlicherklärung gefordert wurde, selbst wenn er sich nur unter Streikdruck einer solchen ergeben hat, ist festzustellen, dass dieser einen Eingriff in die kollektive Koalitionsfreiheit am Ende hinzunehmen hätte, weil dies als Beitrag zur Stärkung der Funktionsfähigkeit des Tarifvertragssystems erforderlich erschiene. Eben dieser Rechtfertigungsgrund trägt aber auch gegenüber dem Außenseiter, der über das Instrument der Allgemeinverbindlicherklärung von einem Unterbietungswettbewerb mit den tarifgebundenen Arbeitgebern abgehalten werden soll. Soweit zulässigerweise organisierte Arbeitgeber durch Vorteilsregelungen für organisierte Arbeitnehmer in Anspruch

---

276 *Waltermann*, Differenzierungsklauseln, S. 75.
277 *Benecke/Böhm/Cremer u.a.*, AuR 2021, 310, 313.
278 *Zöllner*, Tarifvertragliche Differenzierungsklauseln, S. 33 f.; *Franzen*, RdA 2006, 1, 7.

genommen werden, wird den Außenseitern lediglich die Möglichkeit abgeschnitten, in anderer Weise zu verfahren. Angesichts des verfolgten Ziels überzeugt auch nicht die seinerzeit vom Großen Senat des BAG aufgestellte These, mit einer Differenzierungsklausel werde vom Arbeitgeber Unzumutbares verlangt, insoweit er an der Differenzierung zwischen Organisierten und Außenseiten mitwirken müsse.[279]

Die Gegnerfreiheit wäre allenfalls infrage gestellt, wenn der Arbeitgeber zu Beiträgen herangezogen würde, die kein vergleichbares Äquivalent wie die Beitragsleistungen organisierter Arbeitgeber, etwa durch Leistungen an die eigenen Arbeitnehmer oder Refinanzierung von Leistungen des Arbeitgebers an seine Arbeitnehmer, haben.[280] Dies hat der EGMR in der Geotech-Entscheidung verdeutlicht, in der er umgekehrt betont hat, dass der Arbeitgeber nicht nur zu Beiträgen herangezogen wurde, sondern auch Leistungen, entweder an die Arbeitnehmer des Arbeitgebers oder an den Arbeitgeber, erbracht wurden.[281] Auch in diesem Zusammenhang hat der EGMR besonders betont, dass der beabsichtigte soziale Schutz nur durch Einbeziehung aller Arbeitgeber und Arbeitnehmer des Baugewerbes zu erreichen sei.[282] Doch auch hier spielte vor allem eine Rolle, dass nicht zu Beiträgen ohne entsprechende Leistungen herangezogen wurde. Der Gerichtshof hat in dem Zusammenhang zudem besonders betont, dass Außenseiter auf Arbeitgeberseite keine Nachteile im Vergleich zu den kraft Mitgliedschaft tarifgebundenen hätten.[283]

Vor diesem Hintergrund kann die vom Bundesverfassungsgericht offengelassene Frage, ob nicht organisierte Arbeitgeber sich als individuelle Unternehmer überhaupt auf die Koalitionsfreiheit berufen können,[284] an dieser Stelle unbeantwortet bleiben. Anderenfalls wäre die Frage der Gegnerfinanzierung unter einem Eingriff in die Berufsfreiheit (Art. 12 Abs. 1 GG) zu prüfen gewesen. Was als Eingriff in die Koalitionsfreiheit gerechtfertigt ist, wäre aber auch als Eingriff in die Berufsfreiheit gerechtfertigt.

Angesprochen ist indes die Unabhängigkeit der Gewerkschaft. Die Unabhängigkeit ist eine Voraussetzung für das Vorliegen einer Koalition an sich, beträfe hier also die Gewerkschaften im Falle finanzieller Abhängigkeit vom sozialen Gegenspieler.[285] Insoweit wird die Gegnerfinanzierung bisweilen als prob-

---

279 So BAG 29.11.1967 – GS 1/67, BAGE 20, 175, 222 ff.
280 *Waltermann*, SR 2021, 177, 186.
281 EGMR 2.6.2016 – 23646/09, NZA 2016, 1519, Rn. 71 – Geotech Kancev.
282 EGMR 2.6.2016 – 23646/09, NZA 2016, 1519, Rn. 70 – Geotech Kancev.
283 EGMR 2.6.2016 – 23646/09, NZA 2016, 1519, Rn. 72 – Geotech Kancev.
284 BVerfG 19.6.2020 – 1 BvR 842/17, NZA 2020, 1186, Rn. 17.
285 Vgl. BAG 31.1.2018 – 10 AZR 695/16 (A), NZA 2018, 876, Rn. 22; ErfK-*Linsenmaier*, Art. 9 GG Rn. 25.

lematischer Aspekt diskutiert.[286] Tatsächlich ist deren Unabhängigkeit aber auch nicht gefährdet, wenn ihre Mitglieder aufgrund eines Tarifvertrages, der durch die Verhandlungsstärke der Gewerkschaft zustande gekommen ist, Leistungen vom Arbeitgeber beanspruchen können. Zu Recht wurde in dem Zusammenhang bereits darauf aufmerksam gemacht, dass die Zahlungen, die, selbst wenn sie über die Gewerkschaft erfolgen, für die Arbeitnehmer vorgesehen sind, nicht die Gewerkschaft und damit einen sozialen Gegenspieler finanzieren.[287] Insoweit erweist sich auch die Überlegung, dass in krassen Fällen der Bestand der Gewerkschaft gefährdet wäre, wenn im Falle der Änderung des Tarifvertrages – oder im vorliegenden Fall: Fortfall der Allgemeinverbindlichkeit – die Differenzierungsklausel entfällt,[288] als Scheinproblem. Das ist nichts anderes als das generelle Problem, wenn es einer Gewerkschaft nicht gelingt, den bisherigen Bestand an Arbeitnehmerschutznormen aufrechtzuerhalten. Mit dieser Erwägung könnte der Tarifvertrag insgesamt als Gefährdung der Gegnerunabhängigkeit angesehen werden, eine absurde Vorstellung.

Nur am Rande sei angemerkt, dass die Gefährdung des Koalitionsstatus der Gewerkschaft schwerlich gegen die Wirksamkeit einer Differenzierungsklausel an sich vorgebracht werden kann und im Kontext der Allgemeinverbindlicherklärung bestenfalls das öffentliche Interesse infrage stellen kann, soweit diese darauf hinausliefe, eine Tarifvertragspartei in ihrer Existenz zu gefährden.

Nach allem ist die konditionierte Allgemeinverbindlicherklärung auch unter dem Gesichtspunkt der Gegnerunabhängigkeit rechtlich unproblematisch.

g) Staatsneutralität

In diesem Zusammenhang ist auch die Frage der Neutralität des Staates in den kollektiven Arbeitsbeziehungen zu sehen. Es geht darum, dass der Staat mit Rücksicht darauf, dass alle Beteiligten im Tarifgeschehen Koalitionsfreiheit gemäß Art. 9 Abs. 3 GG genießen, nicht einseitig Partei für eine Seite ergreifen darf. Es stellt sich allerdings die Frage, ob die Staatsneutralität durch eine konditionierte Allgemeinverbindlicherklärung verletzt würde.

Staatsneutralität an sich ist kein geschütztes Rechtsgut. Sie ist aber zu fordern, soweit der Staat regelnd in die kollektiven Beziehungen der Koalitionen eingreift.[289] Dasselbe gilt im Hinblick auf die Konkurrenzsituation zwischen meh-

---

286 HWK-*Henssler*, § 1 TVG Rn. 111; *Franzen*, RdA 2006, 1, 7.
287 *Däubler-Heuschmid/Klug*, § 1 Rn. 1074; *Borchard*, Verfassungsrechtliche und einfachgesetzliche Grenzen, S. 157 ff.
288 *Zöllner*, Tarifvertragliche Differenzierungsklauseln, S. 34.
289 BVerfG 19.6.2020 – 1 BvR 842/17, NZA 2020, 1186, Rn. 21.

reren Gewerkschaften.[290] Dieses Verständnis von Staatsneutralität bedeutet aber nicht, dass dem Staat jegliches Handeln versagt wäre. Im Gegenteil ist er verpflichtet, den Tarifvertragsparteien überhaupt ein Tarifvertragssystem bereitzustellen und so das Tarifvertragsrecht auszugestalten.[291] Das ist notwendig in verschiedener Hinsicht mit Begrenzungen für die eine und die andere Seite verbunden. Das Bundesverfassungsgericht hat zudem klargestellt, dass der Staat aufgefordert ist, im Falle einer Verschiebung der Parität der Sozialpartner gestaltend einzugreifen, damit die Wahrnehmung des Koalitionsrechts für beide Seiten möglich ist.[292] Andererseits ist der Staat nicht verpflichtet, schwachen Verbänden zur Durchsetzungsfähigkeit zu verhelfen oder Kampfbedingungen zu optimieren.[293] Er muss nur einschreiten, wenn die Strukturbedingungen der Tarifautonomie fehlen. Andererseits hindert die Verfassung den Staat nicht, das Tarifvertragsrecht so auszugestalten, dass die Tarifautonomie in möglichst optimaler Weise verwirklicht werden kann. In diesem Sinne hat das Bundesverfassungsgericht die staatliche Neutralität bislang auch nur in der Weise im Kontext der Allgemeinverbindlicherklärung ins Spiel gebracht, dass sie einem Anspruch der Tarifvertragsparteien auf Allgemeinverbindlicherklärung entgegenstehe.[294]

Vor diesem Hintergrund ist eine konditionierte Allgemeinverbindlicherklärung nicht als Verletzung staatlicher Neutralität zu sehen, sondern, da sie im Interesse der Erhaltung der Funktionsfähigkeit des Tarifvertragssystems erfolgt, als zulässiger Beitrag zur Ausgestaltung des Systems zu begreifen.

h) Positive Koalitionsfreiheit anders organisierter Arbeitnehmer

Es wurde bereits weiter oben (1 e) darauf hingewiesen, dass eine konditionierte Allgemeinverbindlicherklärung als gegen die Koalitionsfreiheit gerichtete Maßnahme (Art. 9 Abs. 3 Satz 2 GG) begriffen werden könnte, wenn Exklusivregelungen dazu führen würden, dass Angehörige konkurrierender Koalitionen von solchen Vorteilen ausgeschlossen blieben und insoweit systematisch zurückgesetzt würden. In den meisten Fällen dürfte das aber gar kein Problem sein. Mit Blick auf eine einfache Differenzierungsklausel ist nochmals zu betonen, dass es dem Arbeitgeber nicht verwehrt ist, Außenseitern entsprechende Leistungen zu gewähren. Nichts anderes gilt für den Umgang mit anders Organisierten. Deren Gewerkschaften können ihrerseits die Arbeitsbedingungen mit dem Arbeitgeber tarifieren.

---

290 BVerfG 11.7.2017 – 1 BvR 1571/15, NZA 2017, 915, Rn. 149 f.
291 BVerfG 18.11.1954 – 1 BvR 629/52, BVerfGE 4, 96, 106.
292 BVerfG 4.7.1995 – 1 BvF 2/86 u.a., BVerfGE 92, 365.
293 BVerfG 10.1.2020 – 1 BvR 4/17, NZA 2020, 253, Rn. 17 f.
294 BVerfG 10.1.2020 – 1 BvR 4/17, NZA 2020, 253, Rn. 20.

Bei Abwicklung über Dritte oder Spannenklauseln bleibt für die in der tarifschließenden Gewerkschaft organisierten Arbeitnehmer allerdings ein exklusiver Vorteil. Auch insoweit gilt aber das bereits mehrfach bemühte Argument, dass eine solche Vorteilsregelung mit dem Bemühen um die Sicherung der Effektivität des Tarifvertragssystems gerechtfertigt werden kann. Problematisch wäre dies nur, wenn es einer konkurrierenden Gewerkschaft versagt wäre, mit demselben Argument entsprechende Vorteile für die eigenen Mitglieder auszuhandeln.[295] § 4a TVG löst dieses Problem nicht abschließend, da es hier – anders als bei der gesetzlichen Regelung zur Tarifkollision – nicht um eine Tarifgebundenheit des Arbeitgebers nach § 3 TVG geht, sondern um einen allgemeinverbindlichen Tarifvertrag.[296] Art. 9 Abs. 3 Satz 2 GG[297] steht daher dem Mechanismus einer Spannenklausel entgegen, wenn sie im Ergebnis durch eine anderweitige tarifvertragliche Bindung des Arbeitgebers gegenüber einer anderen Gewerkschaft ausgelöst würde.[298] Ein die Konkurrenzorganisation behindernder Effekt darf aber auch nicht durch die Kollisionsregel ausgelöst werden. Von daher muss eine konditionierte Allgemeinverbindlicherklärung insoweit unangewendet bleiben, als sie durch eine tarifvertragliche Regelung entsprechender Vorteile für anders Organisierte ausgelöst würde. Die Annahme der Nichtigkeit der Spannenklausel im Hinblick auf die Rechte konkurrierender Gewerkschaften[299] ist demgegenüber überschießend und unverhältnismäßig. Auch an dieser Stelle zeigt sich, dass ein mitgliedschaftlich legitimierter Tarifvertrag der anders organisierten Arbeitnehmer im Falle der Tarifkonkurrenz Vorrang haben muss. Zudem ist es vorrangig geboten, die Allgemeinverbindlicherklärung mit einer Einschränkungsklausel zu versehen (vgl. o. 1 e).

Die zuletzt genannten Erwägungen zeigen auch, dass die positive Koalitionsfreiheit auf Arbeitgeberseite durch eine (konditionierte) Allgemeinverbindlicherklärung nicht berührt wird. Da der allgemeinverbindliche Tarifvertrag keineswegs exklusiv die Arbeitsbedingungen für die Arbeitsverhältnisse im Geltungsbereich des Tarifvertrages regelt und andere Tarifverträge sich, wenn es an einer Einschränkungsklausel fehlt, im Falle einer Tarifpluralität durchsetzen können, stellt sich das Problem der Unattraktivität der Verbandsmitglied-

---

295 *Leydecker*, Der Tarifvertrag als exklusives Gut, S. 248 f.
296 Ansonsten würde sich das Problem auch nur partiell über eine Verdrängung des Minderheitstarifvertrags und anschließendes Nachzeichnungsrecht der Minderheitsgewerkschaft nach § 4a Abs. 4 TVG lösen lassen (vgl. *Benecke/Böhm/Cremer u.a.*, AuR 2021, 310, 313), in vorliegendem Zusammenhang freilich mit der Folgeproblematik, dass zwei Tarifverträge inhaltlich einen Spannenmechanismus auslösen würden, anders Organisierte entsprechende Leistungen erhalten, und dadurch auf einen unlimitierten Überbietungsmechanismus hinausliefen.
297 Demgegenüber für eine Abwägungsvorrang der positiven Koalitionsfreiheit *Borchard*, Verfassungsrechtliche und einfachgesetzliche Grenzen, S. 123 ff.
298 Vgl. *Benecke/Böhm/Cremer u.a.*, AuR 2021, 310, 313; *Deinert/Wenckebach/Zwanziger-Deinert*, § 11 Rn. 146; i.E. auch *Hanau*, FS Hromadka, 2008, S. 115, 129; a.A. *Kempen/Zachert-Kempen*, Grundl. Rn. 226.
299 *Lunk/Leder/Seidler*, RdA 2015, 399, 403.

schaft in dieser Weise nicht. Der EGMR hat in dem Zusammenhang im Übrigen bereits genügen lassen, dass den Beiträgen auch Leistungen gegenüberstehen.[300]

i) Gleichheitssatz

Schließlich könnten nicht organisierte Arbeitnehmer einen Verstoß gegen den Gleichheitssatz des Art. 3 Abs. 1 GG reklamieren, insoweit sie nicht in gleicher Weise Zugang zu der exklusiven Leistung, die mit der konditionierten Allgemeinverbindlicherklärung verbunden ist, finden.

Was zunächst die gesetzliche Ermöglichung einer konditionierten Allgemeinverbindlicherklärung angeht, geht es letztlich darum, dass den betroffenen nichtorganisierten Arbeitnehmern kein Schutz durch den Tarifvertrag verschafft wird. Im Grundsatz ist dies bereits in der Ausgestaltung des Tarifvertragsrechts als solchem angelegt (vgl. § 3 Abs. 1 TVG).[301] Die konditionierte Allgemeinverbindlicherklärung ist daher für die betroffenen Außenseiter nichts anderes als der Verzicht auf eine Allgemeinverbindlicherklärung.[302] Dies ist bereits im geltenden Tarifvertragssystem angelegt, in dem die Tarifnormsetzung auf die Organisierten beschränkt bleibt (vgl. o. I). Diese Beschränkung hat im Allgemeinen ihren Ursprung in der Erwägung der mitgliedschaftlichen Legitimation der Normsetzung.[303] Der Arbeitgeber ist grundsätzlich nicht verpflichtet, Außenseitern die tariflich geregelten Arbeitsbedingungen anzubieten bzw. zu gewähren.[304] Dies für sich würde die unterschiedliche Behandlung schon rechtfertigen. Hinzukommt, dass die Organisierten durch Beiträge und Engagement für die Gewerkschaft gleichsam zum Ertrag der Kollektivverhandlungen beigetragen haben, was für Außenseiter nicht (oder nicht in gleichem Maße) gilt.

Sodann ist der Blick zu werfen auf eine Allgemeinverbindlicherklärung, deren Konditionierung sich aus dem Programm des Tarifvertrages ergibt. Auch soweit, wie etwa im Falle einer einfachen Differenzierungsklausel, die Erstreckung der Leistung auf Außenseiter unproblematisch für den Arbeitgeber möglich ist, wäre der Zugang für diese Personen immerhin insoweit erschwert, als der Anspruch nicht bereits auf eine einfache Bezugnahmeklausel im Arbeitsvertrag gestützt

---

300 EGMR 2.6.2016 – 23646/09, NZA 2016, 1519, Rn. 58 – Geotech Kancev.
301 Vgl. auch *Waltermann*, SR 2021, 177, *Waltermann*, SR 2021, 177, 184; *Breschendorf*, Zweiteilung der Belegschaft, S. 97 f.; ähnlich auch *Neumann*, Tarifboni, S. 225 f.
302 Das übersieht *Zöllner*, Gutachten G zum 48. Deutschen Juristentag (1970), S. G 98 f.
303 Vgl. BAG 18.3.2009 – 4 AZR 64/08, NZA 2009, 1028, Rn. 50.
304 BVerfG 24.5.1977 – 2 BvL 11/74, BVerfGE 44, 322, Rn. 45; BAG 21.5.2014 – 4 AZR 50/13, NZA 2015, 115; BAG 15.4.2015 – 4 AZR 796/13, NZA 2015, 1388, Rn. 46; *Gamillscheg*, Differenzierung nach der Gewerkschaftszugehörigkeit, S. 47 ff.; Berg/Kocher/Schumann-*Dierßen*, § 3 Rn. 187; Jacobs/Krause/Oetker/Schubert-*Krause*, § 1 Rn. 80; *Däubler/Heuschmid*, RdA 2013, 1, 2.

werden könnte. Entsprechend der „neuen Formel" des Bundesverfassungsgerichts bedarf eine Ungleichbehandlung einer Rechtfertigung durch Sachgründe, die dem Differenzierungsziel und dem Ausmaß der Ungleichbehandlung angemessen sind. Je nach Regelungsgegenstand und Differenzierungsmerkmal können sich Grenzen zwischen einfachem Willkürverbot und strengen Verhältnismäßigkeitserfordernissen ergeben.[305] Angesichts des Umstandes, dass es zumeist nicht um existenzielle Leistungen geht, und auch grundrechtlich geschütztes Verhalten durch eine konditionierte Allgemeinverbindlicherklärung nicht oder kaum erschwert wird, wäre eine Rechtfertigung wohl bereits durch einfache Sachgründe gegeben. Das kann aber letztlich auf sich beruhen, da der Rechtfertigungsgrund für die konditionierte Allgemeinverbindlicherklärung wie ausgeführt in der Sicherung der Funktionsfähigkeit des Tarifvertragssystems wurzelt, mithin ein Gemeinschaftsgut von hohem Rang schützen soll. Auch eine unzulässige Ungleichbehandlung wäre mit einer konditionierten Allgemeinverbindlicherklärung nach allem nicht verbunden.[306]

j) Zusammenfassung

Die konditionierte Allgemeinverbindlicherklärung verstößt nicht gegen Grundrechte. Diese wirken unmittelbar im Verhältnis zum Staat, also auch bei Allgemeinverbindlicherklärungen durch das Bundesministerium für Arbeit und Soziales. Soweit eine Eingriffswirkung festzustellen ist, ist der Eingriff jedenfalls im Hinblick auf das hochrangige verfassungsrechtliche Rechtsgut der Sicherung der Funktionsfähigkeit der Tarifautonomie gerechtfertigt. Anderes kann nur gelten im Falle einer Spannenklausel, die für allgemeinverbindlich erklärt wird und Exklusivvorteile für organisierte Arbeitnehmer in einem Ausmaß vorsieht, dass der Verzicht auf den Beitritt zur Gewerkschaft ernstlich nicht in Betracht gezogen werden könnte, sodass im Ergebnis ein Beitrittszwang zur Gewerkschaft entstehen würde.

3. Unionsrechtliche Zulässigkeit

Die konditionierte Allgemeinverbindlicherklärung muss auch einer unionsrechtlichen Prüfung standhalten. Insofern sind Entsenderichtlinie (sogleich unten a), primärrechtliche Grenzen (unten b) und Mindestlohnrichtlinie (unten c) in den Blick zu nehmen.

---

305 Vgl. etwa BVerfG 15.1.2014 – 1 BvR 1656/09, NVwZ 2014, 1084, Rn. 54.
306 I.E. ebenso *Leydecker*, Der Tarifvertrag als exklusives Gut, S. 247 f.

a) Entsenderichtlinie

Die europäische Entsenderichtlinie 96/71/EG[307] verlangt u.a. in ihrem Art. 3 Abs. 1 lit. c) die Erstreckung von Entlohnungsbestimmungen – mit Ausnahme betrieblicher Altersversorgung – auf entsandte Arbeitnehmer unabhängig vom Arbeitsvertragsstatut. Voraussetzung ist, dass diese in Rechts- und Verwaltungsvorschriften oder in allgemeinverbindlich erklärten Tarifverträgen geregelt sind. Das wirft die Frage auf, ob das Vorenthalten der Erstreckung für nichtorganisierte Arbeitnehmer dieser Vorgabe zuwiderläuft. Allerdings ist festzustellen, dass im Falle einer konditionierten Allgemeinverbindlicherklärung, soweit sie nicht gesetzlich vorgesehen ist, sondern aus der Konstruktion des Tarifvertrages folgt (oben II 2-5), der allgemeinverbindliche Tarifvertrag, so wie er ist, auf entsandte Arbeitnehmer gemäß §§ 3 ff. AEntG erstreckt wird. Das gilt unmittelbar allerdings nur für einen allgemeinverbindlichen Tarifvertrag nach dem TVG, ansonsten aber über eine Rechtsverordnung nach §§ 7, 7a AEntG. Rechtstechnisch gesehen findet die gebotene Erstreckung also statt (s.u. IV). Dass nichtorganisierte entsandte Arbeitnehmer die in Rede stehenden Exklusivgüter nicht beanspruchen können, liegt nicht etwa daran, dass der Tarifvertrag nicht auf ihre Arbeitsverhältnisse erstreckt wurde, sondern daran, dass sie die Anspruchsvoraussetzungen nicht erfüllen.

Das findet eine gewisse Bestätigung in der Definition des für allgemeinverbindlich erklärten Tarifvertrages in Art. 3 Abs. 8 der Entsenderichtlinie. Danach handelt es sich um solche Tarifverträge, die von allen in den jeweiligen geografischen Bereich fallenden und die betreffende Tätigkeit oder das betreffende Gewerbe ausübenden Unternehmen einzuhalten sind. Auch im Falle der konditionierten Allgemeinverbindlicherklärung ist der Tarifvertrag von allen erfassten Unternehmen einzuhalten. Der Sinn des Abstellens auf die allgemeine Wirksamkeit besteht darin zu gewährleisten, dass die Gleichbehandlung für Dienstleister aus anderen Mitgliedstaaten gewährleistet ist.[308] Das ist auch im Falle einer konditionierten Allgemeinverbindlicherklärung der Fall. Der Tarifvertrag hat nur unterschiedliche Wirkungen für organisierte und nicht organisierte Arbeitnehmer.

Die Definition des Art. 3 Abs. 8 der Entsenderichtlinie zeigt im Übrigen, dass selbst eine im Wege der gesetzlichen Regelung eröffnete Möglichkeit der konditionierten Allgemeinverbindlicherklärung entsenderechtlich unproblema-

---

307 Richtlinie 96/71/EG des Europäischen Parlaments und des Rates v. 16.12.1996 über die Entsendung von Arbeitnehmern im Rahmen der Erbringung von Dienstleistungen, ABl. L 18/1; geändert durch die Richtlinie (EU) 2018/957, ABl. 2018 L 173/16.
308 EUArbRK-*Krebber*, Art. 3 RL 96/71/EG Rn. 34; Ales/Bell/Deinert/Robin-Olivier-*Defossez*, Dir. 96/71 Rn. 60 ff.

tisch wäre. Denn auch in diesem Falle wäre, da die Richtlinie allein an die Bindung sämtlicher Unternehmen anknüpft, das Merkmal eines allgemeinverbindlichen Tarifvertrags erfüllt. Damit muss nicht mehr weiter der Frage nachgegangen werden, ob die Richtlinie einer Allgemeinverbindlicherklärung von reduzierter Wirkung entgegenstünde oder ob nicht vielmehr für solche Fälle der Allgemeinverbindlicherklärung eine Erstreckung auf die Arbeitsverhältnisse entsandter Arbeitnehmer gar geboten wäre.

Im Ergebnis ist jedenfalls festzuhalten, dass die Entsenderichtlinie keine Erstreckung von Arbeitsbedingungen organisierter Arbeitnehmer, die für nicht organisierte Arbeitnehmer nicht vorgesehen sind, auf die Arbeitsverhältnisse nicht organisierter entsandter Arbeitnehmer verlangt. So gesehen steht die Entsenderichtlinie einer konditionierten Allgemeinverbindlicherklärung nicht im Wege.

b) Primärrecht

(1) Dienstleistungsfreiheit

Die Entsenderichtlinie zielt im Verständnis des Gerichtshofs der Europäischen Union auf einen Ausgleich der Rechte der verschiedenen Akteure im Falle eine Entsendung von Arbeitnehmern im Rahmen der Erbringung von Dienstleistungen.[309] Indem diese die Erstreckung von Arbeitsbedingungen auf entsandte Arbeitnehmer ungeachtet des Arbeitsvertragsstatuts anordnet, stellt sie zugleich klar, in welchem Ausmaß die Anwendung von Arbeitsbedingungen des Aufnahmestaates eine zulässige Beschränkung der Dienstleistungsfreiheit nach Art. 56 AEUV der entsendenden Arbeitgeber darstellt.[310] Das hat der Gerichtshof auch für die Reform der Entsenderichtlinie durch die Richtlinie (EU) 2018/957[311] bestätigt.[312]

Die Normierung zulässiger Beschränkungen der Dienstleistungsfreiheit durch die Entsenderichtlinie ist zwar nicht abschließend, weil Art. 3 Abs. 10 der Entsenderichtlinie den Mitgliedstaaten gestattet, weitere Arbeitsbedingungen zu erstrecken, allerdings nur „unter Einhaltung der Verträge" und nur „soweit es sich um Vorschriften im Bereich der öffentlichen Ordnung handelt". Im vorliegenden Kontext interessiert diese Ausnahme allerdings nicht, weil es nicht darum geht, zusätzliche Arbeitsbedingungen zu erstrecken, sondern vielmehr um den Verzicht auf Erstreckungen.

---

309 EuGH 18.12.2007 – C-341/05, NZA 2008, 159 – Laval; EuGH 3.4.2008 – C-346/06, NZA 2008, 537 – Rüffert; EuGH 19.6.2008 – C-319/06, NZA 2008, 865 – Kommission/Luxemburg.
310 *Deinert*, Internationales Arbeitsrecht, § 10 Rn. 69 ff.
311 S.o. Fn. 46.
312 EuGH 8.12.2020 – C- 620/18, NZA 2021, 113 – Ungarn/EP und Rat, Rn. 104 ff.

Gleichwohl ist eine konditionierte Allgemeinverbindlicherklärung neben der Entsenderichtlinie auch an der Dienstleistungsfreiheit des Art. 56 AEUV zu messen. Die Entsenderichtlinie vermag zwar die Erstreckung von Arbeitsbedingungen auf entsandte Arbeitnehmer zu rechtfertigen, nicht aber Beschränkungen von Grundfreiheiten durch die Inhalte des Tarifvertrages als solche.

Die Belastung durch zusätzliche arbeitsrechtliche Verpflichtungen über die nach dem Arbeitsvertragsstatut hinaus existierenden bedeuten für entsendende Unternehmen eine Beschränkung ihrer Dienstleistungsfreiheit. Eine solche Beschränkung kann nach der Rechtsprechung des Gerichtshofs durch ein zwingendes Allgemeininteresse gerechtfertigt werden, wobei auch der Arbeitnehmerschutz ein solches zwingendes Allgemeininteresse darstellen kann, vorausgesetzt die Regelung benachteiligt nicht Unternehmen aus anderen Mitgliedstaaten in diskriminierender Weise.[313] Dabei ist im Ausgangspunkt die Erstreckung von Arbeitsbedingungen, die in allgemeinverbindlichen Tarifverträgen geregelt sind, im Interesse des Arbeitnehmerschutzes gerechtfertigt, was bereits aus der Entsenderichtlinie folgt. Der Gerichtshof verlangt nur eine Ausnahme, wenn der Arbeitnehmerschutz bereits durch die Regelungen des Herkunftslandes ausreichend gewährleistet ist.[314] Insoweit gilt im Rahmen einer konditionierten Allgemeinverbindlicherklärung grundsätzlich nichts anderes als auch sonst bei allgemeinverbindlich erklärten Tarifverträgen. Eine besondere Belastung der Dienstleistungsfreiheit des entsendenden Unternehmers durch die Konditionierung der Allgemeinverbindlicherklärung ist hingegen zu verneinen, weil er ja gerade zu weniger verpflichtet wird als bei Leistungen, die auch Außenseitern auf Arbeitnehmerseite zu gewähren wären.

Anders wäre das nicht einmal in dem Fall, dass bei einer Einbindung Dritter Beiträge für sämtliche Arbeitnehmer gefordert werden, diese aber nur an Organisierte ausgekehrt werden. Denn auch dann ist die Regelung im Interesse des Schutzes der organisierten Arbeitnehmer sowie zum Schutz der Funktionsfähigkeit des Tarifvertragssystems als solches durch zwingende Allgemeininteressen gerechtfertigt und wird unterschiedslos auf inländische und ausländische Arbeitgeber angewendet. Zweifel an einer Rechtfertigung durch das Interesse des Arbeitnehmerschutzes könnten lediglich insoweit aufkommen, als entsandte Arbeitnehmer in der Regel gar nicht in den Genuss der Exklusivleistungen kommen werden, weil sie nicht Mitglieder der tarifvertragschließenden Gewerkschaft sein werden. Diesen Bedenken könnte aber begegnet werden, wenn die tarifvertragschließende Gewerkschaft eine leicht und unkompli-

---

313 EuGH 23.11.1999 – C-369/96 u.a., NZA 2000, 85, Rn. 36 – Arblade; EuGH 24.1.2002 – C-164/99, NZA 2002, 207 – Portugaia Construções; EuGH 17.11.2015 – C-115/14, NZA 2016, 155, Rn. 70 – RegioPost.
314 EuGH 28.3.1996 – C-272/94, AP Nr. 2 zu Art. 59 EWG-Vertrag.

ziert zu begründende Sondermitgliedschaft für entsandte Arbeitnehmer anbietet, die ohne zusätzliche Hürde ermöglicht, die Anspruchsvoraussetzungen zu schaffen. Eine solche Sondermitgliedschaft hat beispielsweise die IG BAU für entsandte Arbeitnehmer vorgesehen. Danach können entsandte Arbeitnehmer im Baugewerbe eine Mitgliedschaft erwerben, die ein Jahr dauert und ohne Kündigung endet. Der Jahresbeitrag beträgt 187,20 € und umfasst unter anderem sofortigen vollen Rechtsschutz und weitere Leistungen.[315] Der Beitrag liegt damit deutlich unter dem regulären Beitrag für Mitglieder der Gewerkschaft von 1 % oder 1,15 % des Bruttolohns. Von daher kann eine solche Sondermitgliedschaft sogar einen erleichterten Zugang zur Exklusivleistung im Vergleich zu inländischen Arbeitnehmern verschaffen.

(2) Verbot der Diskriminierung wegen der Staatsangehörigkeit
Der Gerichtshof hat im Übrigen klargestellt, dass entsandte Arbeitnehmer an der Ausübung der Dienstleistungsfreiheit ihres Arbeitgebers teilhaben, nicht aber selber eine Grundfreiheit, etwa die Freizügigkeit der Arbeitnehmer, ausüben.[316] Insofern ist auch aus der Perspektive der Rechte entsandter Arbeitnehmer kein grundfreiheitliches Bedenken gegen die Vorenthaltung von Exklusivleistungen abzuleiten.

Da allerdings entsandte Arbeitnehmer regelmäßig nicht Mitglieder einer inländischen Gewerkschaft sind, wären diese in besonderem Maße von Differenzierungen im Wege konditionierter Allgemeinverbindlicherklärungen betroffen, sodass sich die Frage nach einer Diskriminierung wegen der Staatsangehörigkeit nach Art. 18 AEUV stellt. Da sie sich ihrerseits nicht auf die Freizügigkeit berufen können, gibt es insoweit kein vorrangiges[317] Diskriminierungsverbot. Zwar differenziert eine konditionierte Allgemeinverbindlicherklärung nicht wegen der Staatsangehörigkeit. Entsandte Arbeitnehmer werden aber häufiger als nicht entsandte Arbeitnehmer eine fremde Staatsangehörigkeit haben und von daher stärker nachteilig betroffen sein von einer konditionierten Allgemeinverbindlicherklärung, sodass eine mittelbare Benachteiligung wegen der Staatsangehörigkeit[318] vorläge. Diese bedürfte einer Rechtfertigung durch einen sachlichen Grund, der nichts mit der Benachteiligung wegen der Staatsangehörigkeit zu tun hat.[319] Die Zielsetzung der konditionierten Allgemeinverbindlicherklärung, die Funktionsfähigkeit des Tarifvertragssystems durch Anreiz zur Gewerkschaftsmitgliedschaft zu gewährleisten (vgl. o. 2 c) (3)), könnte dies nur schwerlich rechtfertigen, weil nur vorübergehend im Inland tätige Arbeitnehmer durch ihr

---

315 Vgl. dazu *https://igbau.de/Jahresmitgliedschaft.html* (zuletzt aufgerufen am 13.7.2023).
316 EuGH 27.3.1990 – C-113/89, NZA 1990, 653 – Rush Portuguesa.
317 Vgl. m.w.N. Calliess/Ruffert-*Epiney*, Art. 18 AEUV Rn. 3 ff.
318 Auch diese wird von Art. 18 AEUV erfasst, vgl. Calliess/Ruffert-*Epiney*, Art. 18 AEUV Rn. 12.
319 EuArbRK-*Steinmeyer*, Art. 18 AEUV Rn. 18.

Beitrittsverhalten keinen nachhaltigen Beitrag zur Sicherung der Funktionsfähigkeit des Tarifvertragssystems am deutschen Arbeitsmarkt leisten können.

Von daher wäre eine konditionierte Allgemeinverbindlicherklärung mit Blick auf Art. 18 AEUV problematisch. Dem ließe sich aber begegnen durch einen Sonderzugang zu entsprechenden Exklusivgütern. Dieser könnte beispielsweise über eine Sondermitgliedschaft in der oben beschriebenen Weise gewährleistet werden, aber auch, indem die tarifvertragliche Regelung die Mitgliedschaft in einer ausländischen Gewerkschaft mit jener in der tarifvertragschließenden Gewerkschaft tatbestandlich gleichstellt.

(3) Kartellverbot

Nach der Rechtsprechung des EuGH ist zudem klar, dass auch allgemeinverbindliche Tarifverträge vom Kartellverbot des Art. 101 AEUV freigestellt sind.[320] Zweifel, ob das auch bei einer konditionierten (eingeschränkten) Allgemeinverbindlicherklärung gilt, greifen letztlich nicht durch. Für die im Wettbewerb stehenden Unternehmen ändert sich nichts, wenn sie nur organisierten Arbeitnehmern gegenüber zur Einhaltung des Tarifvertrages verpflichtet sind und nicht darüber hinaus verpflichtet werden, auch nicht organisierten Arbeitnehmern entsprechende Leistungen zu gewähren.

c) Mindestlohnrichtlinie

Die europäische Mindestlohnrichtlinie (EU) 2022/2041[321] will zu sozialer Aufwärtskonvergenz beitragen und zielt dazu unter anderem auf Förderung von Tarifverhandlungen zur Lohnfestsetzung. Teils wird die Kompetenzwidrigkeit der Richtlinie im Hinblick auf die fehlende Kompetenz der Union u.a. für das Arbeitsentgelt gemäß Art. 153 Abs. 5 AEUV reklamiert.[322] Indes gibt es auch Gegenstimmen, die zu Recht darauf abstellen, dass die Richtlinie nicht unmittelbar Löhne regelt.[323]

Die Förderung von Tarifverhandlungen ist kein Selbstzweck, sondern soll der Verbesserung der Lebens- und Arbeitsbedingungen und insbesondere der Angemessenheit der Mindestlöhne der Arbeitnehmer dienen. Insofern könnte erwogen werden, dass die Mindestlohnrichtlinie der Ausgestaltung tarifvertraglicher Leistungen als Exklusivgut für Organisierte entgegensteht. Allerdings fordert die Richtlinie an keiner Stelle ein bestimmtes Maß tarifvertraglicher Löh-

---

320 EuGH 21.9.1999 – C-67/97, AP Nr. 1 zu Art. 85 EG-Vertrag – Albany.
321 Richtlinie (EU) 2022/2041 des Europäischen Parlaments und des Rates v. 19.10.2022 über angemessene Mindestlöhne in der Europäischen Union.
322 *Franzen*, ZFA 2021, 157 ff.; *Vogt*, EuZA 2023, 50 ff.
323 *Eichenhofer*, AuR 2021, 148 ff.; *Sagan/Witschen/Schneider*, ZESAR 2021, 103, 104.

ne oder einen besonderen Zugang zum Tariflohn auch für Außenseiter. Im Gegenteil wird in Art. 1 Abs. 4 Satz 2 der Richtlinie ausdrücklich klargestellt, dass sie nicht dazu verpflichtet, Tarifverträge für allgemeinverbindlich zu erklären.

Auch wenn man davon ausginge, dass Tarifverträge als Exklusivgut dem Geist der Richtlinie widersprächen, würde sie keine Handhabe liefern, Instrumenten der konditionierten Allgemeinverbindlicherklärung entgegenzutreten. Umgekehrt allerdings sollte nicht aus dem Auge verloren werden, dass die konditionierte Allgemeinverbindlicherklärung nicht etwa auf eine „Bestrafung" abzielt oder dem Kujonieren nicht organisierter Arbeitnehmer dient, sondern vielmehr einen Anreiz zum Beitritt schaffen soll, um das Tarifverhandlungssystem zu sichern und zu stärken. Insoweit steht die konditionierte Allgemeinverbindlicherklärung keineswegs im Gegensatz zu den Zielen der Mindestlohnrichtlinie. Vielmehr fordert die Richtlinie im Gegenteil in ihrem Art. 4 eine Förderung von Tarifverhandlungen. In dessen Abs. 1 ist ausdrücklich das Ziel einer Erhöhung der tarifvertraglichen Abdeckung und der Erleichterung der Ausübung des Rechts auf Tarifverhandlungen genannt. Dazu sind verschiedene Maßnahmen erwähnt, die die Mitgliedstaaten ergreifen müssen. Unter anderem ist dort vorgesehen eine „Förderung des Auf- und Ausbaus der Kapazitäten der Sozialpartner, Tarifverhandlungen zur Lohnfestsetzung insbesondere auf sektoraler oder branchenübergreifender Ebene zu führen." In dem Zusammenhang muss die konditionierte Allgemeinverbindlicherklärung als eine Maßnahme zur Förderung von Tarifverhandlungen zur Lohnfestsetzung im Sinne des Art. 4 Abs. 1 lit. a der Mindestlohnrichtlinie begriffen werden.

IV. Entsenderechtliche Konsequenzen der konditionierten Allgemeinverbindlicherklärung

Das BAG ging davon aus, dass die Allgemeinverbindlicherklärung, die zur Erstreckung von Tarifnormen nach § 8 Abs. 2 AEntG erfolgt, obwohl es kein formales Zitiergebot gibt, die Rechtsgrundlage angeben müsse, da anderenfalls die Normunterworfenen nicht erkennen könnten, dass der allgemeinverbindliche Tarifvertrag eine anderweitige Tarifbindung verdrängt.[324] Es ist allerdings zweifelhaft, ob dies noch gilt, nachdem das AEntG zur Umsetzung der Reform der Entsenderichtlinie durch die Richtlinie (EU) 2018/957[325] reformiert worden ist.[326] Im Zuge der Neufassung wurde die Exklusivität der Erstreckung über allgemeinverbindliche Tarifverträge im Baugewerbe aufgegeben.[327] Seither regelt § 8 Abs. 2 AEntG allgemein den Vorrang allgemeinverbindlicher Tarifverträge bzw. Rechtsverordnungen nach dem AEntG vor Tarifverträgen, an die der Arbeitgeber aus anderen Gründen tarifrechtlich gebunden ist. Für allgemeinverbindliche Tarifverträge gilt das allerdings nur, soweit diese Erholungsurlaub, Sozialkassenbeiträge oder Unterkünfte regeln, gemäß § 5 Satz 1 Nr. 2-4 AEntG. Dadurch sollte ein Gleichklang mit dem Vorrang allgemeinverbindlicher Tarifverträge über gemeinsame Einrichtungen nach § 5 Abs. 4 Satz 2 TVG (s.o. III 1 b) (4)) erreicht werden.[328]

Jeder nach dem TVG für allgemeinverbindlich erklärte Tarifvertrag über Gegenstände nach § 5 AEntG wird nunmehr nach § 3 Satz 1 Nr. 1 AEntG auf Arbeitsverhältnisse unter fremdem Vertragsstatut erstreckt.[329] Voraussetzung ist allerdings, dass es sich um einen bundesweiten Tarifvertrag handelt, es sei denn, es geht um urlaubskassenrelevante Tarifverträge, bei denen es genügt, wenn sie zusammengefasst räumlich das Bundesgebiet abdecken. Da diese Regelung der Umsetzung der Entsenderichtlinie dient, und diese keinen entsprechenden Vorbehalt enthält, kann es nicht darauf ankommen, auf welche Rechtsgrundlage die Allgemeinverbindlicherklärung gestützt wurde.

Unter dem Strich bedeutet das, dass infolge der Öffnung des Entsendegesetzes für die Erstreckung allgemeinverbindlicher Tarifverträge über die Arbeitsbe-

---

324 BAG 21.3.2018 – 10 ABR 62/16, BB 2018, 2231, Rn. 96.
325 S.o. Fn. 46.
326 Gesetz v. 10.7.2020, BGBl. I 1657.
327 Vgl. ErfK-*Franzen*, § 4 AEntG Rn. 2.
328 BR-Drs. 84/20, S. 29.
329 Vgl. BR-Drs. 84/20, S. 25.

dingungen nach § 5 Satz 1 Nrn. 1-5 und § 2 Abs. Nrn. 3-8 AEntG grundsätzlich jeder Tarifvertrag über solche Gegenstände zur Erstreckung taugt und dies nicht mehr auf das Baugewerbe beschränkt ist. Diese Erstreckung bedeutet, dass die Tarifverträge vom Arbeitgeber auch bei einem fremden Vertragsstatut neben den sonst auf das Arbeitsverhältnis anwendbaren Tarifverträgen anzuwenden sind. Im Falle von Tarifkonkurrenzen gelten dafür die allgemeinen Regeln (vgl. III 2 f).[330] Nur bei urlaubskassenrelevanten Tarifverträgen greift die Vorrangregelung Platz.[331]

Soweit ein allgemeinverbindlicher Tarifvertrag über Gegenstände nach § 5 AEntG von einem Arbeitgeber nach § 8 Abs. 1 AEntG einzuhalten ist, ist das nach § 23 Abs. 1 Nr. 1 AEntG auch bußgeldbewehrt. Da auch Tarifverträge im Falle einer konditionierten Allgemeinverbindlicherklärung auf entsandte Arbeitnehmer nach § 3 Satz 1 Nr. 1 AEntG erstreckt werden und Arbeitgeber nach § 8 Abs. 1 AEntG verpflichtet sind, die darin vorgesehenen Arbeitsbedingungen zu gewähren, erstreckt sich dies folglich auch auf die mit einer Differenzierung verbundenen Arbeitsbedingungen, allerdings nur insoweit, als die Arbeitgeber durch diese effektiv verpflichtet sind, entsprechende Bedingungen zu gewähren, also nicht gegenüber Außenseitern auf Arbeitnehmerseite (vgl. o. III 3 a).

---

[330] Vgl. BR-Drs. 84/20, S. 29.
[331] BR-Drs. 84/20, S. 29.

V. Ergebnisse

Eine konditionierte Allgemeinverbindlicherklärung ist die Allgemeinverbindlicherklärung eines Tarifvertrages, die auf Arbeitnehmerseite keine (vollständige) Außenseiterwirkung erzeugt. Sie ist denkbar als eine abweichende (eingeschränkte) Form der Allgemeinverbindlicherklärung durch das Bundesministerium für Arbeit und Soziales oder als uneingeschränkte Allgemeinverbindlicherklärung eines Tarifvertrages, der Differenzierungen nach der Gewerkschaftszugehörigkeit im persönlichen Geltungsbereich oder im Tatbestand der Anspruchsnorm oder exklusive Vorteilsregelungen enthält, die über Dritte abgewickelt oder mittels Spannenklauseln gesichert werden. Erforderlich ist in allen Fällen die Erfüllung sämtlicher gesetzlicher Voraussetzungen einer Allgemeinverbindlicherklärung. Dass diese erfüllt sind, ist denkbar im Hinblick darauf, dass die konditionierte Allgemeinverbindlicherklärung geeignet ist, die Funktionsfähigkeit der Tarifautonomie zu sichern. Insoweit kann das öffentliche Interesse die Allgemeinverbindlicherklärung gebieten.

Die Tarifvertragsparteien verfügen über die erforderliche Tarifmacht, weil die Arbeitsbedingungen von Außenseitern durch die konditionierte Allgemeinverbindlicherklärung nicht geregelt werden. Ein das Fernbleiberecht verletzender faktischer Beitrittszwang ist mit ihr im Allgemeinen nicht verbunden. Eingriffe in die positive Koalitionsfreiheit anders Organisierter sind regelmäßig schon konzeptionell ausgeschlossen, im Übrigen ist der Koalitionsfreiheit im Hinblick auf konkurrierende Organisationen bei der Auflösung von Tarifkonkurrenzen Rechnung zu tragen. Eingriffe in die Vertragsfreiheit mit Blick auf die Arbeitsverhältnisse nicht organisierter Arbeitnehmer können durch das angestrebte Ziel einer Sicherung der Funktionsfähigkeit der Tarifautonomie gerechtfertigt werden.

Die konditionierte Allgemeinverbindlicherklärung eines bundesweiten Tarifvertrages über Arbeitsbedingungen im Sinne des § 5 AEntG wird auch auf Arbeitsverhältnisse unter fremdem Vertragsstatut erstreckt. Die Verpflichtung des Arbeitgebers, die sich insoweit aber nur auf organisierte Arbeitnehmer bezieht, ist insoweit auch bußgeldbewehrt. Allerdings muss der Zugang zu den Vorteilen, die den Mitgliedern vorbehalten sind, den entsandten Arbeitnehmerinnen und Arbeitnehmern, die kaum einmal Mitglied einer inländischen Gewerkschaft sein werden, effektiv offenstehen.

Literaturverzeichnis

Ales, Edoardo/Bell, Mark/Deinert, Olaf/Robin-Olivier, Sophie (Hrsg.): International and European Labour Law, Baden-Baden 2018 (zit.: Ales/Bell/Deinert/Robin-Olivier-*Bearbeiter*).

Arndt, Adolf: Thesen zu Artikel 9 Abs. 3 GG, in: Ballerstedt, Kurt/Friesenhahn, Ernst/v.Nell-Breuning, Oswald (Hrsg.), FS Kunze, Berlin 1969, S. 265.

Asshoff, Gregor: Tarifautonomie und Gesetzgeber – kommunizierende Röhren im deutschen Arbeitsrecht, SR 2017, 190.

Bauer, Jobst-Hubertus/Arnold, Christian: Tarifliche Differenzierungsklauseln – Gewerkschaften auf Abwegen!, NZA 2005, 1209.

Behrens, Martin/Schulten, Thorsten: Das Verhältnis von Staat und Tarifautonomie, Ansätze zur Stabilisierung des Tarifvertragssystems, WSI-Mitt. 2023, 159.

Benecke, Martina/Böhm, Monika/Cremer, Wolfram/Deinert, Olaf/Klocke, Daniel/Kocher, Eva/Krause, Rüdiger/Nebe, Katja/Seifert, Achim/Ulber, Daniel: Entwurf eines Gesetzes über Differenzierungsklauseln in Tarifverträgen (Differenzierungsklauselgesetz – DiffKlausG), AuR 2021, 310.

Bepler, Klaus: Stärkung der Tarifautonomie, Welche Änderungen empfehlen sich?, Gutachten zum 70. Deutschen Juristentag 2014, München 2014.

Boecken, Winfried/Düwell, Franz Josef/Diller, Martin/Hanau, Hans (Hrsg.): Gesamtes Arbeitsrecht, Bd. 3, 2. Aufl., Baden-Baden 2023 (zit.: NK-GA/*Bearbeiter*).

Borchard, Axel: Verfassungsrechtliche und einfachgesetzliche Grenzen tarifvertraglicher Differenzierungsklauseln, Baden-Baden 2009 (zugl. Münster, Univ., Diss. 2009).

Bosch, Gerhard/Hüttenhoff, Frederic: Der Bauarbeitsmarkt, Soziologie und Ökonomie einer Branche, 2. Aufl., Frankfurt/M und New York 2022.

Bötticher, Eduard: Die Gemeinsamen Einrichtungen der Tarifvertragsparteien, Heidelberg 1966.

Brecht-Heitzmann/Kempen, Otto Ernst/Schubert, Jens M./Seifert, Achim: TVG, 5. Aufl., Frankfurt/M. 2014 (zit.: Kempen/Zachert-*Bearbeiter*).

Breschendorf, Peter: Zweiteilung der Belegschaft, Chancen und Risiken einer Differenzierung nach der Gewerkschaftszugehörigkeit, Berlin 2009 (zugl. München, Univ., Diss. 2008).

Calliess, Christian/Ruffert, Matthias (Hrsg.): EUV/AEUV, 6. Aufl., München 2022 (zit.: Calliess/Ruffert-*Bearbeiter*).

Creutzfeldt, Malte: Altes und Neues zur Differenzierungsklausel – das Bundesverfassungsgericht nimmt Stellung, AuR 2019, 354.

Däubler, Wolfgang (Hrsg.): Arbeitskampfrecht, 4. Aufl., Baden-Baden 2018 (zit.: Däubler-*Bearbeiter*, AKR).

Däubler, Wolfgang (Hrsg.): TVG, 5. Aufl. Baden-Baden 2022 (zit.: Däubler-*Bearbeiter*).

Däubler, Wolfgang: Tarifliche Leistungen nur für Gewerkschaftsmitglieder?, BB 2002, 1643.

Däubler, Wolfgang/Hege, Hans: Koalitionsfreiheit, Baden-Baden 1976.

Däubler, Wolfgang/Heuschmid, Johannes: Tarifverträge nur für Gewerkschaftsmitglieder?, RdA 2013, 1.

Deinert, Olaf: Gesetzliche Anreize für die Verbandsmitgliedschaft zur Stärkung der Tarifbindung, SR Sonderausgabe 2017, 24.

Deinert, Olaf: Internationales Arbeitsrecht, Deutsches und europäisches Arbeitskollisionsrecht, Tübingen 2013.

Deinert, Olaf: Negative Koalitionsfreiheit, Überlegungen am Beispiel der Differenzierungsklausel, RdA 2014, 129.

Deinert, Olaf/Walser, Manfred: Tarifvertraglichen Bindung der Arbeitgeber, Bindungswille und -fähigkeit der Arbeitgeber und ihrer Verbände als juristisches und rechtspolitisches Problem, Baden-Baden 2015.

Deinert, Olaf/Wenckebach, Johanna/Zwanziger, Bertram (Hrsg.): Arbeitsrecht, Handbuch für die Praxis, 11. Aufl., Frankfurt/M. 2023 (zit.: Deinert/Wenckebach/Zwanziger-*Bearbeiter*).

Dürig, Günter (Begr.)/Herzog, Roman/Scholz, Rupert/Herdegen, Matthias/Klein, Hans H. (Hrsg.): Grundgesetz, Bd. 2, Loseblatt (Stand: 2022), München (zit.: Dürig/Herzog/Scholz-*Bearbeiter*).

Eichenhofer, Eberhard: Entwurf einer EU-Richtlinie über angemessene Mindestlöhne, AuR 2021, 148.

ErfK, s. Müller-Glöge u.a.

EuArbRK, s. Franzen/Gallner/Oetker

Forst, Gerrit: Die Allgemeinverbindlicherklärung von Tarifverträgen nach dem sogenannten Tarifautonomiestärkungsgesetz, RdA 2015, 25.

Franzen, Martin: Der Vorschlag der EU-Kommission für eine Richtlinie über angemessene Mindestlöhne vom 28.10.2020 – kompetenzrechtliche und anwendungsbezogene Fragen, ZFA 2021, 157.

Franzen, Martin: Vorteilsregelungen für Gewerkschaftsmitglieder, RdA 2006, 1.

Franzen, Martin/Gallner, Inken/Oetker, Hartmut (Hrsg.): Kommentar zum europäischen Arbeitsrecht, 4. Aufl., München 2022 (zit.: EuArbRK-*Bearbeiter*).

Gamillscheg, Franz: Die Differenzierung nach der Gewerkschaftszugehörigkeit, Berlin 1966.

Gamillscheg, Franz: Ihr naht euch wieder, schwankende Gestalten, „Tarifbonus" für Gewerkschaftsmitglieder, NZA 2005, 146.

Gamillscheg, Franz: Kollektives Arbeitsrecht I, München 1997.

Greiner, Stefan: „Weil nicht sein kann, was nicht sein darf ..." – die Entscheidung des BAG vom 15.4.2015 zu tarifvertraglichen Stichtagsklauseln, NZA 2016, 10.

Greiner, Stefan: Die Allgemeinverbindlicherklärung von Tarifverträgen zwischen mitgliedschaftlicher Legitimation und öffentlichem Interesse, in: Boemke, Burkhard/Lembke, Mark/Linck, Rüdiger (Hrsg.), FS v. Hoyningen-Huene, München 2014, S. 103.

Greiner, Stefan: Differenzierungsklauseln im Kontext von Koalitionsmittelfreiheit und Gewerkschaftspluralismus, DB 2009, 398.

Greiner, Stefan/Hanau, Peter/Preis, Ulrich: Die Sicherung der Allgemeinverbindlichkeit bei gemeinsamen Einrichtungen der Tarifvertragsparteien, SR Sonderausgabe 2014, 2.

Greiner, Stefan/Suhre, Nadja: Tarifvertragliche Exklusivleistungen für Gewerkschaftsmitglieder nach der Rechtsprechungsänderung des BAG, NJW 2010, 131.

Hanau, Peter: Neue Rechtsprechung zur negativen Koalitionsfreiheit, in: Pitschas, Rainer/Uhle, Arnd (Hrsg.), FS Scholz, Berlin 2010, S. 1035.

Hanau, Peter: Neues Tarifrecht im Werden, SR 2011, 3.

Hanau, Peter: Ungleichstellungsklauseln, in: Maschmann, Frank (Hrsg.), Festschrift Hromadka, München 2008, S. 115.

Hartmann, Felix: Negative Tarifvertragsfreiheit im deutschen und europäischen Arbeitsrecht, Tübingen 2014 (zugl. Heidelberg, Univ., Habil. 2012).

Hartmann, Felix/Lobinger, Thomas: Die Arbeitsvertrags- und Wettbewerbsfreiheit als Grenze tarifvertraglicher Vorteilsregelungen, NZA 2010, 421.

Hellermann, Johannes: Die sogenannte negative Seite der Freiheitsrechte, Berlin 1993 (zugl. Freiburg/Br., Univ., Diss. 1992).

Henssler, Martin: Mindestlohn und Tarifrecht, RdA 2015, 43.

Henssler, Martin/Willemsen, Heinz Josef/Kalb, Heinz Jürgen (Hrsg.): Arbeitsrecht Kommentar, 9. Aufl., Köln 2020 (zit.: HWK-*Bearbeiter*).

Hippmann, Christoph: Die Allgemeinverbindlicherklärung im Kontext staatlicher Beteiligung bei der Festlegung von Arbeitsbedingungen, Hamburg 2015 (zugl. Mainz, Univ., Diss., 2014).

Höpfner, Clemens: Die Binnendifferenzierung im System tarifvertraglicher Differenzierungsklauseln, RdA 2019, 146.

Höpfner, Clemens: Die Tarifgeltung im Arbeitsverhältnis, Historische, ökonomische und legitimatorische Grundlagen des deutschen Koalitions- und Tarifvertragsrechts, Baden-Baden 2015 (zufl. Köln, Univ., Habil. 2014/15).

Höpfner, Clemens: Partizipation und Kostenausgleich: Nutzungsentgelt für Tarifverträge, Ein Plädoyer für die Einführung von Solidaritätsbeiträgen für Außenseiter-Arbeitnehmer, ZFA 2020, 178.

Hueck, Alfred/Nipperdey, Hans Carl: Lehrbuch des Arbeitsrechts, Zweiter Band, Kollektives Arbeitsrecht, 1. Halbband, 7. Aufl. Berlin u.a. 1967 (zit.: Hueck/Nipperdey, Arbeitsrecht II/1).

Jacobs, Matthias: Die tarifliche Differenzierung nach der Gewerkschaftszugehörigkeit, in: Baeck, Ulrich/Hauck, Friedrich/Preis, Ulrich (Hrsg.), FS Bauer, München 2010, S. 479.

Jacobs, Matthias: Zur Grundrechtskontrolle von Tarifverträgen, RdA 2023, 9.

Jacobs, Matthias/Krause, Rüdiger/Oetker, Hartmut/Schubert, Claudia: Tarifvertragsrecht, 2. Aufl., München 2013 (zit.: Jacobs/Krause/Oetker/Schubert-*Bearbeiter*).

Jacobs, Matthias/Malorny, Friederike: Tarifvertragliche Spannenklauseln im Entwurf eines Differenzierungsklauselgesetzes, SR 2022, 1.

Jöris, Heribert: Die Allgemeinverbindlicherklärung von Tarifverträgen nach dem neuen § 5 TVG, NZA 2014, 1313.

Kamanabrou, Sudabeh: Darf's ein bisschen mehr sein? – Zur Wirksamkeit von Tarifausschlussklauseln, in: Hönn, Günther/Oetker, Hartmut/Raab, Thomas (Hrsg.), FS Kreutz, 2010, S. 197.

Kempen, Otto Ernst: Qualifizierte Differenzierungsklauseln und Koalitionsfreiheit, in: Thüsing, Gregor/Creutzfeldt, Malte/Hanau, Peter u.a. (Hrsg.), FS Bepler, München 2012, S. 255.

Kempen/Zachert (s. Brecht-Heitzmann u.a.).

Kiel, Heinrich/Lunk, Stefan/Oetker, Hartmut (Hrsg.): Münchener Handbuch zum Arbeitsrecht, Bd. 3, 5. Aufl., München 2022 (zit.: MünchArbR-*Bearbeiter*).

Kingreen, Thorsten: Exklusive Tariföffnungsklauseln, Einfach-rechtliche Ausgestaltung und verfassungsrechtliche Zulässigkeit, Frankfurt/M. 2020.

Kissel, Otto Rudolf: Verblassende negative Koalitionsfreit, in: Isenhardt, Udo/Preis, Ulrich i.V.m.d. Deutschen Arbeitsgerichtsverband (Hrsg.), FS Hanau, Köln 1999, S. 547.

Kocher, Eva: Differenzierungsklauseln: Neue Orientierungen, NZA 2009, 119.

Leydecker, Philipp: Der Tarifvertrag als exklusives Gut. Die rechtliche Zulässigkeit und Erstreikbarkeit von Differenzierungsklauseln, Berlin 2005 (zugl. Hannover, Univ., Diss. 2004).

Leydecker, Philipp: Differenzierungsklauseln – Ein Schlusspunkt?, AuR 2012, 195.

Löwisch, Manfred/Rieble, Volker: TVG, 4. Aufl., München 2017.

Lunk, Stefan/Leder, Tobias/Seidler, Christoph: Die tarifvertragliche und schuldrechtliche Besserstellung von Gewerkschaftsmitgliedern, RdA 2015, 399.

Müller-Glöge, Rudi/Preis, Ulrich/Schmidt, Ingrid (Hrsg.): Erfurter Kommentar zum Arbeitsrecht, 23. Aufl., München 2023 (zit.: ErfK-*Bearbeiter*).

MünchArbR, s. Kiel u.a.

Neumann, Sebastian: Tarifboni für Gewerkschaftsmitglieder, Zur Zulässigkeit tarifvertraglicher Differenzierung nach der Gewerkschaftszugehörigkeit, Berlin 2012 (zugl. Bonn, Univ., Diss. 2011).

Neumann, Dirk: Der Schutz der negativen Koalitionsfreiheit, RdA 1989, 243.

NK-GA, s. Boecken u.a.

Preis, Ulrich/Povedano Peramato, Alberto: Das neue Recht der Allgemeinverbindlicherklärung im Tarifautonomiestärkungsgesetz, Frankfurt/M. 2017.

Prokop, Felix: Die Allgemeinverbindlicherklärung nach § 5 TVG, Eine verfassungsrechtliche Untersuchung der Änderungen durch das Tarifautonomiestärkungsgesetz 2014, Baden-Baden 2017 (zugl. München, Univ., Diss. 2017).

Radke, Olaf: Das Bundesarbeitsgericht und die Differenzierungsklausel, (Zum Beschluss des Großen Senats des Bundesarbeitsgerichts vom 29.11.1967 – GS 1/67), AuR 1971, 4.

Rödl, Florian: „Gerechtigkeit durch Tarifvertrag" – ein Forschungsprogramm, SR 2022, 217.

Rödl, Florian: Der Tarifvertrag: Ausdruck privater oder politischer Autonomie?, WSI-Mitt. 2023, 168.

Sagan, Adam/Witschen, Stefan/Schneider, Christopher: Der Kommissionsvorschlag für angemessene Mindestlöhne in der Europäischen Union, Kompetenzen, Grundrechte und mögliche Folgen für das deutsche Recht, ZESAR 2021, 103.

Schubert, Claudia: Ist der Außenseiter vor der Normsetzung durch die Tarifvertragsparteien geschützt?, RdA 2001, 199.

Schubert, Jens: Richterliche Grenzen für die Vereinbarung von Differenzierungsklauseln – Besprechung der Entscheidung des Bundesarbeitsgerichts vom 23.3.2011 – 4 AZR 366/09 „Hamburger Hafen", ZTR 2011, 579.

Schüren, Peter: Tarifgeltung für Außenseiter? – „No Taxation without Representation!", RdA 1988, 138.

Schwarze, Roland: Kooperative Regulierung im Arbeitsrecht, ZfA 2011, 867.

Seifert, Achim: Der Tarifausschuss beim Bundesministerium für Arbeit und Soziales, in: Schubert, Jens M. (Hrsg.), FS Kempen, Baden-Baden 2013, S. 196.

Seifert, Achim: Zur Reform des Rechts der Allgemeinverbindlicherklärung von Tarifverträgen, in: Friedrich-Ebert-Stiftung/Hans-Böckler-Stiftung (Hrsg.), Demokratisierung von Gesellschaft und Arbeitswelt, Rechtspolitischer Kongress am 25. und 26. März 2014 in Berlin, 2014, S. 43.

Sittard, Ulrich: Voraussetzungen und Wirkungen der Tarifnormerstreckung nach § 5 TVG und dem AEntG, Zugleich ein Beitrag zur Debatte um staatliche Mindestlöhne, München 2010 (zugl. Köln, Univ., Diss., 2009).

Stein, Axel: Wirksamkeit der privatrechtlichen Verpflichtung zum Koalitionsbeitritt, in: Dieterich, Thomas/ Le Friant, Martine/Nogler, Luca/ Kezuka, Katsutoshi/Pfarr, Heide (Hrsg.), GS Zachert, Baden-Baden 2010, S. 645.

Traxler, Franz: Das deutsche Tarifsystem im internationalen Vergleich: Strukturmerkmale und Entwicklungstendenzen, Wien 2006.

Ulber, Daniel: Das neue Recht der Allgemeinverbindlicherklärung von Tarifverträgen auf dem Prüfstand des BAG, NZA Beilage 1/2018, 3.

Ulber, Daniel: Grenzen der Tarifmacht – Interpretation oder Implosion der Koalitionsfreiheit?, AuR 2023, 6.

Ulber, Daniel/Strauß, Sandy: Differenzierungsklauseln im Licht der neueren Rechtsprechung zur Koalitionsfreiheit – Zugleich Besprechung von LAG Niedersachsen vom 11.12.2007 – 5 Sa 914/07 und LAG Köln 17.1.2008 – 6 Sa 1354/07 –, DB 2008, 1970.

Vogt, Katharina: Mindestlohn ohne Kompetenz – Die Unvereinbarkeit der Richtlinie über angemessene Mindestlöhne in der Europäischen Union mit Art. 153 Abs. 5 AEUV, EuZA 2023, 50.

Walser, Manfred: Einfluss der Rechtsordnung auf die Tarifbindung der Arbeitgeberseite, Frankfurt/M. u.a. 2015 (zugl. Göttingen, Univ., Diss. 2014).

Walser, Manfred: Grundrechtskonformität der Sozialkassenverfahren, NZA 2016, 1510.

Waltermann, Raimund: Attraktivität der Tarifbindung – Zur Zukunftsfähigkeit der deutschen Tarifautonomie, ZFA 2020, 211.

Waltermann, Raimund: Differenzierungsklauseln im Tarifvertrag in der auf Mitgliedschaft aufbauenden Tarifautonomie, Frankfurt/M. 2016.

Waltermann, Raimund: Ist die Allgemeinverbindlicherklärung erfolgversprechend reformiert?, RdA 2018, 137.

Waltermann, Raimund: Mitgliederexklusivität der Tarifbindung versus Tariferstreckung: Paradoxon oder kommunizierende Röhren?, SR 2021, 177.

Wiedemann, Herbert (Hrsg.): TVG, 8. Aufl., München 2019 (zit.: Wiedemann-*Bearbeiter*).

Wiedemann, Herbert: Der nicht organisierte Arbeitnehmer im kollektiven Arbeitsrecht, RdA 2007, 65.

Zöllner, Wolfgang: Tarifvertragliche Differenzierungsklauseln, Düsseldorf 1967.

In der Schriftenreihe des Hugo Sinzheimer Instituts für Arbeits- und Sozialrecht sind zuletzt erschienen:

Band 52   HSI
             Gewerkschaftsrechte heute
             ISBN 978-3-7663-7368-7

Band 51   Uwe Fuhrmann
             Frauen in der Geschichte der Mitbestimmung – Pionierinnen in Betriebsräten, Gewerkschaft und Politik
             ISBN 978-3-7663-7344-1

Band 50   Wolfram Cremer/Olaf Deinert
             Fremdpersonalverbot in der Fleischwirtschaft auf dem Prüfstand des Verfassungsrechts
             ISBN 978-3-7663-7367-0

Band 49   Wolfgang Däubler
             Klimaschutz und Arbeitsrecht
             ISBN 978-3-7663-7366-3

Band 48   Reingard Zimmer
             Das Lieferkettensorgfaltspflichtengesetz
             ISBN 978-3-7663-7312-0

Band 47   Peter Stein
             Das kirchliche Selbstbestimmungsrecht im Arbeitsrecht und seine Grenzen
             ISBN 978-3-7663-7295-6

Band 46   Bernd Waas
             Künstliche Intelligenz und Arbeitsrecht
             ISBN 978-3-7663-7294-9

Band 45   Victoria Koch-Rust/Gabriele Rosentreter
             Rechtsstellung Dual Studierender
             ISBN 978-3-7663-7287-1

Band 44   Michael Kittner/Ernesto Klengel
             Die Entstehung des Kündigungsschutzgesetzes
             ISBN 978-3-7663-7284-0

Band 43   Thomas Klein/Daniel Klocke/Monika Schlachter
             Standort- und Beschäftigungssicherung in Tarifverträgen und Betriebsvereinbarungen
             ISBN 978-3-7663-7279-68

Weitere Informationen zur Schriftenreihe:
www.hugo-sinzheimer-institut.de